I0041783

# LA PRUEBA EN LOS PROCESOS CONSTITUCIONALES

ANA GIACOMETTE FERRER

# LA PRUEBA EN LOS PROCESOS CONSTITUCIONALES

**PRÓLOGOS Y PRESENTACIONES DE:**

**Allan R. Brewer-Carías,**
**Eduardo Ferrer Mac-Gregor,**
**Eduardo Jorge Prats,**
**José Gregorio Hernández Galindo,**
**Diego López Medina**

COLECCIÓN DE DERECHO PROCESAL CONSTITUCIONAL
CENTRO DE ESTUDIOS DE DERECHO PROCESAL CONSTITUCIONAL
UNIVERSIDAD MONTEÁVILA
N° 1

Editorial Jurídica Venezolana
Fundación de Estudios de Derecho Administrativo
Caracas 2014

Primera Edición: Giacomette Ferrer, Ana, *La Prueba en los Procesos Constitucionales*, Editorial Señal Editora-Ediciones Uniandes, Medellín, 2007, 291 pp.

Primera Reimpresión: Giacomette Ferrer, Ana, *La Prueba en los Procesos Constitucionales*, Biblioteca Porrúa de Derecho Procesal Constitucional, N° 24, Editorial Porrúa, México D.F., 2008, 214 pp.

Segunda Reimpresión: Giacomette Ferrer, Ana, *La Prueba en los Procesos Constitucionales*, Comisionado de Apoyo a la Reforma y Modernización de la Justicia (CARMJ), República Dominicana, año 2012, 281 pp.

Segunda edición: Giacomette Ferrer, Ana, La *Prueba en los Procesos Constitucionales,* Colección de Derecho Procesal Constitucional, Centro de Estudios de Derecho Procesal Constitucional, Universidad Monteávila, N° 2, Editorial Jurídica Venezolana, Fundación de Estudios de Derecho Administrativo (FUNEDA) Caracas, 2014, 297 pp.


Email: anitagiacometto@hotmail.com

Depósito Legal: lf54020133404454
ISBN: 978-980-365-242-5

Editado por: Editorial Jurídica Venezolana
Avda. Francisco Solano López, Torre Oasis, P.B., Local 4, Sabana Grande,
Apartado 17.598 – Caracas, 1015, Venezuela
Teléfono 762.25.53, 762.38.42. Fax. 763.5239
http://www.editorialjuridicavenezolana.com.ve
Email fejv@cantv.net

Impreso por: Lightning Source, an INGRAM Content company
para Editorial Jurídica Venezolana International Inc.
Panamá, República de Panamá.
Email: editorialjuridicainternational@gmail.com

Diagramación, composición y montaje
por: Mirna Pinto de Naranjo, en letra Times New Roman, 10
Interlineado exacto 10,5 Mancha 18 x 11,5 cm

*"Hay en todas las relaciones humanas una serie infinita de matices, gamas, sinuosidades, acentuaciones y modalidades que escapan a la prueba y, no obstante, se presentan firmes, vigorosas, ante los ojos del juzgador.*
*¿Será posible desdeñarlas porque no cupieron en un casillero probatorio?"*

*Ángel Ossorio*

## *AGRADECIMIENTOS*

*El mejor recuerdo que ser humano alguno le puede dejar a la humanidad es la trascendencia de su vida materializada en las obras, el buen ejemplo y las enseñanzas.*

*Igualmente, ese ser humano se perpetúa en el tiempo a través de sus ideas y pensamiento; pero el pensamiento se construye y en esa construcción del pensamiento, se hace Escuela; pero la escuela entendida no como un establecimiento de educación o como un sitio, sino entendida como un método de enseñar, como una Doctrina o un Sistema, o simplemente como lo que alecciona o da ejemplo. Mi libro La Prueba en los Procesos Constitucionales*, tiene el mérito de haber de*spertado el interés de connotados juristas, en otros países, comprometidos con la ciencia del Derecho Procesal Constitucional; de manera que habiendo sido editado en Colombia, se ha reeditado en México y República Dominicana; entre otras razones, porque uno de los temas más apasionantes e inciertos en lo que concierne al Derecho Probatorio y por supuesto al Derecho Procesal Constitucional, es ese. (....) "Por cuanto aumenta la tendencia en afirmar, especialmente entratándose de Procedimientos Constitucionales - Particularmente las acciones pública de inconstitucionalidad y de tutela o Amparo- que no siempre la confrontación o el examen que se lleva a cabo por los Tribunales o Cortes Constitucionales se produce en el terreno exclusivamente normativo; no en todas las ocasiones resuelve el juez constitucional sobre asuntos de puro Derecho, ni puede afirmarse que todos los problemas inherentes al control de constitucionalidad sea de naturaleza teórica".*

*Es un honor hacer parte del grupo de juristas contemporáneos esforzados en contribuir a la formación, consolidación y difusión del Derecho Procesal Constitucional, tanto en Iberoamérica como en Colombia. La escuela colombiana que conforma el CENTRO COLOMBIANO DE DERECHO PROCESAL CONSTITUCIONAL, trabaja arduamente en su pretensión de posicionar una nueva disciplina jurídica que se viene consolidando de manera progresiva en los países Iberoamericanos.*

*La República Bolivariana de Venezuela, no es ajena a este movimiento. En su Constitución se establece un sistema procesal constitucional de avanzada, recogido por jóvenes procesalistas y constitucionalistas que, con mucho esfuerzo, vienen trabajando en esta disciplina jurídica, lo cual ha contribuido a que haya alcanzado su importancia y desarrollo, pero con un solo propósito: lograr su plena autonomía.*

*Estoy convencida que la gratitud es el sentimiento que nos obliga a estimar el beneficio o favor que se nos ha hecho y a corresponder a él de alguna manera. Hoy, ese sentimiento lo expreso, para agradecer de corazón, en primer lugar, al doctor Gonzalo Pérez Salazar en su condición de director del Centro de Estudios de Derecho Procesal Constitucional (CEDEPCO) de la Universidad Monteávila; igualmente al profesor Allan R. Brewer-Carías, como director de la Editorial Jurídica Venezolana, por su tolerancia, recomendaciones y ánimos; ellos me enseñaron: uno, que es la academia un poder que bien encauzado cohesiona los pensamientos diferentes, hace deliberar y reflexionar, por lo tanto no puede ser excluyente y su nivel debe ser elevado; dos, que la amistad reside en el respeto por las diferencias y no solo en el disfrute de las semejanzas. La reedición de mi libro La Prueba en los Procesos Constitucionales en Venezuela, permite que mi conocimiento trascienda, en ese país. Así que, parafraseando a Borges, hago lo que todo amigo: orar... y agradecerle a Dios por cada estudiante de derecho, por cada jurista, por cada operador de justicia, por cada académico, en fin... por cada habitante de la República Bolivariana de Venezuela. Gracias por su amistad.*

## PRÓLOGO A LA PRESENTE EDICIÓN 2013 (EDICIÓN VENEZOLANA)

**ALLAN R. BREWER-CARÍAS**

*Con algunos comentarios sobre el sistema mixto o integral colombo venezolano de control de constitucionalidad; sobre algunas disidencias endémicas del caso venezolano; y sobre el tema de la prueba en los procesos constitucionales, particularmente, con motivo de la sentencia N° 2 de la Sala Constitucional de Venezuela de 9-1-2013 sobre el inicio del período constitucional presidencial 2013-2019.*

La publicación en Venezuela de este nuevo libro de la profesora Ana Giacomette Ferrer sobre *La prueba en los procesos constitucionales*, sin duda hay que saludarla no sólo por la calidad de su autora, sino porque con ello, en la bibliografía editada en Venezuela, es la primera vez que se aborda el tema de las pruebas ante la justicia constitucional, es decir, en los procesos constitucionales en los cuales se controla la constitucionalidad de los actos estatales y se asegura la supremacía de la Constitución, y que se desarrollan en los juicios de amparo, en todos aquellos casos en los que se realiza el control difuso de constitucionalidad, y ante la Jurisdicción Constitucional que ejerce la Sala Constitucional del Tribunal Supremo de Justicia. Aunque el libro está referido al sistema colombiano de justicia constitucional, tantos elementos en común tienen el mismo con el sistema venezolano, que sin duda será de gran utilidad a los estudiosos de la materia en el país.

La autora es una distinguida procesalista colombiana, profesora de pruebas y de derecho procesal constitucional graduada de abogada y doctora en Jurisprudencia en la Universidad Colegio Mayor de Nuestra Señora del Rosario de Bogotá, en 1978, con Magíster en Derecho Procesal Constitucional de la Universidad de los Andes de Bogotá en 2006. Como docente, Anita Giacomette inició su carrera en 1985, enseñando *Teoría General del Proceso*; y luego, *Derecho Probatorio* tanto en *pregrado* como en *postgrado,* en diversas Universidades del país: Universidad Libre de Colombia, Universidad Colegio Mayor de Nuestra Señora del Rosario, Universidad de los Andes, Universidad Nacional de Colombia, y en la Universidad Católica de Colombia, sólo por mencionar algunas; y desde 2006 ha enseñado las materias propias del derecho procesal constitucional: *La Prueba en los Procesos Constitucionales* en la Universidad del Rosario y la Universidad de Buenos Aires, Argentina; *Teoría General de los Procesos Constitucionales* en la Universidad Javeriana de Bogotá; *Teoría General del Derecho Procesal Constitucional* en la Universidad Libre Seccional Barranquilla.

Además, la profesora Giacomette, en el campo específico del derecho procesal, desde 1986, fue Miembro destacada del *Instituto Colombiano de Derecho Procesal*; y en el campo del derecho procesal constitucional, ha sido Miembro fundador y Presidente del *Centro Colombiano de Derecho Procesal Constitucional*, organizando y participando en múltiples Congresos Nacionales e Internacionales de Derecho Procesal Constitucional realizados en materialmente todas las capitales de Departamento de Colombia, en muchos países de América Latina, incluyendo Venezuela. Entre sus libros más importantes se destacan: la *Teoría general de la prueba judicial*" (Bogotá, 2003), la *Introducción a la teoría general de la prueba* (2009), y este sobre *La prueba en los procesos constitucionales* (Medellín 2007), con reediciones simultáneas en México y República Dominicana, además de esta que auspicia el *Centro de Estudios de Derecho Procesal Constitucional* (CEDEPCO) de la Universidad Monteávila que dirige el profesor Gonzalo Pérez.

No podemos menos que celebrar, por tanto, la aparición de esta obra en Caracas, con la cual se enriquece la bibliografía sobre derecho procesal constitucional en el país, en particular en relación a la prueba dentro de los procesos constitucionales en los cuales no sólo las partes pueden aportar y solicitar pruebas, sino que los jueces constitucionales deben decretarlas y practicarlas, incluso de oficio dada la alta misión que tienen de garantizar la supremacía de la Constitución, estándole vedada toda decisión sobre temas de hecho sin las necesarias e indispensables pruebas que han de constar en autos.

La profesora Giacomette, para tratar el tema de las pruebas en los procesos constitucionales, comenzó por enmarcar conceptualmente la materia tratando, en primer lugar, el tema de la relación entre la *"Jurisdicción Constitucional"* y el "*Control Constitucional"* refiriéndose a sus orígenes históricos en Colombia; y en segundo lugar, el tema de los modelos o tipologías de la justicia constitucional, para concluir, luego de analizar los controles de constitucionalidad difuso, concentrado y mixto, en que indudablemente el sistema colombiano encuadra en los denominados modelos mixtos. Con este marco, pasa a tratar en su libro la médula del mismo, que es el de la prueba en los procesos de control constitucional, planteándose el problema jurídico de si ¿existe o no un esquema probatorio constitucional? Su conclusión, por supuesto es que si existe, procediendo a indagar en la práctica procesal en su país, basada en "trabajo de campo," cuáles son los medios probatorios más utilizados en los procesos de control constitucional, concluyendo su trabajo con un tema concreto que dice abierto a la polémica, y es el relacionado con la decisión del Juez Constitucional en materia probatoria.

Al publicarse este libro de la profesora Giacomette por el *Centro de Estudios de Derecho Procesal Constitucional* de Caracas, que tanto impulso le han dado los jóvenes procesalistas y constitucionalistas que lo dirigen (Gonzalo Pérez Salazar, Luis Petit Guerra y Jesús María Alvarado Andrade), en edición conjunta con la Editorial Jurídica Venezolana, y al pedirme que prologara esta edición venezolana del mismo, no podía hacer otra cosa en homenaje a la autora y su obra, que escribir sobre temas tocados en el libro pero desde el punto de vista venezolano, y así evidenciar que en materia de derecho procesal constitucional es más lo que nos une y ha unido con Colombia, que lo que en ambas partes de la frontera normalmente se sabe. Para ello, me referiré a cuatro temas específicos que tienen relación con el libro: en primer lugar, a la distinción conceptual entre Justicia Constitucional y Jurisdicción Constitucional; en segundo lugar, a la esencia y origen del modelo colombo venezolano mixto o integral de justicia constitucional; en tercer lugar, a algunos elementos disidentes en el modelo, endémicos del caso venezolano como el proceso autónomo de interpretación abstracta constitucional; y en cuarto lugar, también recurriendo a un caso como "trabajo de campo," destacar el tema de la prueba en los procesos constitucionales, o más bien, destacar, en la reciente patología de la justicia constitucional en Venezuela, cómo el juez constitucional ha llegado a decidir sobre cuestiones de hecho, sin prueba alguna, como ha ocurrido en enero de 2013 en el caso del inicio del nuevo período constitucional presidencial.

## I. SOBRE LA JURISDICCIÓN CONSTITUCIONAL Y JUSTICIA CONSTITUCIONAL

Tal como lo hemos explicado en otro lugar,[1] conforme al artículo 266,1 de la Constitución venezolana, el Tribunal Supremo de Justicia ejer-

---

[1] Allan R. Brewer-Carías. *La Justicia Constitucional en Venezuela. Procesos y procedimientos constitucionales*, Editorial Porrúa, México 2007

ce la Jurisdicción Constitucional conforme al Título VIII de la Constitución, la cual está atribuida en exclusiva a la Sala Constitucional.

Pero por supuesto, esta expresión de "Jurisdicción Constitucional" no se puede confundir con "justicia constitucional," considerada esta última como la competencia judicial para velar por la integridad y supremacía de la Constitución, que en Venezuela, al igual que en Colombia, se ejerce por *todos los jueces* y no sólo por el Tribunal Supremo de Justicia ni sólo por su Sala Constitucional (o en el caso de Colombia por la Corte Constitucional), en cualquier causa o proceso que conozcan y, además, en particular, cuando conozcan de acciones de amparo (o de tutela en Colombia) o de las acciones contencioso administrativas al tener la potestad para anular actos administrativos por contrariedad a la Constitución (como forma de contrariedad al derecho según el artículo 259)[2].

En cuanto al Tribunal Supremo de Justicia, en materia de justicia constitucional, todas sus Salas tienen expresamente como competencia garantizar "la supremacía y efectividad de las normas y principios constitucionales", correspondiéndoles a todas ser "el máximo y último intérprete de la Constitución" y velar "por su uniforme interpretación y aplicación" (art. 335). No es cierto, por tanto, como se ha afirmado, que la Sala Constitucional sea "el máximo y último intérprete de la Constitución"[3], o como lo ha señalado la propia Sala Constitucional que supuestamente tiene "el monopolio interpretativo último de la Constitución."[4] Esta es una apreciación completamente errada, que no deriva del texto de la Constitución, de cuyo artículo 335, al contrario, se deriva que *todas las Salas* ejercen la justicia constitucional conforme a sus respectivas competencias y son el máximo y último intérprete de la Constitución en sus respectivas competencias. También lo es la Sala Constitucional, a través de la cual el Tribunal Supremo de Justicia concentra y ejerce la Jurisdicción Constitucional (Arts. 266, ord. 1° y 336).

---

2 Véase Allan R. Brewer-Carías, *La Justicia Contencioso administrativa*, Tomo VII, *Instituciones Políticas y Constitucionales*, Universidad Católica del Táchira-Editorial Jurídica Venezolana, Caracas, 1997, pp. 26 y ss.

3 Véase en José Vicente Haro G., "La justicia constitucional en Venezuela y la Constitución de 1999" en *Revista de Derecho Constitucional*, Editorial Sherwood, N° 1, Caracas, 1999, pp. 137 y 146.

4 Véase sentencia N° 1374 de 09-11-2000, en *Revista de Derecho Público*, N° 84, Editorial Jurídica Venezolana, Caracas, 2000, p. 267.

En todo caso, sobre el carácter de todas las Salas como Tribunal Supremo, la propia Sala Constitucional se pronunció en sentencia Nº 158 de 28 de marzo de 2000 (Caso: *Microcomputers Store S.A.*) al declarar que el artículo 1 de la Ley Orgánica de la Corte Suprema de Justicia de 1976, estaba conforme con la nueva Constitución, al prohibir la admisión de recurso alguno contra las decisiones dictadas por el Tribunal Supremo de Justicia en Pleno o por alguna de sus Salas, señalando que esta norma, lejos de ser inconstitucional.

"Más bien garantiza su aplicación, ya que tal como quedó expuesto, el Tribunal Supremo de Justicia se encuentra conformado por las Salas que lo integran, las cuales conservan el mismo grado jerárquico y todas representan en el ámbito de sus competencias al Tribunal Supremo de Justicia como máximo representante del Poder Judicial"[5].

Posteriormente, sin embargo, la Sala Constitucional al afirmar su competencia para conocer del recurso extraordinario de revisión de constitucionalidad contra las sentencias de las otras Salas del Tribunal Supremo entre otras en materia de amparo y de control difuso de constitucionalidad, señaló que el artículo 1º de la anterior Ley Orgánica de la Corte Suprema, para considerarlo compatible con la Constitución, sólo se refería "a los recursos preexistentes y supervivientes a la Constitución de 1999, distintos al recurso extraordinario de revisión constitucional de sentencias de las demás Salas del Máximo Tribunal"[6].

De lo anterior resulta, en todo caso, que la expresión "justicia constitucional" es un concepto material que equivale a *control judicial de la constitucionalidad de las leyes y demás actos estatales,* el cual ha sido ejercido en Venezuela, siempre, por todos los tribunales pertenecientes a todas las Jurisdicciones, es decir, por todos los órganos que ejercen el Poder Judicial.

En cambio, la expresión *"Jurisdicción Constitucional"* es una noción orgánica, que tiende a identificar a un órgano específico del Poder Judicial que tiene, en forma exclusiva, la potestad de anular *ciertos actos estatales*

---

5 Véase en *Revista de Derecho Público*, Nº 81, Editorial Jurídica Venezolana, Caracas, 2000, p. 109.

6 Véase sentencia de la Sala Constitucional Nº 33 de 25-01-2001 (Caso: *Revisión de la sentencia dictada por la Sala de casación Social del tribunal Supremo de Justicia de fecha 10 de mayo de 2001, interpuesta por Baker Hugher SRL),* en *Revista de Derecho Público*, Nº 85-88, Editorial Jurídica Venezolana, Caracas, 2001, p. 405

por razones de inconstitucionalidad, en particular, las leyes y demás actos con rango de ley o de ejecución directa e inmediata de la Constitución. En varios países europeos, como en Colombia, Guatemala, Ecuador, Bolivia y Chile, dicha Jurisdicción Constitucional corresponde a los Tribunales o Cortes Constitucionales (muchas, incluso, ubicadas fuera del Poder Judicial). En cambio, en Venezuela, como fue el caso en Colombia hasta 1991, siempre ha correspondido al Supremo Tribunal de Justicia[7], ahora a través de su Sala Constitucional.

La noción de "justicia constitucional", por tanto, es distinta a la de "Jurisdicción Constitucional," siendo en consecuencia errada la apreciación que hizo la Sala Constitucional en su sentencia N° 129 de 17 de marzo de 2000, cuando señaló que: "*La Sala Constitucional tiene atribuida competencia para ejercer la jurisdicción constitucional, es decir, la potestad de juzgar y de hacer ejecutar lo juzgado en materia constitucional.*"[8]

No es posible, en efecto, identificar la Jurisdicción Constitucional con "la potestad de juzgar en materia constitucional" que equivaldría a justicia constitucional.

La garantía de la supremacía y efectividad de la Constitución y ser su máximo y último interprete, se insiste, corresponde a todas las Salas del Tribunal Supremo, por igual, por lo que tampoco es correcto señalar como lo hizo la citada sentencia de 17 de marzo de 2000, ni siquiera que "en particular" dicha función corresponde a la Sala Constitucional. Esa "particularidad" no deriva de norma alguna de la Constitución. Lo único "particular" que resulta de las competencias judiciales en materia de justicia constitucional, es el monopolio atribuido a la Sala Constitucional para anular ciertos y determinados actos estatales: las leyes y demás actos de rango legal o de ejecución directa e inmediata de la Constitución. Por tanto, ni siquiera la Sala Constitucional tiene el monopolio para ejercer el control concentrado de la constitucionalidad de los actos estatales.

De lo anterior deriva, en definitiva, que no es correcto deducir de la Constitución que la Sala Constitucional tenga la potestad de "juzgar y de hacer ejecutar lo juzgado en materia constitucional" y considerar que eso

---

7 Véase Allan R. Brewer-Carías, *La Justicia Constitucional,* Tomo VI, *Instituciones Políticas y Constitucionales,* Universidad Católica del Táchira–Editorial Jurídica Venezolana, Caracas, 1996; Allan R. Brewer-Carías, *Judicial Review in Comparative Law,* Cambridge, 1989.

8 Véase caso: *Vicente Bautista García Fermín,* en http://www.tsj.gov.ve/decisiones/scon/Marzo/129-17300-00-0005.htm

sea equivalente a la "Jurisdicción Constitucional", pues ello significaría equiparar la "justicia constitucional" con la "Jurisdicción Constitucional." Se insiste, la "justicia constitucional" corresponde a todos los Tribunales mediante diversos medios judiciales (procesos de amparo, habeas corpus, decisiones de control difuso de constitucionalidad de las leyes, y juicios contencioso administrativos por contrariedad al derecho, que incluye inconstitucionalidad); la "Jurisdicción Constitucional" está atribuida a un solo órgano judicial que ejerce, con poderes anulatorios *erga omnes*, el control concentrado de la constitucionalidad de las leyes y demás actos con rango legal o dictados en ejecución directa e inmediata de la Constitución y que es la Sala Constitucional del Tribunal Supremo de Justicia.

Pero no por ello, como se ha dicho, la Sala Constitucional tiene el monopolio del control concentrado de la constitucionalidad de todos los actos estatales; lo que tiene es el monopolio de dicho control *sólo respecto de determinados actos estatales* (los de rango y fuerza de ley y los dictados en ejecución directa e inmediata de la Constitución). Ello es lo que, además, caracteriza la "Jurisdicción Constitucional" en el derecho comparado: la atribución exclusiva a un órgano judicial (o ubicado fuera del mismo) del poder anulatorio de determinados, y sólo de determinados, actos estatales[9].Por ello puede decirse, en general, que el control concentrado de la constitucionalidad de los actos estatales conforme a la Constitución, se ejerce por dos Jurisdicciones distintas: la Jurisdicción Constitucional y la Jurisdicción Contencioso Administrativa.

En consecuencia, los órganos de la Jurisdicción Contencioso Administrativa tienen competencia, conforme al artículo 259 de la Constitución, para controlar la constitucionalidad de los actos administrativos, tanto normativos (Reglamentos) como no normativos, que son siempre actos de rango sublegal.

De ello resulta, por tanto, que los órganos de la Jurisdicción Contencioso Administrativa y, ahora también en Venezuela, de la Jurisdicción Electoral, ejercen la justicia constitucional mediante el control concentrado de la constitucionalidad, al conocer de los recursos contenciosos administrativos de anulación contra actos administrativos por razones de inconstitucionalidad.

---

9 Véase en general, Allan R. Brewer-Carías, *Judicial Review in Comparative Law*, Cambridge University Press, Cambdrige 1985, p. 190; y Allan R. Brewer-Carías, *El control concentrado de la constitucionalidad de las leyes (Estudio de Derecho Comparado)*, Caracas 1994, p. 19.

En esos casos, los órganos de la Jurisdicción Contencioso Administrativa ejercen el control concentrado de la constitucionalidad de los actos administrativos, que *no* son actos dictados "en ejecución directa e inmediata de la Constitución", cuyo control de constitucionalidad es el que corresponde exclusivamente a la Sala Constitucional del Tribunal Supremo como Jurisdicción Constitucional.

## II. SOBRE EL MODELO COLOMBO VENEZOLANO DE JUSTICIA CONSTITUCIONAL COMO MODELO MIXTO O INTEGRAL

En su libro, la profesora Giacomette, al referirse a la reforma constitucional colombiana introducida en Colombia mediante el Acto Legislativo N° 3 de 1910, destaca con razón que con el mismo "la justicia constitucional adquirió consagración" en el texto constitucional colombiano, estableciéndose "el carácter mixto del control de constitucionalidad, al consagrar en los artículos 40 y 41 la acción popular de inconstitucionalidad, en paralelo con el control difuso de constitucionalidad de las leyes," completando luego su comentario que "al entrar en vigencia la Carta Política de 1991, en hora buena no se varió el modelo mixto de control constitucional.[10]

---

10 En la nota 48 de la edición original de este libro de la profesora Giacomette que ahora prologamos para la edición venezolana, que salió publicada en Medellín en 2007 (Señal Editora-Ediciones Uniandes), en México en 2008 (Editorial Porrúa) y en Santo Domingo en 2012 (Edición Comisionado de Apoyo a la Reforma y Modernización de la Justicia), se hizo referencia a mi libro sobre *El sistema mixto o integral de control de la constitucionalidad en Colombia y Venezuela*, Universidad Externado de Colombia, Instituto de Estudios Constitucionales Carlos Restrepo Piedrahita (Temas de Derecho Público Nº 39) y Pontificia Universidad Javeriana (Quaestiones Juridicae Nº 5), Bogotá 1995, pero sin duda por un error propio de los "duendes" que no sólo rondan las editoriales, atribuyéndose su autoría al profesor Carlos Restrepo Piedrahita (cuyo nombre precisamente identifica el Centro de Estudios Constitucionales del Externado que fue uno de los coeditares del libro), indicándose entonces lo siguiente: "Restrepo Piedrahita, Carlos. *El Sistema Mixto o integral de control de Constitucionalidad en Colombia y Venezuela*, Bogotá, Editado por el Departamento de Publicaciones de la Universidad Externado de Colombia, 1995, p. 17. Lo interesante de este documento radica en que el profesor Restrepo Piedrahita le da entidad e integralidad al sistema mixto de control constitucional en Colombia al señalar: "Por ello, en realidad, el sistema mixto de control de constitucionalidad responde al modelo de Colombia y Venezuela, donde además del sistema de control concentrado existe el control difuso de la constitucionalidad de las leyes y donde además, como es natural, se prevén garantías judiciales (*habeas corpus*, tutela y

Y efectivamente, como lo hemos destacado desde hace años en muchos estudios,[11] y lo apuntó en un estudio pionero el recordado magistrado de la Corte Suprema Colombiana Manuel Gaona Cruz,[12] el sistema mixto o integral de justicia constitucional que existe en Colombia y Venezuela, y que combina el control concentrado de constitucionalidad de las leyes, inicialmente a cargo de las Cortes Supremas, luego a cargo de sus Salas Constitucionales y finalmente en Colombia a cargo de una Corte Constitucional, es uno de los elementos jurídico constitucionales que más nos

---

amparo) de los derechos constitucionales cuyo conocimiento corresponde a los tribunales ordinarios". Aún más, tratando de ilustrar su posición recurre al jurista Manuel Gaona Cruz quien en el libro "Aspectos del control constitucional en Colombia" que recoge las memorias del Simposio organizado por la Universidad Externado de Colombia, Bogotá, 1984, pp. 67 a 89, expone: "es el sistema de control constitucional más eficiente, completo, experimentado, avanzado y depurado de Occidente y por lo tanto del orbe, pues aglutina la organización, los mecanismos y la operancia de todos los existentes" (Hasta aquí el texto de la Nota). Como antes dije en realidad, todo lo anterior está expresado en mi libro antes referido. El profesor Restrepo Piedrahita, por lo demás, en su extensa bibliografía nada escribió sobre este tema del sistema mixto o integral colombo venezolano de justicia constitucional.

11 Véase Allan R. Brewer-Carías, *El sistema mixto o integral de control de la constitucionalidad en Colombia y Venezuela*, Universidad Externado de Colombia (Temas de Derecho Público Nº 39) y Pontificia Universidad Javeriana (Quaestiones Juridicae Nº 5), Bogotá 1995; "El sistema mixto o integral de control de la constitucionalidad en Colombia y Venezuela", en G. J. Bidart Campos y J. F. Palomino Manchego (Coordinadores), *Jurisdicción Militar y Constitución en Iberoamérica, Libro Homenaje a Domingo García Belaúnde*, Instituto Iberoamericano de Derecho Constitucional (Sección Peruana), Lima 1997, pp. 483-560; Allan R. Brewer-Carías, *El control de la constitucionalidad de los actos estatales*, Caracas, 1977; "Algunas consideraciones sobre el control jurisdiccional de la constitucionalidad de los actos estatales en el Derecho venezolano", *Revista de Administración Pública*, N° 76, Madrid, 1975, pp. 419 a 446, y "La Justicia Constitucional en Venezuela", documento presentado al Simposio Internacional sobre Modernas Tendencias de Derecho Constitucional (España y América Latina). Universidad Externado de Colombia, Bogotá, Nov. 1986, 102 pp.

12 Véase el trabajo de Manuel Gaona Cruz, sobre "El control judicial ante el Derecho Comparado," presentado en las Primeras Jornadas de Derecho Público en Colombia y Venezuela, organizadas por el Instituto de Derecho Público de la Universidad Central de Venezuela, en octubre de 1983, publicado en el *Archivo de Derecho Público y Ciencias de la Administración (El Derecho Público en Colombia y Venezuela)*, Vol. VII, 1986, Instituto de Derecho Público, Universidad Central de Venezuela, Caracas, 1986.

une a Colombia y Venezuela,[13] aun cuando sea con mucha frecuencia ignorado en ambas partes de la frontera.

En todo caso, el origen del modelo en ambos países está en el siglo XIX, cuando el control concentrado de constitucionalidad se incorporó en sus Constituciones y lo mismo ocurrió con el control difuso de constitucionalidad de las leyes que se realiza por parte de todos los jueces. Así, en Venezuela, ya en la Constitución Federal para los Estados de Venezuela de 1811,[14] se previó expresamente la cláusula de supremacía de la Constitución, precisándose expresamente en el artículo 227 que "las leyes que se expiden contra el tenor de ella no tendrán ningún valor sino cuando hubieren llenado las condiciones requeridas para una justa y legítima revisión y sanción," lo que significaba declarar la nulidad de las leyes contrarias a la Constitución. Ello se reafirmó en el último artículo del Capítulo VIII de la misma Constitución sobre la declaración de derechos del pueblo y el ciudadano, al declarar que "toda ley contraria a ellos que será absolutamente nula y de ningún valor" (art. 199), siguiéndose la línea de argumentación que utilizó la jurisprudencia norteamericana sobre la supremacía constitucional y el control judicial que ya se habían establecido desde la sentencia *Marbury v. Madison* de 1803, de la Corte Suprema de los Estados Unidos.[15] De esas previsiones surgió el *control difuso* en Venezuela, que décadas después encontró consagración expresa en el Código de Procedimiento Civil de 1897 en el cual se estableció que "Cuando la ley vigente, cuya aplicación se pida, colidiere con alguna disposición constitucional, los tribunales aplicarán ésta con preferencia" (art. 10), texto que es el que

---

13 Véase Allan R. Brewer-Carías, "El proceso constituyente y la Constitución colombiana de 1991, como antecedentes directos del proceso constituyente y de algunas previsiones de la Constitución venezolana de 1999," en Hernándo Yepes Arcila y Vanessa Suelt Cock (Editores), *La Constitución 20 Años después. Visiones desde la teoría y la práctica constitucional*, Facultad de Ciencias Jurídicas, Pontifica Universidad Javeriana, y Fundación Konrad Adenauer, Bogotá 2012, pp. 67-114.

14 Véase Allan R. Brewer-Carías, "Las primeras manifestaciones del constitucionalismo en las tierras americanas: Las Constituciones Provinciales y Nacionales de Venezuela y la Nueva Granada en 1811-1812 como fórmula de convivencia civilizada," en José Guillermo Vallarta Plata (Coord.), *1812-2012. Constitución de Cádiz. Libertades. Independencia*, Instituto Iberoamericano de Derecho Local y Municipal, Organización Iberoamericana de Cooperación Intermunicipal, Gobierno Municipal, Guadalajara 2012, pp. 297-392.

15 Véase el comentario sobre esta decisión en Allan R. Brewer-Carías, *La Justicia Constitucional. Procesos y Procedimientos Constitucionales*, Instituto Mexicano de Derecho Procesal Constitucional, Ed. Porrúa, México 2007, pp. 14 ss.

está recogido en el artículo 20 del vigente Código de procedimiento Civil y en el artículo 334 de la Constitución de 1999.

En cuanto al control *judicial* concentrado de la constitucionalidad de las leyes, en Venezuela se consagró por primera vez en la Constitución de 1858, en la cual se previó la competencia de la Corte Suprema de Justicia para conocer de la *acción popular* de inconstitucionalidad contra los actos de las Legislaturas Provinciales, al atribuírsele en el artículo 114.8 competencia para "declarar la nulidad de los Actos Legislativos sancionados por las legislaturas provinciales, a petición de cualquier ciudadano, cuando sean contrarios a la Constitución." Esta atribución se amplió a partir de la Constitución de 1893, al atribuírsele competencia a la Alta Corte Federal para "declarar cuál sea la ley, decreto o resolución vigente cuando estén en colisión las nacionales entre sí, o éstas con las de los Estados, o la de los mismos Estados, o cualquiera con esta Constitución"(art. 110.8), hasta llegar a la amplia previsión de competencias de la Sala Constitucional del Tribunal Supremo en la Constitución de 1999 como Jurisdicción Constitucional (art. 336).

## III. SOBRE EL RECURSO AUTÓNOMO DE INTERPRETACIÓN ABSTRACTA DE LA CONSTITUCIÓN COMO UNA DISIDENCIA EN EL MODELO MIXTO O INTEGRAL COLOMBO VENEZOLANO ENDÉMICA DE VENEZUELA

En el modelo mixto o integral de justicia constitucional tal como lo analiza la profesora Giacomette en su libro, y antes lo he reforzado con el análisis del caso en Venezuela, encuentra sin embargo, una diferencia sustancial entre ambos países, por la creación jurisprudencial en Venezuela de la Sala Constitucional, de un recurso autónomo para la interpretación abstracta de la Constitución, [16] altamente criticable,[17] y que constituye una institución endémica del derecho procesal constitucional venezolano.

---

16 Véase Allan R. Brewer-Carías, "La ilegítima mutación de la constitución por el juez constitucional: la inconstitucional ampliación y modificación de su propia competencia en materia de control de constitucionalidad. Trabajo elaborado para el *Libro Homenaje a Josefina Calcaño de Temeltas*. Fundación de Estudios de Derecho Administrativo (FUNEDA), Caracas 2009, pp. 319-362.

17 Véase Allan R. Brewer-Carías, "*Quis Custodiet Ipsos Custodes*: De la interpretación constitucional a la inconstitucionalidad de la interpretación", en *Revista de Derecho Público*, N° 105, Editorial Jurídica Venezolana, Caracas 2006, pp. 7-27; publicado también en mi libro *Crónica sobre la "In" Justicia Constitucio-*

La institución, lamentablemente ha servido para introducir muchas mutaciones ilegítimas a la Constitución, que han tenido su origen, no en la interpretación constitucional que pueda hacer el juez constitucional con motivo de resolver por ejemplo, alguna acción de nulidad por inconstitucionalidad u otro medio de control de la constitucionalidad de los actos estatales, sino al decidir "acciones o recursos autónomos de interpretación abstracta de la Constitución," muchos de ellos introducidos por el propio Estado (el Procurador General de la República).

En efecto, con anterioridad a la entrada en vigencia de la Constitución de 1999, el artículo 42,24 de la derogada Ley Orgánica de la Corte Suprema de Justicia había atribuido competencia a la Sala Político Administrativa de la antigua Corte Suprema para interpretar los "textos legales, en los casos previstos en la Ley." En esa misma tradición, la Constitución de 1999 estableció en forma expresa, la competencia del Tribunal Supremo de Justicia, para "conocer de los recursos de interpretación sobre el contenido y alcance de los *textos legales*", pero "en los términos contemplados en la ley" (artículo 266,6), atribución que debía ser ejercida "por las diversas Salas conforme a lo previsto en esta Constitución y en la ley" (único aparte, artículo 266). Por ello, el artículo 5, párrafo 1°, de la Ley Orgánica del Tribunal Supremo de Justicia de 2004, atribuyó a todas las Salas del Tribunal Supremo, competencia para:

> "52. Conocer del recurso de interpretación y resolver las consultas que se le formulen acerca del alcance e inteligencia de los textos legales, en los casos previstos en la ley, siempre que dicho conocimiento no signifique una sustitución del mecanismo, medio o recurso previsto en la ley para dirimir la situación si la hubiere."

Ahora bien, a pesar de que el ordenamiento constitucional y legal venezolano sólo regulaba y regula el recurso de interpretación respecto de textos legales, la Sala Constitucional creó jurisprudencialmente su propia competencia para conocer de recursos autónomos de interpretación abstracta de la Constitución, mediante una inconstitucional interpretación del artículo 335 de la Constitución, que atribuye a todas las Salas del Tribunal Supremo y no sólo a la Sala Constitucional, el carácter de "máximo y último intérprete de la Constitución"

---

*nal. La Sala Constitucional y el autoritarismo en Venezuela*, Colección Instituto de Derecho Público. Universidad Central de Venezuela, No. 2, Editorial Jurídica Venezolana, Caracas 2007, pp. 47-79; y "Le recours d'interprétation abstrait de la Constitution au Venezuela", en *Le renouveau du droit constitutionnel, Mélanges en l'honneur de Louis Favoreu*, Dalloz, Paris 2007, pp. 61-70.

En efecto, la Sala Constitucional en sentencia Nº 1077 de 22 de septiembre de 2000, consideró que los ciudadanos no requieren "de leyes que contemplen, en particular, el recurso de interpretación constitucional, para interponerlo"[18], procediendo a "crear" un recurso autónomo de interpretación abstracta de las normas constitucionales no previsto constitucional ni legalmente, basándose para ello en el artículo 26 de la Constitución que consagra el derecho de acceso a la justicia, del cual dedujo que si bien dicha acción no estaba prevista en el ordenamiento jurídico, tampoco estaba prohibida. Agregó la Sala que, por lo tanto:

> "No es necesario que existan normas que contemplen expresamente la posibilidad de incoar una acción con la pretensión que por medio de ella se ventila, bastando para ello que exista una situación semejante a las prevenidas en la ley, para la obtención de sentencias declarativas de mera certeza, de condena, o constitutivas. Este es el resultado de la expansión natural de la juridicidad."[19]

En esta forma, la acción de interpretación de la Constitución, en criterio de la Sala Constitucional, es una acción de igual naturaleza que la de interpretación de la ley[20], es decir, tiene por objeto obtener una sentencia declarativa de mera certeza sobre el alcance y contenido de las normas constitucionales, que no anula el acto en cuestión, pero que busca en efecto semejante, ya que en estos casos, coincide el interés particular con el interés constitucional; agregando que:

> "La finalidad de tal acción de interpretación constitucional sería una declaración de certeza sobre los alcances y el contenido de una norma constitucional, y formaría un sector de la participación ciudadana, que podría hacerse incluso como paso previo a la acción de inconstitucionalidad, ya que la interpretación constitucional podría despejar dudas y ambigüedades sobre la supuesta colisión. Se trata de una tutela preventiva."[21]

---

18 Véase Sentencia Nº 1077 de la Sala Constitucional de 22-09-00, caso: *Servio Tulio León Briceño*. Véase en *Revista de Derecho Público,* Nº 83, Caracas, 2000, pp. 247 ss. Este criterio fue luego ratificado en sentencias de fecha 09-11-00 (Nº 1347), 21-11-00 (Nº 1387), y 05-04-01 (Nº 457), entre otras.

19 Sentencia Nº 1077 de la Sala Constitucional de 22-09-00, caso: *Servio Tulio León Briceño*. Véase en *Revista de Derecho Público,* Nº 83, Caracas, 2000, pp. 247 ss.

20 *Idem*

21 *Idem*

En cuanto a la legitimidad necesaria para interponer la demanda, la Sala Constitucional ha señalado que el recurrente debe tener un interés particular en el sentido de que:

> "Como persona pública o privada debe invocar un interés jurídico actual, legítimo, fundado en una situación jurídica concreta y específica en que se encuentra, y que requiere necesariamente de la interpretación de normas constitucionales aplicables a la situación, a fin de que cese la incertidumbre que impide el desarrollo y efectos de dicha situación jurídica."

La Sala precisó además que se "está ante una acción con legitimación restringida, aunque los efectos del fallo sean generales"; por lo que señaló que "puede declarar inadmisible un recurso de interpretación que no persiga los fines antes mencionados, o que se refiere al supuesto de colisión de leyes con la Constitución, ya que ello origina otra clase de recurso".

En la antes mencionada sentencia Nº 1077 de 22-09-01, la Sala Constitucional reiteró su criterio sobre la legitimación activa para intentar el recurso de interpretación, señalando que el recurrente debe tener un "interés jurídico personal y directo", de manera que en la demanda se exprese con precisión, como condición de admisibilidad, "en qué consiste la oscuridad, ambigüedad o contradicción entre las normas del texto constitucional, o en una de ellas en particular; o sobre la naturaleza y alcance de los principios aplicables; o sobre las situaciones contradictorias o ambiguas surgidas entre la Constitución y las normas del régimen transitorio o del régimen constituyente."[22]

En este caso de esta acción de interpretación constitucional, puede decirse que se está en presencia de un proceso constitucional, que requeriría de un accionante, y que debería dar inicio a un proceso a un contradictorio; pues así como puede haber personas con interés jurídico en determinada interpretación de la Constitución, igualmente puede haber otras personas con interés jurídico en otra interpretación. En tal sentido, la Sala debería emplazar y citar a los interesados para garantizarles el que puedan hacerse parte en el proceso, y alegar a favor de una u otra interpretación

---

[22] Caso: *Servicio Tulio León Briceño*, en *Revista de Derecho Público*, Nº 83, Editorial Jurídica Venezolana, Caracas, 2000, pp. 247 y ss. Adicionalmente, en otra sentencia, Nº 1029 de 13-06-2001, la Sala Constitucional atemperó el rigorismo de declarar inadmisible el recurso si no precisaba el contenido de la acción, ya que señaló que "La solicitud deberá expresar: 1.- Los datos concernientes a la identificación del accionante y de su representante judicial; 2.- Dirección, teléfono y demás elementos de ubicación de los órganos involucrados; 3.- Descripción narrativa del acto material y demás circunstancias que motiven la acción."

del texto constitucional. Sin embargo, sobre esto, después de haber creado el recurso, la Sala Constitucional, en sentencia Nº 2651 de 2 de octubre de 2003 (Caso: *Ricardo Delgado (Interpretación artículo 174 de la Constitución),* le negó el carácter de proceso constitucional señalando que en virtud de que "el recurso de interpretación debe tener como pretensión la exclusiva determinación del alcance de normas en este caso constitucionales", entonces "no hay *litis*, enfrentamiento entre unas partes, respecto de las cuales haya que procurar su defensa".

Por último, se debe indicar que en sentencia Nº 1347, de 9 de noviembre de 2000, la Sala Constitucional delimitó el carácter vinculante de las interpretaciones establecidas con motivo de decidir los recursos de interpretación, señalando que:

> "Las interpretaciones de esta Sala Constitucional, en general, o las dictadas en vía de recurso interpretativo, se entenderán vinculantes respecto al núcleo del caso estudiado, todo ello en un sentido de límite mínimo, y no de frontera intraspasable por una jurisprudencia de valores oriunda de la propia Sala, de las demás Salas o del universo de los tribunales de instancia."

Como puede observarse de lo anterior, estamos en presencia de una mutación constitucional mediante la ampliación de competencias propias que se ha arrogado la Sala Constitucional, a través de una inconstitucional interpretación de la Constitución, que no establece la posibilidad de este recurso autónomo y abstracto de interpretación de las normas constitucionales, el cual, por lo demás no encuentra ningún antecedente en el derecho comparado sobre los sistemas de justicia constitucional.

Luego de toda esta evolución jurisprudencial, en la reforma de la Ley Orgánica del Tribunal Supremo de Justicia, la competencia de la Sala Constitucional para conocer de estos recursos autónomos de interpretación constitucional, se reguló formalmente por primera vez a nivel legislativo, al asignársele la competencia para "conocer la demanda de interpretación de normas y principios que integran el sistema constitucional," siguiendo, sin duda, la jurisprudencia desarrollada por la misma Sala Constitucional desde 2000, cuando creó el recurso de interpretación de las normas constitucionales. Esta competencia, que da origen al proceso constitucional de interpretación constitucional, por supuesto, es distinta de la relativa a la interpretación de las leyes que es común a todas las Salas, habiéndose incluso previsto en forma mucho más amplia que la que se había venido desarrollando jurisprudencialmente, pues incluye demandas de interpretación de "normas y principios" no sólo de la Constitución, sino que "integren el sistema constitucional," sin que se defina el ámbito del mismo.

En todo caso, ha sido esta competencia para interpretar en forma abstracta la Constitución, lo que ha permitido a la Sala Constitucional en múltiples ocasiones mutar la Constitución, sin haber siquiera citado a quienes pudieran tener los interesados en la interpretación a debate alguno de orden procesal, e incluso –lo más grave– sin siquiera probar elementos de hecho que en el caso parecían indispensables.

## IV. SOBRE LAS PRUEBAS EN LOS PROCESOS CONSTITUCIONALES Y SOBRE CÓMO EL JUEZ CONSTITUCIONAL EN VENEZUELA, AL INICIO DEL PERÍODO CONSTITUCIONAL PRESIDENCIAL 2013-2019, Y ANTE LA AUSENCIA DEL PRESIDENTE ELECTO, VIOLÓ LA CONSTITUCIÓN Y EL PRINCIPIO DEMOCRÁTICO, IMPONIENDO SIN ACTIVIDAD PROBATORIA ALGUNA, UN GOBIERNO SIN LEGITIMIDAD DEMOCRÁTICA

Y esto nos lleva de lleno, de nuevo, al tema central del libro de la Dra. Giacomette, sobre la prueba en los procesos constitucionales lo que permite señalar que en esta materia, las partes en los procesos no sólo tienen "el derecho a probar" como lo destaca la autora, sino que tratándose incluso de los casos de interpretación abstracta de la Constitución, si hay en el procedimiento hechos relevantes involucrados, el tema de las pruebas da origen incluso a un derecho ciudadano a que el juez constitucional solo pueda decidir fundado en pruebas, haciendo con ellas patente la certeza del hecho, lo que incluso puede hacer de oficio. En materia constitucional, por tanto, no puede ni debe haber proceso sin pruebas.

En enero de 2013, sin embargo, contrariando a ese principio, la justicia constitucional en Venezuela fue el escenario para que se produjese una grave violación del principio democrático mediante una decisión de la sala Constitucional del Tribunal Supremo de Justicia, adoptada sin que se hubiese realizado la más mínima y elemental actividad probatoria.

En efecto, en un Estado constitucional democrático de derecho como el que se regula en la Constitución, además de los clásicos derechos civiles, políticos, sociales, económicos y ambientales, los ciudadanos tienen un conjunto de derechos que derivan de la propia concepción de dicho Estado de derecho, como son por ejemplo, el derecho ciudadano a la supremacía constitucional y el *derecho a la democracia*, de manera que los derechos políticos no se reducen a los que desde antaño generalmente se han establecido expresamente en las Constituciones, como son los clásicos derecho a elegir y a ser electo, el derecho de asociarse en partidos políticos, el derecho a ocupar cargos públicos o el derecho a la participación política.

Además de éstos, en consecuencia, en la Constitución también se puede identificar el derecho a la democracia como derecho político, es decir, como derecho ciudadano a la existencia de un régimen político en el cual se garanticen al menos los siguientes *elementos esenciales* que enumera la *Carta Democrática Interamericana*: 1) el respeto a los derechos humanos y las libertades fundamentales; 2) el acceso al poder y su ejercicio con sujeción al Estado de derecho; 3) la celebración de elecciones periódicas, libres, justas y basadas en el sufragio universal y secreto, como expresión de la soberanía del pueblo; 4) el régimen plural de partidos y organizaciones políticas y 5) la separación e independencia de los poderes públicos (art. 3)[23]. Por algo, con razón, hace varias centurias Charles Louis de Secondat, Barón de Montesquieu advirtió que "Es una experiencia eterna que todo hombre que tiene poder tiende a abusar de él; y lo hace hasta que encuentra límites" de lo que dedujo su famoso postulado de que "para que no se pueda abusar del poder es necesario que por la disposición de las cosas, el poder limite al poder"[24].

Y ha sido precisamente este derecho a la democracia, como derecho de los ciudadanos a ser gobernados por funcionarios electos democráticamente en elecciones libres y que acceden al poder en la forma prescrita en la Constitución, el que se ha violado abierta y flagrantemente en Venezuela por la Sala Constitucional del Tribunal Supremo de Justicia en senten-

---

[23] Véase Allan R. Brewer-Carías, "Sobre las nuevas tendencias del derecho constitucional: del reconocimiento del derecho a la Constitución y del derecho a la democracia", en *UNIVERSITAS, Revista de Ciencias Jurídicas (Homenaje a Luis Carlos Galán Sarmiento)*, Pontificia Universidad Javeriana, facultad de Ciencias Jurídicas, N° 119, Bogotá 2009, pp. 93-111; "Algo sobre las nuevas tendencias del derecho constitucional: el reconocimiento del derecho a la constitución y del derecho a la democracia," en Sergio J. Cuarezma Terán y Rafael Luciano Pichardo (Directores), *Nuevas tendencias del derecho constitucional y el derecho procesal constitucional*, Instituto de Estudios e Investigación Jurídica (INEJ), Managua 2011, pp. 73-94; "El derecho a la democracia entre las nuevas tendencias del Derecho Administrativo como punto de equilibrio entre los Poderes de la Administración y los derecho del administrado," en Víctor Hernández Mendible (Coordinador), *Desafíos del Derecho Administrativo Contemporáneo (Conmemoración Internacional del Centenario de la Cátedra de Derecho Administrativo en Venezuela*, Tomo II, Ediciones Paredes, Caracas 2009, pp. 1417-1439

[24] *De l'Espirit des Lois* (ed. G. Tunc), Vol. I, Libro XI, Cáp. IV, Paris 1949, pp.162-163

cia N° 2 del día 9 de enero de 2013, al resolver un recurso de interpretación abstracta de la Constitución[25] intentado por una abogado el 21 de diciembre de 2012, para determinar el contenido y alcance del artículo 231 de la Constitución, en particular, "en cuanto a si, la formalidad de la Juramentación prevista para el 10 de enero de 2013 constituye o no una formalidad sine qua non para que un Presidente Reelecto, continúe ejerciendo sus funciones y si tal formalidad puede ser suspendida y/o fijada para una fecha posterior."[26] El artículo cuya interpretación se requería, indica:

> "Art. 231. El candidato elegido o candidata elegida tomará posesión del cargo de Presidente o Presidenta de la República el diez de enero del primer año de su período constitucional, mediante juramento ante la Asamblea Nacional. Si por cualquier motivo sobrevenido el Presidente o Presidenta de la República no pudiese tomar posesión ante la Asamblea Nacional, lo hará ante el Tribunal Supremo de Justicia."

Y la interpretación constitucional estaba sin duda motivada por una razón estrictamente de hecho: el Presidente de la República para el período constitucional 2007-2013 Hugo Chávez, quien había sido reelecto Presidente de la República para el período 2013-2019, quien debía tomar posesión de su cargo el día 10 de enero de 2-13, desde el 10 de diciembre de 2012 se encontraba en La Habana, Cuba, postrado en una cama de hospital luego de haber sido sometido a una operación quirúrgica, y se presumía que no podría acudir a dicho acto de toma de posesión de su cargo. En el caso, la Sala Constitucional debía sin duda analizar dos derechos políticos involucrados: el *derecho que tenía el ciudadano* Hugo Chávez para ejercer el cargo para el cual había sido electo, y el *derecho de todos los ciudadanos* a estar gobernados por gobernantes electos popularmente. Para garantizarle *sine die* el derecho a Hugo Chávez de poder algún día tomar posesión de su cargo, sin embargo, se violó el derecho ciudadano a la democracia, y se le impuso a los venezolanos la carga antidemocrática de comenzar el 10 de enero de 2013 a estar gobernados también *sine die* por funcionarios que no tienen legitimidad democrática pues no han sido electos,[27] sin que la Sala Constitucional hubiese desplegado

---

25 Expediente N° 12-1358, Solicitante: Marelys D'Arpino

26 Véase el texto de la sentencia en http://www.tsj.gov.ve/decisiones/scon/Enero/02-9113-2013-12-1358.html

27 Lo que ha sido considerado por el profesor Jesús maría Alvarado Andrade como "un desempeño del cargo de facto." Véase en: "Toma de posesión. Visiones jurídicas sobre el 10 de enero," en *El Universal,* 10 de enero de 2013, en

actividad probatoria alguna, así fuera la más elemental de determinar el estado de salud del Presidente no compareciente.

La primera parte del artículo 231 de la Constitución, por otra parte, en realidad no requiere de interpretación alguna, pues concatenada con el artículo anterior que establece que el período constitucional del Presidente "es de seis años" (art. 230), dispone con toda claridad que el Presidente electo (o reelecto) debe tomar ("tomará") posesión del cargo "el diez de enero del primer año de su período constitucional, mediante juramento ante la Asamblea Nacional. La segunda parte de la norma sin embargo, si podía requerir de interpretación, por no regular con precisión quién debía encargarse de la Presidencia de la República en el nuevo periodo que se inicia el 10 de enero del año siguiente a una elección presidencial cuando por motivos sobrevenidos el Presidente electo no comparece a tomar posesión de su cargo mediante juramento ante la Asamblea nacional.

Por ello, en relación con la primera parte de la norma (que no requería interpretación), la Sala Constitucional precisó, desmintiendo afirmaciones que se habían hecho con anterioridad por altos funcionarios del Estado, que el juramento previsto en la norma constitucional del artículo 231, "no puede ser entendido como una mera formalidad carente de sustrato y, por tanto, prescindible sin mayor consideración," sino que más bien se trata de una "solemnidad para el ejercicio de las delicadas funciones públicas" con "amplio arraigo en nuestra historia republicana," que "procura la ratificación, frente a una autoridad constituida y de manera pública, del compromiso de velar por el recto acatamiento de la ley, en el cumplimiento de los deberes de los que ha sido investida una determinada persona."

Partiendo de esta afirmación que rechazaba el criterio de que la juramentación era un mero formalismo,[28] la Sala Constitucional se refirió al

---

http://www.eluniversal.com/nacional-y-politica/salud-presidencial/130110/visiones-juridicas-sobre-el-10-de-enero

28 Al contrario, el día anterior a la sentencia, en la reseña de un programa de televisión, se informó que la Fiscal General de la República, Sra. Ortega, afirmaba que "Estamos en presencia de un presidente reelecto y el requisito que exige el **231 es la toma de posesión**, y toma posesión del cargo a través del juramento, pero como es reelecto él está en posesión de cargo y él está en el cargo por el juramento", puntualizó. Por ello señaló que las posibles circunstancias planteadas en el 231 de la Constitución "no se hacen necesarias" porque el presidente Chávez sigue en la posición del cargo. Precisó que dicha formalidad no puede poner "en riesgo la estabilidad de un país, la institucionalidad, el estado de derecho, social, sencillamente porque el Presidente que está en posesión del cargo, se encuentra

juramento en el caso del Presidente de la República, indicando que el mismo "debe tener lugar ante la Asamblea Nacional, como órgano representativo de las distintas fuerzas sociales que integran al pueblo, el 10 de enero del primer año de su período constitucional." Sobre ello, incluso, la misma Sala Constitucional se había pronunciado unos años antes, en sentencia N° 780 del 8 de mayo de 2008 (Caso *Gobernador del Estado Carabobo*), diciendo que el juramento constituía "una solemnidad imprescindible," para la "toma de posesión" de la cual depende "el inicio de la acción de gobierno" y, por tanto, "condiciona la producción de los efectos jurídicos" de la "función ejecutiva" del Presidente electo y, el consiguiente, "desarrollo de las facultades de dirección y gobierno" de Estado, "así como la gestión del interés público que satisface real y efectivamente las necesidades colectivas," considerando, en fin que "de ello depende el funcionamiento de uno de los poderes del Estado."[29]

Precisó además, la Sala, que "si por "*cualquier motivo sobrevenido*", a tenor de la citada norma, la misma no se produce ante *dicho órgano* y en la *mencionada oportunidad*, deberá prestarse el juramento ante el Tribunal Supremo de Justicia, sin señalarse una oportunidad específica para ello" (Cursiva y negritas de la Sala). Esto significaba, en criterio de la Sala Constitucional, que el acto de juramentación no es una "formalidad prescindible, sino que al contrario "debe tener lugar, aunque por la fuerza

---

debidamente autorizado por la Asamblea Nacional para recuperarse de su estado de salud". En "Fiscal Ortega Díaz: Presidente Chávez y tren ministerial están en posesión de su cargo," en http://www.patriagrande.com.ve/temas/venezuela/fiscal-ortega-diaz-presidente-chavez-tren-ministerial-posesion-cargo/

29 En la parte pertinente relativa al inicio del período constitucional del Gobernador como jefe del Ejecutivo en un Estado (Estado Carabobo), la Sala Constitucional del Tribunal Supremo decidió como sigue: "Ciertamente y tal como señaló esta Sala en la decisión N° 780 del 8 de mayo de 2008, la eficacia tangible del principio democrático constituye un parámetro esencial en la determinación de la finalidad humanista del Estado y como quiera que el inicio de la acción de gobierno depende de la correspondiente toma de posesión, resulta patente que el acto de juramentación del jefe del ejecutivo estadal constituye una solemnidad imprescindible para la asunción de la magistratura estadal y, por tanto, condiciona la producción de los efectos jurídicos de una de las funciones esenciales de los entes político territoriales, a saber, la función ejecutiva del gobernador electo y, el consiguiente, desarrollo de las facultades de dirección y gobierno de la entidad, así como la gestión del interés público que satisface real y efectivamente las necesidades colectivas, resulta patente la difusividad del asunto planteado ya que de ello depende el funcionamiento de uno de los poderes del Estado Carabobo". Véase la sentencia N° 780 del 8 de mayo de 2008 (Caso *Gobernador del Estado Carabobo*).

de las circunstancias ("*cualquier motivo sobrevenido*") sea efectuado en otras condiciones de modo y lugar." En todo caso, luego de estas aclaratorias, la Sala Constitucional precisó que el objetivo de la interpretación de la norma constitucional que se le requería, no era el determinar el carácter imprescindible del acto de la juramentación, que no lo era, sino a determinar "con certeza los efectos jurídicos de la asistencia o inasistencia al acto de "*toma de posesión y juramentación ante la Asamblea Nacional*", el 10 de enero próximo, por parte del *Presidente reelecto*." Y así pasó la Sala no ya a resolver una interpretación abstracta del artículo 231 de la Constitución, sino en realidad a resolver una cuestión de hecho, específicamente referida al estado de salud del Presidente de la República Hugo Chávez, quien convalecía en un país extranjero en una cama de hospital, sin poder movilizarse, recuperándose de unas complicaciones postoperatorias, lo que sin duda hasta allí era un hecho notorio que no requería de pruebas. Por ello la Sala Constitucional consideró "imprescindible tomar en consideración el *derecho humano a la salud* y los principios de justicia, de preservación de la voluntad popular –representada en el proceso comicial del 7 de octubre de 2012- y de continuidad de los Poderes Públicos," refiriéndose además, a la tradición constitucional en la materia, particularmente conforme se consagraba en la Constitución de 1961.

De este último análisis, y contrariamente a lo que se establecía en el artículo 186 de la Constitución de 1961 que regulaba la consecuencia jurídica de la no comparecencia del Presidente entrante al acto de juramentación, al precisar que "*Cuando el Presidente electo no tomare posesión dentro del término previsto en este artículo, el Presidente saliente resignará sus poderes ante la persona llamada a suplirlo provisionalmente en caso de falta absoluta, según el artículo siguiente, quién los ejercerá con el carácter de Encargado de la Presidencia de la República hasta que el primero asuma el cargo*"; ante la ausencia de una norma similar en la Constitución de 1999, la Sala Constitucional concluyó considerando que ello impedía "considerar la posibilidad de que, una vez concluido el mandato presidencial, deba procederse como si se tratara de una falta absoluta, a los efectos de la suplencia provisional que cubriría el Presidente de la Asamblea Nacional."

Por supuesto, era evidente que la falta de comparecencia del Presidente electo al acto de juramentación, en sí misma y conforme a la Constitución de 1999, no podía ser considerada como una "falta absoluta" en los términos de la misma Constitución de 1999 pues no encuadraba en ninguno de los supuestos establecidos en el artículo 233 de la misma, que por lo demás se aplicaban al Presidente electo en virtud de la misma norma, sólo cuando se produjera "antes de tomar posesión";[30] pero nada autorizaba a señalar (incluso habiéndose incorporado la reelección inmediata a la Constitución de 1999) que para la solución constitucional del hecho de la no comparecencia del Presidente Chávez el día 10 de enero de 2013, y determinar en ese caso quién se debía encargar de la Presidencia de la República, no debía procederse "como si se tratara de una falta absoluta" del Presidente electo, lo que conforme al artículo 233 de la Constitución conllevaba a que fuera el Presidente de la Asamblea Nacional en que se encargase de la Presidencia.

Así como puede considerarse correcta la apreciación de la Sala de que la falta de comparecencia del Presidente electo al acto de toma de posesión no podía *per se* considerarse como una "falta absoluta,"[31] sin embargo no podría considerarse correcta la apreciación de la misma Sala de negar que en esos casos, para determinar quién se debía encargar de la Presidencia hubiera que rechazar a esos solos efectos, que se procediera "como si se tratara de una falta absoluta" encargándose el Presidente de la Asamblea de la Presidencia mientras el Presidente electo se juramentaba ante el Tribunal Supremo, ya que dicho funcionario era en definitiva es el único que tenía legitimidad democrática, pues había sido a su vez electo popularmente, y asegurar así el derecho a la democracia.

Por otra parte, la Sala Constitucional argumentó que "la falta de juramentación ante la Asamblea Nacional, el 10 de enero, tampoco produce

---

30 La Sala, en la sentencia agregó sobre esto que "considerar que la solemnidad del juramento, en la oportunidad prefijada del 10 de enero y ante la Asamblea Nacional, suponga una especie de falta absoluta que, no sólo no recoge expresamente la Constitución, sino que antagoniza con la libre elección efectuada por el soberano, en franco desconocimiento de los principios de soberanía popular y democracia protagónica y participativa que postulan los artículos 2, 3, 5 y 6 del Texto Fundamental." Dijo además la Sala en este aspecto que "al no evidenciarse del citado artículo 231 y del artículo 233 *eiusdem* que se trate de una ausencia absoluta, debe concluirse que la eventual inasistencia a la juramentación prevista para el 10 de enero de 2013 no extingue ni anula el nuevo mandato para ejercer la Presidencia de la República, ni invalida el que se venía ejerciendo."

31 Esto lo reitera la Sala en otro párrafo de la sentencia al señalar que "las vacantes absolutas no son automáticas ni deben presumirse. Estas están expresamente contempladas en el artículo 233 constitucional y, al contrario de lo que disponían los artículos 186 y 187 de la Constitución de 1961, la imposibilidad de juramentarse (por motivos sobrevenidos) el 10 de enero de 2013, no está expresamente prevista como causal de falta absoluta."

tal suerte de ausencia, pues la misma norma admite que dicha solemnidad sea efectuada ante este Máximo Tribunal, en una fecha que no puede ser sino posterior a aquella." Ello sin embargo, no era correcto en cuanto al hecho de que se permitiera en la norma que la juramentación pudiera hacer en una fecha posterior, pero era innegable en el caso sometido al conocimiento de la Sala que si el Presidente electo Hugo Chávez no acudía a juramentarse el 10 de enero de 2013 por estar postrado en una cama de hospital, fuera de Venezuela, gravemente enfermo, en ese caso su "ausencia" si era patente, como cuestión de hecho, razón por la cual debía encargarse de la Presidencia el Presidente del Congreso, hasta que cesase la ausencia. Esta circunstancia, hasta aquí, sin duda planteaba una cuestión de hecho que requería de prueba, y que era sobre la determinación del estado de gravedad del Presidente electo Hugo Chávez, quien a pesar de que estaba ejerciendo su derecho a recuperar su salud, resultaba elemental que la Sala Constitucional determinara el estado real de la misma.

La Sala Constitucional, sin embargo, nada hizo al respecto, pasando a argumentar en su sentencia que "en el caso de una autoridad reelecta y, por tanto, relegitimada por la voluntad del soberano," como era el caso precisamente del Presidente Hugo Chávez, reelecto en octubre de 2012, sería un "contrasentido mayúsculo considerar que, en tal supuesto, existe una indebida prórroga de un mandato en perjuicio del sucesor, pues la persona en la que recae el mandato por fenecer coincide con la persona que habrá de asumir el cargo." Esta afirmación, en realidad, si era en sí misma un "contrasentido mayúsculo" y sin sentido alguno, pues en ningún caso en que se posponga el acto de toma de posesión de un Presidente se puede operar una "prorroga" del mandato del período constitucional que termina; por lo que la afirmación es contradicha en la misma sentencia al afirmarse de seguidas que "tampoco existe alteración alguna del período constitucional pues el Texto Fundamental señala una oportunidad precisa para su comienzo y fin: el 10 de enero siguiente a las elecciones presidenciales, por una duración de seis años (artículo 230 *eiusdem*)."

Por ello, es que al no presentarse el Presidente electo Chávez al acto de toma de posesión, el nuevo mandato se inició indefectiblemente el 10 de enero y para ello es que mientras no compareciera dicho Presidente electo para tomar posesión del nuevo mandato, es que debía encargarse el Presidente de la Asamblea Nacional. Nada cambiaba esta solución constitucional el hecho de que el Presidente electo Hugo Chávez hubiese sido a la vez "reelecto."

La Sala Constitucional, a renglón seguido pasó luego a referirse a otro aspecto jurídico en el ejercicio de cargos públicos, que nada tiene con la norma constitucional que se buscaba interpretar, y es el referido al "*Principio de Continuidad Administrativa*", como técnica que impide la paralización en la prestación del servicio público," según el cual, "la persona designada para el ejercicio de alguna función pública no debe cesar en el ejercicio de sus atribuciones y competencias, hasta tanto no haya sido designada la correspondiente a sucederle (*vid.* sentencia N° 1300/2005)." Ciertamente es un principio elemental del derecho administrativo de la función pública, para los funcionarios nombrados o designados, pero que no se puede aplicar a la terminación de un período constitucional y al inicio del otro.[32] La Sala Constitucional, en efecto, erradamente resolvió que":

> "En relación con el señalado principio de continuidad, en el caso que ahora ocupa a la Sala, resultaría inadmisible que ante la existencia de un desfase cronológico entre el inicio del período constitucional (10 de enero de 2013) y la juramentación de un Presidente reelecto, se considere (sin que el texto fundamental así lo paute) que el gobierno (saliente) queda ipso facto inexistente. No es concebible que por el hecho de que no exista una oportuna "juramentación" ante la Asamblea Nacional quede vacío el Poder Ejecutivo y cada uno de sus órganos, menos aún si la propia Constitución admite que tal acto puede ser diferido para una oportunidad ulterior ante este Supremo Tribunal."

Por supuesto, esta afirmación, absolutamente errada, ignoraba primero que como en la misma sentencia lo afirmó antes, que el Texto Fundamental señala para el período constitucional "una oportunidad precisa para su comienzo y fin: el 10 de enero siguiente a las elecciones presidenciales, por una duración de seis años (artículo 230)." Y por supuesto, en esa fecha, en ningún caso se produce "vacío del Poder Ejecutivo" alguno pues al terminar en esa fecha 10 de enero, su período, el Presidente en ejercicio, el Presidente electo toma posesión de su cargo iniciando el nuevo período, y si por algún motivo sobrevenido no lo puede hacer, se encarga

---

32 Como lo expresó el profesor Ricardo Combellas en declaraciones a BBC Mundo: "Ese es un principio muy sano del derecho administrativo: que independientemente de los cambios en la dirección administrativa de los asuntos del estado, las funciones del gobierno continúan. Lo que está planteado es que ha terminado un período constitucional y que eso no es un supuesto de continuidad administrativa sino es un supuesto de renovación de los poderes públicos que tienen un plazo limitado en la Constitución." En Carlos Chirinos, "El limbo de consecuencias impredecibles", *BBC Mundo*, 11 de enero de 2013. En: http://www.bbc.co.uk/mundo/movil/noticias/2013/01/130110_venezuela_constituyente_combellas_opinion_cch.shtml

de la Presidencia el Presidente de la Asamblea Nacional.[33] No hay, en caso alguno, tal vacío, debiendo corresponder al Presidente encargado designar el nuevo tren ejecutivo de Vicepresidente y Ministros, estando por supuesto obligados los anteriores a permanecer en sus cargos hasta ser reemplazados en virtud precisamente del señalado principio de continuidad administrativa.

Luego pasó la Sala Constitucional a considerar la situación de hecho específica del Presidente Hugo Chávez, a pesar de que la sentencia interpretativa debía ser abstracta, notando,

> "por si aún quedaran dudas, que en el caso del Presidente Hugo Rafael Chávez Frías, no se trata de un candidato que asume un cargo por vez primera, sino de un Jefe de Estado y de Gobierno que no ha dejado de desempeñar sus funciones y, como tal, seguirá en el ejercicio de las mismas hasta tanto proceda a juramentarse ante el Máximo Tribunal, en el supuesto de que no pudiese acudir al acto pautado para el 10 de enero de 2013 en la sede del Poder Legislativo.
>
> De esta manera, a pesar de que el 10 de enero se inicia un nuevo periodo constitucional, la falta de juramentación en tal fecha no supone la pérdida de la condición del Presidente Hugo Rafael Chávez Frías, ni como Presidente en funciones, ni como candidato reelecto, en virtud de existir continuidad en el ejercicio del cargo."

En estas afirmaciones, la Sala Constitucional dio certeza a determinados hechos (incurriendo en realidad en varios errores fácticos y jurídicos,) sin que hubiese desplegado actividad probatoria alguna:

> En primer lugar, la Sala afirmó que el Presidente Chávez, en las circunstancias de su enfermedad e inhabilitación desde la operación quirúrgica efectuada en La Habana el 11 de diciembre de 2012, podía considerarse que era "un Jefe de Estado y de Gobierno que no ha dejado de desempeñar sus funciones." Por supuesto que no había perdido la titularidad de su cargo, pero al contrario de lo afirmado por la Sala, era un hecho notorio que desde el 11 de

---

33 Es en este contexto que debe leerse lo reiterado por la misma Sala en la sentencia, "tal como señaló esta Sala en los antes referidos fallos números 457/2001 y 759/2001, que no debe confundirse "*la iniciación del mandato del Presidente con la toma de posesión, términos que es necesario distinguir cabalmente*". Efectivamente, el nuevo periodo constitucional presidencial se inicia el 10 de enero de 2013, pero el constituyente previó la posibilidad de que "*cualquier motivo sobrevenido*" impida al Presidente la juramentación ante la Asamblea Nacional, para lo cual determina que en tal caso lo haría ante el Tribunal Supremo de Justicia, lo cual necesariamente tiene que ser *a posteriori*."

diciembre de 2012 el Presidente Chávez había estado postrado en una cama de hospital totalmente imposibilitado de ejercer sus funciones de Jefe de Estado y Jefe de Gobierno, situación constitucional que se configuraba como de falta temporal por estar ausente del país. Para demostrar lo contrario, y afirmar en la sentencia, que durante esos días de diciembre 2012-enero 2013 el Presidente Chávez no había "dejado de desempeñar sus funciones" la sala debió haber acreditado eso en autos, dejando probado que desde La Habana, en un estado postoperatorio crítico, Chávez continuó desempeñando sus funciones, lo que era a todas luces simplemente imposible físicamente.

El mismo Presidente Chávez había previsto el 9 de diciembre de 2012 que su ausencia del país sería por un período de tiempo de más de 5 días y por ello él mismo solicitó la autorización correspondiente a la Asamblea Nacional para ausentarse del país (art. 235). Su falta temporal como Presidente encargado, en consecuencia, era un hecho notorio y evidente, que imponía la obligación en el Vicepresidente Ejecutivo de suplirla conforme a la Constitución, no siendo posible afirmar salvo probando con la certeza de los hechos que durante su enfermedad y postración en La Habana, Chávez "no ha dejado de desempeñar sus funciones."

Por otra parte, en esta materia de falta temporal, menos sentido y fundamento constitucional tiene la errada afirmación de la Sala Constitucional de que la solicitud de autorización a la Asamblea Nacional que pueda formular el Presidente para ausentarse del territorio nacional *por un lapso superior a cinco días,* se refiere "exclusivamente a la autorización para salir del territorio nacional, no para declarar formalmente la ausencia temporal en el cargo." De nuevo, la Sala Constitución ignoró la Constitución: las faltas temporales en el ejercicio de la Presidencia constituyen una cuestión de hecho, que no se declara. Si el Presidente en gira por el interior del país, sufre un accidente de tránsito que lo mantiene inconsciente y hospitalizado por un tiempo, sin duda, se origina una falta temporal que suple el Vicepresidente, así el Presidente no la haya "decretado" anunciando que iba a tener el accidente con sus consecuencias.

Por lo demás, toda ausencia del territorio nacional se configura como una falta temporal (en el sentido de que temporalmente el Presidente no está en ejercicio de sus funciones por imposibilidad física), por lo que no es más que un gran disparate la afirmación que hizo la Sala Constitucional en su sentencia, en el sentido de que: "*(ii)* No debe considerarse que la ausencia del territorio de la República configure automáticamente una falta temporal en los términos del artículo 234 de la Constitución de la República Bolivariana de Venezuela, sin que así lo dispusiere expresamente el Jefe de Estado mediante decreto especialmente redactado para tal fin." Esto no tiene lógica y mucho menos asidero constitucional.[34] No es serio afirmar que si un Presidente por ejemplo, entra en un proceso comatoso por cualquier causa que se prolonga indefinidamente, ello no origina una falta temporal porque el Presidente no la previó anticipadamente ni la decretó, razón por la cual no surgiría la obligación del Vicepresidente de suplirla.

Pero además, también carece de toda base constitucional la afirmación infundada, realizada por la Sala Constitucional en la sentencia en el sentido de que "con posterioridad al 10 de enero de 2013, aun no compareciendo el Presidente Chávez a juramentarse y a tomar posesión de su cargo, "conserva su plena vigencia el permiso otorgado por la Asamblea Nacional, por razones de salud, para ausentarse del país por más de cinco (5) días," lo cual no era cierto pues la autorización para ausentarse del país se le dio al Presidente Chávez en funciones, cuyo período constitucional terminó el 10 de enero de 2013, razón por la cual la autorización sólo tenía efectos hasta la terminación del período constitucional en la cual se dio.[35]

Y más infundada fue la afirmación de la sala Constitucional en la sentencia de que con motivo de la ausencia del Presidente Chávez del territo-

---

34 Sobre ello, el profesor Ricardo Combellas en declaraciones a BBC Mundo: "eso me parece un planteamiento absurdo, porque se le solicita al sujeto sobre el cual actúa la falta temporal que se pronuncie. Imagínese, no es el caso del presidente Chávez, sino de un presidente que esté incapacitado en una clínica recibiendo cuidado especial, incapaz de tomar voluntariamente una decisión. Entonces quedamos en un limbo jurídico si el presidente no se pronuncia. Poner ese requisito, que no establece la Constitución, me parece un exabrupto." En Carlos Chirinos, "El limbo de consecuencias impredecibles", *BBC Mundo*, 11-1-2013, en http://www.bbc.co.uk/mundo/movil/noticias/2013/01/130110_venezuela_constityente_combellas_opinion_cch.shtml

35 Como lo ha hincado el profesor Manuel Rachadell, "Chávez tiene el permiso de la Asamblea Nacional, otorgado por unanimidad del 9 de diciembre pasado, para ausentarse del país "por un lapso superior a los cinco días consecutivos" (art. 235), el cual mantiene su vigencia hasta el vencimiento del período constitucional el 10 de enero próximo, porque la Asamblea Nacional no puede dar permisos para el período siguiente. Llegados a esta fecha, si el Presidente electo no toma posesión del cargo, la Asamblea Nacional no tiene competencia para darle permiso ni prórroga para la juramentación de cumplir la Constitución." Véase Manuel Rachadell, "Tres observaciones a la carta de Maduro sobre la imposibilidad de juramentarse el Presidente electo ante la Asamblea Nacional" 9-1-2013, en: http://t.co/Sd5R2EwX

rio nacional desde el 10 de diciembre de 2012, en la situación que resultó de la operación a la que fue sometido el 11 de diciembre de 2012 según informaron los voceros oficiales del gobierno, "no se configura la vacante temporal del mismo al no haber convocado expresamente al Vicepresidente Ejecutivo para que lo supla por imposibilidad o incapacidad de desempeñar sus funciones." No causa sino asombro leer esta afirmación, ante normas tan precisas como las de los artículos 234 y 239.8 de la Constitución que prescriben, clara, pura y simplemente, que "las faltas temporales del Presidente serán suplidas por el Vicepresidente," y que entre las atribuciones del Vicepresidente está la de "suplir las faltas temporales del Presidente," lo que opera automáticamente, resultado de una situación de hecho, sin que nadie lo decrete o lo decida, y sin que el Presidente deba "convocar al Vicepresidente" para que cumpla su obligación constitucional. Sin embargo, como es sabido y lo apuntó el profesor Manuel Rachadell, lo que ha ocurrido en los últimos tiempos en Venezuela es que el Vicepresidente no ha estado cumpliendo con su obligación constitucional de suplir las frecuentes ausencias temporales del Presidente, limitándose:

> "a ejecutar acciones en el estrecho ámbito de la delegación que le hizo el Presidente, dada la ficción de que Chávez no ha incurrido en falta temporal ni absoluta. De esta forma, Chávez sigue siendo, para el oficialismo, el Presidente en funciones, aún cuando se encuentre sumido, frecuente o esporádicamente (no se sabe), en períodos de inconsciencia por anestesia o por otros motivos. Durante esos períodos, Venezuela no tiene Presidente."[36]

La segunda observación que debe formularse a lo afirmado en la sentencia de la Sala Constitucional, y que causa mayor asombro, por la absoluta y total carencia de pruebas que la sustenten, es la que asevera que el Presidente Hugo Chávez, una vez que concluyó el 10 de enero de 2013 su mandato presidencial del período constitucional 2007-2013, sin embargo como jefe de Estado y de Gobierno "seguirá en el ejercicio de las mismas hasta tanto proceda a juramentarse ante el Máximo Tribunal, en el supuesto de que no pudiese acudir al acto pautado para el 10 de enero de 2013 en la sede del Poder Legislativo."

Primero, para hacer esta afirmación, de que el Presidente Chávez "seguirá en el ejercicio" sus funciones "hasta tanto proceda a juramentarse ante el Máximo Tribunal", exigía de la Sala desplegar una labor probatoria sobre el estado de salud del Presidente para poder determinar precisamente si se presentará efectivamente a juramentarse ante el Tribunal Su-

---

[36] *Idem.*

premo. Lo más elemental era que la Sala Constitucional determinara, por ejemplo, mediante una Junta Médica el verdadero estado de salud del Presidente en el proceso de recuperación de su salud. Alguna prueba debía tener y constar en el expediente sobre esa situación de salud del Presidente, y si la misma efectiva y médicamente podía recuperarse. No se olvide, por ejemplo, que el primer Ministro Ariel Sharon, en pleno ejercicio de su cargo, en 2006, sufrió un derrame cerebral, habiendo entrado en un estado comatoso en el cual ha permanecido por siete años.[37] En su momento, sin embargo, dado las pruebas de su estado de salud, hubo de considerarlo separado de su cargo, habiéndose sucedido en Israel varios gobiernos distintos. Hubiera sido una aberración constitucional dejar "encargado" del gobierno de dicho Primer Ministro, por tiempo indefinido, hasta esperar su recuperación. A la Sala Constitucional de Venezuela, sin embargo, no le interesó probar nada sobre la salud del Presidente y resolvió que aún en ausencia del territorio nacional y de su enfermedad, sin probar nada, seguiría en ejercicio de sus funciones de un período constitucional ya concluido y para el que se iniciaba sería juramentado cuando concurriera ante el Tribunal Supremo sin saber ni determinar si ello era factible médicamente.

En los hechos que se sucedieron en enero de 2013, es evidente que al no presentarse el Presidente Chávez, electo, o reelecto, al concluir su período constitucional 2007-2013, ente la Asamblea nacional en el acto de la toma de posesión y juramentación de su cargo, simplemente, a pesar de que ineludiblemente comenzó el período constitucional 2013-2019, el Presidente electo no pudo comenzar a ejercer la presidencia para ese período constitucional 2013-2019 al no entrar en ejercicio del cargo, lo que le impide poder cumplir sus funciones. Sus funciones del período 2007-2013 concluyeron el 10 de enero, por lo que era una imposibilidad constitucional que a partir del 10 de enero de 2013 si no se juramentaba, pudiera seguir "en el ejercicio de las mismas;" pues como no se juramentó el 10 de enero ante la Asamblea no pudo asumir el ejercicio del cargo de Presidente para el período 2013-2019.[38]

---

37 El 27 de enero de 2013 incluso se informó a la prensa, que a pesar de su estado comatoso había tenido "signos significantes de alguna actividad." Véase en *BBC News*, 27 January 2013 en http://www.bbc.co.uk/news/world-middle-east-21225929

38 Como también lo ha indicado Manuel Rachadell, "La interpretación que le ha dado la fracción gubernamental en la Asamblea Nacional de que Chávez sigue siendo Presidente en ejercicio, cuya ausencia del acto de juramentación no ten-

En consecuencia, es un gran disparate y no tiene asidero constitucional alguno la afirmación de la Sala Constitucional de que:

> "(iv) A pesar de que el 10 de enero próximo se inicia un nuevo período constitucional, no es necesaria una nueva toma de posesión en relación al Presidente Hugo Rafael Chávez Frías, en su condición de Presidente reelecto, en virtud de no existir interrupción en el ejercicio del cargo."

Al contrario, precisamente porque el 10 de enero de 2013 se inició un nuevo período constitucional, era absolutamente necesaria una nueva toma de posesión del Presidente Chávez Frías, en su condición de Presidente reelecto, en virtud de que el período constitucional 2007-2013 termino y de que el período 2013-2019 no podía iniciar sin tal juramento, produciéndose en ese caso, inevitablemente, una real y efectiva interrupción en el ejercicio del cargo.[39] La Sala Constitucional al hacer esta afirmación infundada, contradijo lo expresado en su propia sentencia en el sentido de que el juramento previsto en el artículo 231 de la Constitución, "no puede ser entendido como una mera formalidad carente de sustrato y, por tanto, prescindible sin mayor consideración" sino que más bien se trata de una "solemnidad para el ejercicio de las delicadas funciones públicas" con "amplio arraigo en nuestra historia republicana," que "procura la ratifica-

---

dría ninguna incidencia porque es una simple formalidad, que no es necesario que el Presidente de la Asamblea Nacional se juramente para cubrir la ausencia (que ni es temporal ni absoluta) del Presidente, porque tal función la ejerce, parcialmente, el Vicepresidente Ejecutivo de la República, carece de toda fundamentación en la Ley Suprema. No hay continuidad administrativa al concluir el período constitucional y comenzar el otro, ni siquiera en el supuesto de la reelección, y el nombramiento del Vicepresidente Ejecutivo caduca, como el del Presidente que lo ha designado, al vencimiento del período constitucional, el 10 de enero próximo". Véase Manuel Rachadell, "Tres observaciones a la carta de Maduro sobre la imposibilidad de juramentarse el Presidente electo ante la Asamblea Nacional" 9-1-2013, en: http://t.co/Sd5R2EwX.

39 Por ello, el profesor Román José Duque Corredor considera esta afirmación "falsa de toda falsedad" agregando que "La reelección no es un mecanismo del ejercicio del cargo o para el ejercicio del cargo, sino un derecho del funcionario que ejerce un cargo electivo de poderse postular como candidato para un nuevo período para ese cargo y no de continuar en el mismo cargo. De modo que por tratarse de una nueva elección, si existe interrupción en su ejercicio. Si no fuera así, entonces, se trataría de un plebiscito y no de una elección, que es lo que parece piensan los Magistrados de la referida Sala que ha ocurrido con el candidato Hugo Chávez que se postuló para las elecciones del 7 de octubre de 20102 para ser Presidente para el nuevo período 2013-2019." Véase Román José Duque Corredor, "Observaciones a la sentencia de la Sala Constitucional de 9 de enero de 2013," en http://www.uma.edu.ve/interna/424/0/novedades_del_derecho_publico

ción, frente a una autoridad constituida y de manera pública, del compromiso de velar por el recto acatamiento de la ley, en el cumplimiento de los deberes de los que ha sido investida una determinada persona." Ese juramento debe hacerse ante la Asamblea Nacional que está compuesta por los representantes del pueblo, y con ello, el pueblo puede tomar conocimiento de quién es que va a gobernarlo. Es una especie de acto constitutivo de "fe de vida" del Presidente, de su propia existencia física, y de su capacidad para gobernar, realizado ante los representantes del pueblo. Y ello no puede eliminarse porque el electo haya sido reelecto, y menos aun cuando ha permanecido ausente del país durante un mes, sin que la nación tenga conocimiento claro de su estado.

Después de todos las anteriores comentadas "consideraciones para decidir," sin actividad probatoria alguna, ni siquiera efectuada de oficio, la Sala Constitucional puntualizó lo que debió ser el objeto de la interpretación solicitada, en el sentido de que "la Constitución establece un término para la juramentación ante la Asamblea Nacional, pero no estatuye consecuencia para el caso de que por "*motivo sobrevenido*" no pueda cumplirse con ella de manera oportuna y, por el contrario, admite expresamente esa posibilidad, señalando que pueda efectuarse la juramentación ante el Tribunal Supremo de Justicia," resumen que implicaba precisamente pasar a determinar cuál era la realidad fáctica de la enfermedad del Presidente de la República Hugo Chávez, y cuál era la posibilidad médica real, fáctica, d que pudiera recuperar plenamente su salud para poder ejercer el cargo para el cual había sido electo; y en esa situación, determinar entonces quien debía encargarse de la Presidencia de la República mientras el Presidente electo por las causas sobrevenidas alegadas procedía si ello era factible conforme a las pruebas médicas, a tomar posesión del cargo.

La Sala Constitucional, sin embargo, en lugar de cumplir su función interpretativa de la segunda parte de la norma del artículo 231 de la Constitución, y la actividad probatoria a la cual estaba obligada, se limitó a reafirmar lo que la propia norma constitucional dispone en el sentido de que la juramentación del Presidente reelecto puede ser efectuada en una oportunidad posterior al 10 de enero de 2013 ante el Tribunal Supremo de Justicia, de no poder realizarse dicho día ante la Asamblea Nacional, por supuesto siempre que ello sea factible; agregando sólo su apreciación de que le corresponde al propio Tribunal fijar dicho acto "una vez que exista constancia del cese de los motivos sobrevenidos que hayan impedido la juramentación." Es decir, en lugar de desplegar una actividad probatoria precisamente para decidir, constatando la salud del Presidente y las posibilidades de s recuperación, la Sala decidió sin pruebas, imponiendo un gobierno no electo democráticamente, dejando para el fututo, solo el que se pueda probar que los motivos que impidieron la juramentación han cesado. Ninguna posibilidad dejó abierta la sala que pueda llegar a probarse que el Presidente electo y ausente no puede en realidad llegar a juramentarse y ejercer el cargo para el cual fue electo, por razón de su salud.

De lo anterior, sin resolver la consecuencia jurídica derivada del hecho de que por un "motivo sobrevenido" el Presidente electo no pudo tomar posesión del cargo con su juramentación ante la Asamblea nacional el día fijado constitucionalmente, la Sala concluyó su sentencia, afirmando como por arte de magia, sin que las "consideraciones para decidir" en realidad fundamentaran y condujeran a ello, que:

> "(vi) En atención al principio de continuidad de los Poderes Públicos y al de preservación de la voluntad popular, no es admisible que ante la existencia de un desfase cronológico entre el inicio del período constitucional y la juramentación de un Presidente reelecto, se considere (sin que el texto fundamental así lo paute) que el gobierno queda ipso facto inexistente. En consecuencia, el Poder Ejecutivo (constituido por el Presidente, el Vicepresidente, los Ministros y demás órganos y funcionarios de la Administración) seguirá ejerciendo cabalmente sus funciones con fundamento en el principio de la continuidad administrativa."

Sobre esto, que es en definitiva la parte resolutiva de la sentencia con lo que se pretendió legitimar una usurpación de autoridad, deben formularse las siguientes observaciones:

> Primero, es una apreciación errada y sin fundamento de la Sala expresar la hipótesis de que "se considere (sin que el texto fundamental así lo paute)" pero sin decir quién, que "ante la existencia de un desfase cronológico entre el inicio del período constitucional y la juramentación de un Presidente reelecto, [...] que el gobierno queda *ipso facto* inexistente." Esa hipótesis que nadie le planteó pues no hubo debate alguno en el proceso, la verdad es que no tiene posibilidad de ocurrencia. Si un Presidente electo por un motivo sobrevenido no puede prestar su juramento ante la Asamblea Nacional, e, incluso, tampoco ante el Tribunal Supremo, el hecho de que el período constitucional anterior concluya no implica "que el gobierno queda *ipso facto* inexistente. En la visión de la Sala Constitucional, al negarse a interpretar la norma constitucional que se le solicitó, y que precisamente era con el objeto de determinar, como el gobierno no puede dejar de existir, quién en esa situación se encargaba de la Presidencia de la República. Así como el Presidente de la Asamblea Nacional se debe encargar de la Presidencia en caso de falta absoluta del Presidente electo "antes de la toma de posesión" de su cargo, con la misma lógica de que ejerza interinamente la Presidencia un ciudadano con legitimidad democrática electiva, en caso de que por motivo sobrevenido el Presidente electo no pueda tomar posesión de su cargo y juramentarse, quien debe encargarse de la Pre-

sidencia para iniciar el nuevo período constitucional, mientras aquél se juramenta, es el Presidente de la Asamblea Nacional.[40]

Y siempre en este caso, con pruebas por delante de la naturaleza del hecho sobrevenido y poder así determinarse si tal juramento podría tener o no lugar.

Segundo, luego de la errada apreciación anterior, y sin resolver el tema central de la interpretación constitucional solicitada en la situación de no comparecencia del Presidente Chávez el 10 de enero de 2013 a tomar posesión de su cargo, sobre quién en ese caso se debía encargar de la Presidencia de la República a partir de esa fecha, la Sala se limitó a afirmar que pura y simplemente: "En consecuencia, el Poder Ejecutivo (constituido por el Presidente, el Vicepresidente, los Ministros y demás órganos y funcionarios de la Administración) seguirá ejerciendo cabalmente sus funciones con fundamento en el principio de la continuidad administrativa," y sin mayor argumentación.

En cuanto al "Presidente," que era una referencia sin duda al Presidente H. Chávez, ello no sólo era inconstitucional porque el mismo no se podía juramentar para tomar posesión de su cargo y entrar en ejercicio de sus funciones para el nuevo período constitucional, pues como se había informado oficialmente, y ese era el único hecho notorio que no requería prueba, estaba totalmente ausente del país desde hacía un mes, en un esta-

---

40 El profesor Román José Duque Corredor expuso sobre la errada conclusión de la sentencia su apreciación de que: "La continuidad de los poderes públicos no se afecta, ni tampoco el gobierno queda *ipso facto* inexistente, cuando de pleno derecho se establece un régimen transitorio precisamente para el caso que los funcionarios que deban ejercer sus funciones no lo puedan hacer, como ocurre cuando por su falta absoluta el candidato electo o reelecto Presidente no pueda asumir su cargo en la fecha programada, en cuyo caso el gobierno sigue existiendo en forma transitoria pero en manos del Presidente de la Asamblea Nacional. Y precisamente para garantizar la voluntad popular, ante la falta absoluta del candidato electo o reelecto para el inicio del nuevo período, la Constitución prevé que se realicen nuevas elecciones y que la Presidencia, transitoriamente hasta la nueva elección, la ejerza un funcionario elegido mediante sufragio directo y universal y no el Vicepresidente que no fue elegido ni designado para el nuevo período. Así como si dicha falta ocurre después del inicio del período y con posterioridad a la toma de posesión, el gobierno lo ejerza el Vicepresidente que si fue designado por el Presidente electo, que tomo posesión del cargo, pero que dejó su cargo por alguna falta absoluta, y ello solo mientras se llevan a cabo nuevas elecciones para que la voluntad popular se pueda manifestar." Véase Román José Duque Corredor, "Observaciones a la sentencia de la Sala Constitucional de 9 de enero de 2013," en http://www.uma.edu.ve/interna/424/0/novedades_del_derecho_publico

do postoperatorio que presentaba un cuadro de salud que sin duda lo imposibilitaba e inhabilitaba totalmente no sólo para comparecer ante la Asamblea Nacional sino para ejercer el cargo y las funciones inherentes al mismo. Respecto del Presidente de la República H. Chávez, no tiene sentido alguno invocar el principio de continuidad administrativa, pues como Jefe del Estado y del Gobierno, lo que le correspondía prioritariamente era dirigir la acción de gobierno (art. 226), y para ello estaba inhabilitado de hacerlo.

Para decretar judicialmente, a pesar de su ausencia del territorio nacional y del mencionado cuadro de salud, que sin embargo el Presidente enfermo y ausente "seguirá ejerciendo cabalmente sus funciones" lo menos que hubiera requerido de la Sala Constitucional era la prueba cabal y cierta de ese estado de salud y de las posibilidades de recuperación de la salud para poder ejercer cabalmente las funciones de la presidencia. Pero nada de ello ordenó la Sala; es decir, decidió sin pruebas, y es más, en contra de "hechos" que eran más que "notorios."

Lo resuelto por la Sala Constitucional, por tanto, estando el "Presidente" de hecho impedido de ejercer cabalmente sus funciones, lo que en realidad, significó fue la decisión que sus Magistrados adoptaron de poner el gobierno de Venezuela para el inicio del período constitucional 2013-2019, en manos de funcionarios que no han sido electos popularmente, contrariando el principio democrático, como eran los otros mencionados en la sentencia: "el Vicepresidente, los Ministros y demás órganos y funcionarios de la Administración" indicando que seguirán "ejerciendo cabalmente sus funciones con fundamento en el principio de la continuidad administrativa." Ni más ni menos la Sala Constitucional lo que produjo con esta decisión fue un golpe contra la Constitución,[41] que en este caso fue dado por el juez constitucional que precisamente estaba llamado a defenderla en su supremacía e integridad, vulnerando en cambio el derecho de los ciudadanos a ser gobernados por gobernantes electos.

La decisión de la Sala Constitucional, por otra parte, no resolvía el problema de gobernabilidad democrática de la República, que era lo que la Sala Constitucional estaba en la obligación de garantizar con su inter-

---

41 También puede calificarse la situación como golpe de Estado, pues en definitiva, todo golpe contra la Constitución es un golpe de Estado. Véase Claudio J. Sandoval, ¿Golpe de Estado en Venezuela?, en *El Universal*, Caracas 10 de enero de 2013, en http://www.eluniversal.com/opinion/130110/oea-golpe-de-estado-en-venezuela.

pretación. El Vicepresidente Ejecutivo entonces en funciones, Nicolás Maduro a quien conforme a lo decidido en la misma sentencia se dejaba de hecho conduciendo la acción de gobierno, sin embargo, supuestamente aún en ausencia del Presidente del territorio nacional, no está supliendo la "falta temporal" del Presidente Chávez pues éste según la Sala ni la había decretado ni la había invocado, de manera que supuestamente sólo podría actuar como Vicepresidente Ejecutivo, con las atribuciones que tiene en la Constitución (art. 239) y las que el Presidente Chávez le delegó mediante Decreto N° 9315 de 9 de diciembre de 2012,[42] de contenido absolutamente limitativo.

Además, debe advertirse que el mencionado Decreto de delegación de diciembre de 2012, al considerar que el Vicepresidente Ejecutivo Maduro no suplía automáticamente la falta temporal del Presidente delegante (de lo contrario la delegación era innecesaria), impuso que todos los actos que dictase el Vicepresidente distintos a los expresamente delegados en los 8 primeros numerales del artículo 1 del Decreto referidos a temas de finanzas públicas, para poder ser dictados debían ser sometidos "a consulta previa al Presidente" y a su aprobación en Consejo de Ministros, lo que de nuevo planteaba un cuadro de imposibilidad en su ejecución por la situación de salud del Presidente. Por otra parte, **era evidente que el mencionado decreto de delegación cesó en sus efectos, por caducar, a partir del 10 de enero de 2013, al terminar el período constitucional para el cual fue dictado. Sin embargo, y asumiendo que con la decisión de la Sala Constitucional el mismo también hubiera sido "prorrogado" en sus efectos, el resultado de todo lo anterior, es que al no estar el Vicepresidente supliendo la "falta temporal" del Presidente, por no haberlo así resuelto el Presidente y haberlo decidido así el propio Tribunal Supremo, en ausencia del primero, el Vicepresidente Ejecutivo comenzó a conducir el Poder Ejecutivo con facultades muy limitadas, entre las cuales no estaban las enumeradas en el artículo 236 de la Constitución asignadas al Presidente de la República.**

El resultado de todo esto fue que a partir del 10 de enero de 2013, por voluntad la Sala Constitucional del Tribunal Supremo de Justicia en Venezuela, comenzó a gobernar en Venezuela un funcionario que según la propia sentencia no estaba supliendo la ausencia del Presidente de la República electo y enfermo; funcionario que entonces sólo podía ejercer sus atribuciones establecidas en la Constitución (art. 239) y las enumeradas en

---

42 Véase en *Gaceta Oficial* N° 40.078 del 26 de diciembre de 2012

el decreto de delegación de diciembre de 2013,[43] y quién entre otras atribuciones que sólo un Presidente en ejercicio podría ejercer, por ejemplo, a partir del 10 de enero de 2013 no podría nombrar y remover los Ministros;[44] no podría dirigir las relaciones exteriores de la República y celebrar y ratificar los tratados, convenios o acuerdos internacionales; no podría dirigir las Fuerza Armada Nacional ni tendría el carácter de Comandante en Jefe de la misma, no pudiendo ejercer la suprema autoridad jerárquica de ella y fijar su contingente; no podría ejercer el mando supremo de la Fuerza Armada Nacional, promover sus oficiales a partir del grado de coronel o capitán de navío, y nombrarlos para los cargos que les son privativos; no podría declarar los estados de excepción y decretar la restricción de garantías en los casos previstos en esta Constitución; no podría convocar a la Asamblea Nacional a sesiones extraordinarias; no podría reglamentar total o parcialmente las leyes, sin alterar su espíritu, propósito y razón; no podría negociar los empréstitos nacionales; no podrí celebrar los contratos de interés nacional conforme a la Constitución y la ley; no

---

43 Ello **no impidió por ejemplo que el Vicepresidente, en virtud de la "continuidad administrativa" decretada por la Sala Constitucional, procediera a designar mediante Decreto N° 9350 de 11 de enero de 2013, "por delegación del Presidente," a un "Vicepresidente Encargado" para suplir su ausencia del territorio nacional para viajar a Cuba**. Véase Decreto Nº 9.350, de fecha 11 de enero de 2013 en *Gaceta Oficial* Nº 40.088, de fecha 11 de enero de 2013

44 Por ello se recurrió a la ficción de publicar el 18 de enero de 2013 dos decretos con la firma del Presidente "dada en Caracas" cuando ello era falso pues el Presidente estaba en La Habana, recuperándose, según informó el día anterior 17 de enero de 2013 el propio Vicepresidente Maduro de los "estragos" de unas complicaciones postoperatorias. Véase Entrevista a Nicolás Maduro, "Tratamiento del presidente Chávez es para superar "estragos" de infección respiratoria," *Globovisión* 17 de enero de 2013, en http://globovision.com/articulo/maduro-ahora-tratamiento-de-chavez-es-para-superar-estragos-de-insuficiencia-respiratoria.
Fue el caso del Decreto N° 9.351 de 15 de enero de 2013 publicado en *Gaceta Oficial* No 40.090 de la misma fecha, en el cual el mismo Presidente Hugo Chávez nombró a "Elías Jaua Milano, como Ministro del Poder Popular para Relaciones Exteriores;" y el Decreto N° 9.352, de la misma fecha, mediante el cual el mismo Presidente Hugo Chávez nombró al mismo Elías Jaua Milano, Ministro del Poder Popular para Relaciones Exteriores, como "Sexto Vicepresidente del Consejo de Ministros Revolucionarios del Gobierno Bolivariano para el Área Política." Sobre las firmas atribuidas al Presidente Chávez en dichos decretos, en la "Experticia Laboratorio Grafotécnico Orta Poleo, sobre firmas del Presidente en la Gaceta Oficial del 15 de Enero 2013 designando a Elias Jaua // @RaymondOrta", de 17 de enero de 2013, se concluye que "son reproducciones tomadas de otra firma presente en otro soporte o documento." Véase en http://www.tuabogado.com/vene zuela/podium-juridico/249-criminalistica/3083-experticia-sobre-firmas-de-gaceta-oficial-del-15-de-enero-2013

podría designar, previa autorización de la Asamblea Nacional o de la Comisión Delegada, al Procurador General de la República y a los jefes o jefas de las misiones diplomáticas permanentes; no podría formular el Plan Nacional de Desarrollo y dirigir su ejecución previa aprobación de la Asamblea Nacional, no podría conceder indultos; no podría fijar el número, organización y competencia de los ministerios y otros organismos de la Administración Pública Nacional, o la organización y funcionamiento del Consejo de Ministros, dentro de los principios y lineamientos señalados por la correspondiente ley orgánica; no podría disolver la Asamblea Nacional en el supuesto establecido en la Constitución; ni podría convocar referendos; ni podrá convocar y presidir el Consejo de Defensa de la Nación.[45]

El tema central en este caso, sin embargo, es que con la sentencia No. 2 de 9 de enero de 2013, la Sala Constitucional del Tribunal Supremo de Justicia, a partir del 10 de enero de 2013 ha instalado un gobierno no electo en Venezuela, sin término, sujetando sólo su duración hasta cuando la propia Sala Constitucional lo disponga fijando una fecha para tomar juramento del Presidente de la República electo, y no posesionado de su cargo, para comenzar a ejercerlo, a pesar de que por razón del principio de la continuidad administrativa haya afirmado que el mismo Presidente continuaba "en el ejercicio cabal de su cargo." Esa tan importante y trascendental decisión para la vida democrática de un país, sin embargo, lo adoptó el juez constitucional sin que en el expediente constara prueba alguna sobre el estado de salud del Presidente electo y no posesionado, y sobre las posibilidades de su recuperación.

Ante esta sentencia, por tanto, adquiere todo su valor este libro de la profesora Giacomette, en el cual al contrario, se precisa sobre la necesidad ineludible de la prueba en los procesos constitucionales cuando sea necesario sustentar la verdad de algo para aplicar determinada consecuencia jurídica, razón por la cual la autora plantea, con razón, que en estos procesos, "para que el juez falle en justicia, cabe también la posibilidad que deba decretar y practicar pruebas de oficio, ejerciendo su condición de director del proceso, comportándose como actor social ayudando a esclarecer los hechos, y no cruzarse de brazos." Es decir, es claro que en los procesos constitucionales, precisamente por estar en juego la supremacía constitucional, el juez tiene amplios poderes de actuación de oficio, de los

[45] Véase sobre esta situación, Manuel Rachadell, "Continuidad de la presidencia compartida o un país presidencialista sin Presidente," Caracas, 10 de enero de 2013, en http://manuelrachadell@blogspot.com .

cuales en más de una ocasión se ha abusado,[46] lo que implica que el principio dispositivo ha cedido como lo ha reconocido la jurisprudencia de la Sala,[47] pero sólo en los casos que disponga la Ley (art. 89, Ley Orgánica del Tribunal Supremo de Justicia).

Y eso es lo que ha ocurrido precisamente en materia de pruebas en los procesos constitucionales, en relación a lo cual el artículo 142 de la Ley Orgánica del Tribunal Supremo de Justicia de 2010 dispone que luego de oídas las partes intervinientes en la audiencia pública "el Tribunal podrá ordenar la evacuación de las pruebas que juzgue necesarias para el esclarecimiento de los hechos que aparezcan dudosos u oscuros." Esa potestad, particularmente en los procesos en los cuales la Sala ha decidido resolverlos por sí sola, "sin oír a nadie," es decir, sin litis o confrontación entre partes, y por tanto, sin realizar audiencia pública, como lo ha resuelto en mi criterio en forma errada respecto de los procesos de interpretación abstracta de la Constitución,[48] en mi criterio se convierte en un impe-

46 Véase por ejemplo lo expuesto en Allan R. Brewer-Carías, "Régimen y alcance de la actuación judicial de oficio en materia de justicia constitucional en Venezuela", en *Estudios Constitucionales. Revista Semestral del Centro de Estudios Constitucionales,* Año 4, N° 2, Universidad de Talca, Santiago, Chile 2006, pp. 221-250; publicado también en *Crónica sobre la "In" Justicia Constitucional. La Sala Constitucional y el autoritarismo en Venezuela*, Colección Instituto de Derecho Público. Universidad Central de Venezuela, N° 2, Editorial Jurídica Venezolana, Caracas 2007, pp. 129-159; Juan Alberto Berríos Ortigoza, "El control concentrado de oficio de la constitucionalidad en Venezuela" (2000-2011), en *Cuestiones Jurídicas*, Revista de Ciencias Jurídicas de la Universidad Rafael Urdaneta, Vol. V, N° 2, Maracaibo 2011, pp. 37-74.

47 Se recuerda, por ejemplo, la decisión de la Sala Constitucional No. 1571 de 22 de agosto de 2001 (Caso: *Asodeviprilara*) en la cual argumentó que "Cuando la jurisdicción es ejercida por el juez constitucional con el fin de mantener la supremacía, eficacia e integridad de la Constitución, las normas clásicas que rigen el proceso civil sufren una distensión así como los postulados del principio dispositivo, ya que los principios y normas constitucionales no pueden quedar limitados procesalmente por planteamientos formales, o por instituciones que impiden o minimicen la aplicación de la Constitución." Véase en http://www.tsj.gov.ve/deci siones/scon/Agosto/1571-220801-01-1274%20.htm

48 Así lo resolvió la Sala Constitucional en sentencia N° 2651 de 2 de octubre de 2003 (Caso: *Ricardo Delgado, Interpretación artículo 174 de la Constitución*). Véase la referencia y el comentario crítico en Allan R. Brewer-Carías, "Introducción general al régimen del Tribunal Supremo de Justicia y de los procesos y procedimientos constitucionales y contencioso electorales, en Allan R. Brewer-Carías y Víctor Hernández Mendible, *Ley Orgánica del Tribunal Supremo de Justicia*, Editorial Jurídica Venezolana, Caracas 2010, pp. 125-126

rativo ineludible,[49] pues el juez en todo caso, para decidir, está vinculada por el principio fundamental del proceso establecido en el artículo 12 del Código de Procedimiento Civil conforme al cual "debe atenerse a lo alegado y *probado* en autos, *sin poder sacar elementos de convicción fuera de éstos*, ni suplir excepciones o argumentos de hecho no alegados ni probados."

El juez constitucional, cuando se trata de resolver fundado en situaciones de hecho, salvo que se trate de un "hecho notorio" que por ello no es objeto de prueba (art. 506 del Código de Procedimiento Civil), no puede decidir sin pruebas. Actuar y decidir de manera diferente, no es otra cosa que una arbitrariedad judicial.

*New York, mayo de 2013*

---

49 Incluso, el artículo 11 del Código de Procedimiento Civil autoriza a los jueces en los asuntos no contenciosos, a requerir las "pruebas que juzgaren indispensables; todo sin necesidad de las formalidades del juicio."

# PRÓLOGO A LA EDICIÓN MEXICANA

**EDUARDO FERRER MAC-GREGOR**
***Presidente del Instituto Mexicano de Derecho Procesal Constitucional***

Conocí a la destacada profesora Anita Giacomette Ferrer a través de mi querido maestro Cipriano Gómez Lara, cuyo espíritu y enseñanzas nos acompañan a pesar de su ausencia física acaecida hace un año, el 24 de noviembre de 2005. Nos presentó durante las *XIX Jornadas Iberoamericanas de Derecho Procesal* (San José, Costa Rica, octubre de 2004), debido a que sabía que ambos compartíamos, además del apellido, la misma pasión intelectual: la enseñanza y el estudio científico del *derecho procesal constitucional*.

Precisamente la obra de la profesora Giacomette Ferrer se inscribe en el marco de esta nueva parcela del saber jurídico y aparece, casualmente, en un año cargado de significación histórica para la disciplina.

## I

En el presente 2006 se conmemora el centenario del natalicio de Niceto Alcalá-Zamora y Castillo, que hasta donde se tiene noticia, constituye el primero en "bautizar" a la nueva rama del derecho procesal, es decir, representa el primer jurista a nivel mundial en utilizar la expresión "Derecho Procesal Constitucional" y advertir que al margen de los clásicos procesos civil y penal, surgían otros, como el laboral, administrativo y específicamente "el proceso constitucional". Lo anterior nos mueve a realizar algunas consideraciones sobre los forjadores del derecho procesal constitucional en el siglo XX, desde la perspectiva del procesalismo científico.

El insigne jurista español nació el 2 de octubre de 1906. Hijo de Niceto Alcalá-Zamora y Torres, intelectual, jurista y último presidente de la II República español. Durante el largo exilio político de Alcalá-Zamora y Castillo, primero en Argentina (1942-1946) y luego en México (1946-

1976), se convierte en uno de los principales procesalistas iberoamericanos. Representa la generación de los ilustres procesalistas exiliados, que formaron "escuela" en Latinoamérica, junto con los inolvidables Santiago Sentís Melendo (en Argentina), Enrico Tulio Liebman (en Brasil) y James Goldschmidt (en Uruguay).

De la extensa obra de Alcalá-Zamora y Castillo, se advierten algunos trabajos pioneros previo a su exilio en América, como los relativos al "Significado y funciones del Tribunal de Garantías Constitucionales", publicado en Madrid (1933) como folleto; y en su estancia en París, en 1937, redacta el ensayo "El derecho procesal en España, desde el advenimiento de la República al comienzo de la guerra civil", que se publicó originalmente en italiano en la *Revista di Diritto Procesaule Civile* (1938, núm. 2, pp. 138-175), donde hace ver la existencia de una "legislación procesal constitucional" al estudiar al Tribunal de Garantías Constitucionales y al Tribunal de Cuentas de la República de España.

Estos dos pioneros trabajos fueron recopilados, entre otros, durante su estancia en Buenos Aires en 1944, en su obra *Ensayos de derecho procesal (civil, penal y constitucional)* que despierta el interés de la materia desde el propio título. Tres años más tarde, en 1947 y radicado entonces en México, aparece la primera edición de su clásica obra *Proceso, autocomposición y autodefensa (contribución al estudio de los fines del proceso).* En este trabajo claramente se refiere al "surgimiento de un proceso constitucional" y considera a Kelsen "como fundador de esta rama procesal" debido a la consagración de la jurisdicción constitucional en la Constitución austriaca de 1° de octubre de 1920 y especialmente por su famoso artículo "La garantie juridictionnelle de la Constitution (La justice constitutionnelle)", publicado en *Revue de Droit Public* en 1928, pp. 197-257. Años después Alcalá-Zamora retoma la misma idea en su extraordinaria obra *La protección procesal internacional de los derechos humanos* (Madrid, 1975, p. 49). Después de cuarenta años de exilio regresa a España en 1976 y muere en Madrid en 1985.

## II

Por otra parte, en el presente 2006, se cumplen cincuenta años de la pérdida de otros dos forjadores del derecho procesal constitucional. Los también procesalistas Eduardo Juan Couture (1904-1956) y Piero Calamandrei (1889-1956).

El jurista uruguayo al emprender el análisis científico de las normas constitucionales que regulan las instituciones procesales, especialmente mediante la vinculación existente entre las disposiciones constitucionales con el proceso civil, a partir de su famoso ensayo sobre "Las garantías constitucionales del proceso civil" (1946) y que luego apareciera recogido en sus Estudios de derecho procesal civil (1948), cuya tercera parte dedicara a los "casos de derecho procesal constitucional" (tomo I, pp. 19-95). Las enseñanzas del jurista de Montevideo influenciaron a destacados procesalistas como Liebman (en su artículo "Derecho constitucional y proceso civil", 1952) y especialmente en Fix-Zamudio como se advierte de su obra Constitución y proceso civil en Latinoamérica (1974) y de su trabajo sobre "Eduardo J. Couture y el derecho constitucional procesal" (1980), lo que incluso lo llevaron a sostener el nacimiento de una nueva disciplina jurídica denominada "Derecho Constitucional Procesal", como rama del derecho constitucional, diferente y a la vez limítrofe con la diversa "Derecho Procesal Constitucional", perteneciente al derecho procesal; distinción que un sector de la doctrina encabezada por Domingo García Belaunde estima que se trata de un mero juego de palabras y que en realidad es la misma disciplina.

Por su parte, el profesor florentino influyó en la Constitución italiana de 1948, en la cual se establece una Corte Constitucional, que este 2006 también cumple cincuenta años de funcionamiento. En múltiples trabajos Piero Calamandrei advierte la estrecha relación entre la Constitución y la ciencia procesal, especialmente en sus trabajos L'illegittimità costituzionale delle leggi nel processo civile (1950), "La Corte costituzionale e il processo civile" (1951), "Corte Costituzionale e Autorità giudiziaria" (1956) y "La prima sentenza della Corte costituzionale" (1956). Fix-Zamudio ha destacado la influencia del primer estudio citado, a tal extremo que estima que dicha obra representa para el estudio del proceso constitucional, lo que para el proceso civil significó la famosa prolusión de Chiovenda: La acción en el sistema de los derechos, pronunciada en la Universidad de Bolonia en 1903, por lo que establece un paralelismo entre los respectivos papeles científicos de Bülow-Chiovenda y de Kelsen-Calamandrei, en cuanto a las disciplinas de los procesos civil y constitucional, respectivamente.

Mauro Cappelletti, siguiendo las enseñanzas de su maestro Piero Calamandrei, (fallecido hace dos años, el 1º de noviembre de 2004 y después de una larga enfermedad) publicó su influyente estudio sobre "La giurisdizione costituzionale delle libertà: primo studio sul ricorso costituzionale" (Milán, Giuffrè, 1955), que fuera traducido al español por Héctor Fix-Zamudio en 1961 bajo el título La jurisdicción constitucional de la libertad (con referencia a los ordenamientos alemán, suizo y austriaco).

Especial influjo representan sus aportaciones sobre la jurisdicción constitucional transnacional, que desde hace más de tres décadas advertía al analizar la Corte Europea de Derechos Humanos.

## III

En este 2006 también se cumplen cincuenta años de labor científica de otro de los forjadores del derecho procesal constitucional.

Héctor Fix-Zamudio publicó en el año 1956 su primer trabajo, intitulado "La aportación de Piero Calamandrei al derecho procesal constitucional" y que en ese mismo año aparecieran también "Estructura procesal del amparo", "El derecho procesal constitucional", "El proceso constitucional" y una "Biografía de Piero Calamandrei" (en colaboración con Alcalá-Zamora). A partir de entonces y hasta nuestros días Fix-Zamudio ha sido un artífice de la materia en el ámbito iberoamericano que se refleja en sus más de trescientos artículos publicados. A nuestro entender, se debe fundamentalmente al investigador emérito del Instituto de Investigaciones Jurídicas de la Universidad Nacional Autónoma de México (UNAM), la consolidación de la disciplina en cuanto a su denominación, contenido y delimitación, al haber sistematizado los distintos instrumentos procesales de protección constitucional que tienen por objeto restablecer o evitar el quebranto de los valores, principios y normas constitucionales, además de haber estudiado comparativamente la magistratura constitucional. A diferencia de los grandes procesalistas citados en parágrafos precedentes, Fix-Zamudio tuvo la intención manifiesta de la sistematización de una nueva disciplina jurídica bajo los enfoques del procesalismo científico contemporáneo desarrollado en el siglo XX, lo cual no realizaron los anteriores juristas a pesar de sus invaluables contribuciones desde diversas ópticas.

Influenciado por su maestro Niceto Alcalá-Zamora y Castillo, así como de los genios de Calamandrei, Couture y Cappelletti, desde hace medio siglo comenzaron las enseñanzas de Fix-Zamudio, desde sus pioneros trabajos referidos de 1956, pasando por sus importantes obras que tanto han contribuido a la disciplina, como son El juicio de amparo (1964), Veinticinco años de evolución de la justicia constitucional. 1940-1965 (1968), Constitución y proceso civil en Latinoamérica (1974), Los tribunales constitucionales y los derechos humanos (1980), Justicia constitucional, ombudsman y derechos humanos (1993, 2ª ed. de 2001), Ensayos sobre el derecho de amparo (1993, 3ra ed. de 2003), Estudio de la defensa de la constitución en el ordenamiento mexicano (1994, 3ª ed. de 2005), Derecho constitucional mexicano y comparado -con Salvador Valencia- (1999, 4ª ed., de 2005) y la obra coordinada (junto con el que escribe) sobre El derecho de amparo en el mundo (2006).

Así, la ciencia del derecho procesal constitucional tiene en el año de 2006 un entronque con sus forjadores y su lucha desde la trinchera académica continúa, al haber tomado la estafeta, liderando en sus respectivos países, Néstor Pedro Sagüés y Osvaldo Alfredo Gozaíni (Argentina), Rubén Hernández Valle (Costa Rica), Humberto Nogueira Alcalá (Chile) y Domingo García Belaunde (Perú), por sólo mencionar los juristas que desde hace décadas vienen trabajando la disciplina con redoblado esfuerzo, con independencia de alguna obra pionera en la materia en España, de Jesús González Pérez. De suma importancia para advertir el desarrollo de esta materia constituye la reciente obra coordinada por Domingo García Belaunde y Eloy Espinoza-Saldaña sobre la Encuesta sobre Derecho Procesal Constitucional (publicada simultáneamente en Lima y México, Porrúa, 2006), en la cual se ofrece un panorama muy rico sobre el estado de la disciplina, al haber reunido más de una treintena de juristas a nivel mundial.

## IV

Los esfuerzos para alcanzar la autonomía científica del derecho procesal constitucional vienen acompañados de los avances legislativos, de especialización jurisdiccional y al crearse institutos para su estudio y desarrollo.

Así se advierte en Latinoamérica la tendencia hacia la unidad legislativa, es decir, la regulación de los diversos procesos constitucionales en un mismo cuerpo normativo. Como por ejemplo, en Costa Rica (Ley nacional de jurisdicción constitucional) y en Guatemala (Ley de amparo, exhibición personal y de constitucionalidad); en las provincias argentinas de Entre Ríos (Ley de Procedimientos Constitucionales) y Tucumán (Código Procesal Constitucional); y especialmente en el Perú, con el reciente Código Procesal Constitucional, vigente desde diciembre de 2004, constituyendo el primer ordenamiento a nivel nacional con esa denominación.

Por lo que hace a la jurisdicción especializada, la tendencia se dirige a crear tribunales o cortes constitucionales (Bolivia, Chile, Colombia, Ecuador, Guatemala y Perú) o Salas Constitucionales (Costa Rica, El Salvador, Honduras, Nicaragua, Paraguay, Venezuela y en los últimos años también en tres entidades federativas de México: Veracruz, Quintana Roo y Estado de México).

En esta misma dirección se encuentran varias Cortes Supremas de Justicia, que en los últimos años han asumido un nuevo rol concentrando sus funciones en cuestiones de constitucionalidad (aunque no de manera exclusiva), como es el caso de Argentina, México, Uruguay o República Dominicana. Un ejemplo vivo de las nuevas funciones que han adquirido estas Cortes Supremas (donde en teoría no existe propiamente una jurisdicción especializada en lo constitucional), lo constituye la sentencia de 24 de febrero de 1999 de la Corte Suprema de Justicia de República Dominicana, que aplicó directamente el artículo 25.1 de la Convención Americana sobre Derechos Humanos (que establece el derecho de toda persona a un recurso "sencillo y rápido") y así incorporó el recurso de amparo, que no se prevé en su constitución o en ley alguna, señalando el propio fallo un procedimiento sumario para su tramitación.

La creación de institutos también constituye un avance en el desarrollo científico de la disciplina. Desde la década de los ochenta existió el Centro Iberoamericano de Derecho Procesal Constitucional, bajo la égida del Profesor Néstor Pedro Sagüés y con los auspicios de la Facultad de Derecho y Ciencias Sociales de la Pontificia Universidad Católica de Rosario. Esta institución pionera se convirtió, en agosto de 2003, en el Instituto Iberoamericano de Derecho Procesal Constitucional (www.iidpc.org) durante el I Encuentro celebrado también en la ciudad de Rosario, Argentina., y al que le han precedido el II Encuentro (San José, Costa Rica, en julio de 2004) y III Encuentro (La Antigua, Guatemala, diciembre de 2005). A finales de noviembre de 2006 se llevó a cabo el IV Encuentro en la ciudad de Santiago de Chile, con la participación de la destacada profesora Giacomette Ferrer.

Asimismo, en el ámbito nacional también se han creado institutos especializados. El Centro Argentino de Derecho Procesal Constitucional celebró el pasado septiembre sus IX Jornadas; en México, al crearse el Instituto Mexicano de Derecho Procesal Constitucional en septiembre de 2004, se celebró su I Congreso en septiembre de 2005 en la ciudad de Monterrey, y su II Congreso tendrá lugar en 2007; en Chile recientemente se creó su instituto y es de esperarse que paulatinamente se constituyan asociaciones de esta naturaleza en los demás países iberoamericanos.

Este movimiento ha propiciado que paulatinamente se incorporen en los planes de estudio de las escuelas, facultades y departamentos de derecho de los países iberoamericanos, el curso específico denominado "Derecho Procesal Constitucional", aunque en la mayoría de los casos aún se contempla como materia optativa. Los seminarios, cursos, encuentros y congresos sobre la materia se han multiplicado especialmente en los países latinoamericanos, como el que tuvo lugar en la Universidad del Rosario, en Bogotá, el 2 y 3 de junio de 2005, evento impulsado por la Profesora Giacomette Ferrer.

## V

La obra que hoy sale a la luz constituye esencialmente la tesis de grado en la Maestría en Derecho con énfasis en procesal constitucional, que la autora sustentó, su día, en la Universidad de los Andes y cuyo director es el destacado procesalista argentino Osvaldo Alfredo Gozaíni, que tanto ha impulsado la disciplina con sus notables y acuciosas publicaciones, a tal extremo que se ha convertido en uno de los más importantes cultivadores del derecho procesal constitucional en el ámbito Latinoamericano.

El libro se divide en cuatro capítulos precedida de una introducción, en la cual la autora señala uno de los objetivos específicos de la obra: "situar en Colombia el Derecho Procesal Constitucional como una disciplina moderna y autónoma que se encarga entre otros aspectos de regular los procesos constitucionales"; y como objeto central el estudio de la prueba dentro de esos procesos constitucionales derivados tanto de su dimensión abstracta como concreta y así poder analizar si en dichos procesos constitucionales es viable solicitar, decretar y practicar pruebas como en cualquier otro proceso.

La elección de la temática resulta muy oportuna, en la medida en que el análisis de los medios probatorios en los procesos de control constitucional ha sido poco explorada resultando escasa la bibliografía y más bien se ha estudiado a las pruebas en determinados procesos concretos y no en su fenómeno global y dentro del contexto del derecho procesal constitucional, no obstante sus matices propios y diferenciados con respecto al tradicional proceso civil o penal.

En general, este fenómeno se advierte también para otras categorías procesales como pueden ser las medidas cautelares, los incidentes, la legitimación activa y pasiva, los alegatos, la caducidad, la sentencia, etc. Creemos que esta apatía se debe a que, salvo determinados casos, la legislación e interpretación de los jueces han optado sólo por traspolar los clásicos institutos arraigados especialmente en el proceso civil a los procesos constitucionales, siendo que estos últimos adquieren características propias que deben diferenciarse de los otros procesos, sin que ello signifique romper con la teoría general del proceso común a las ramas del enjuiciamiento. Esta realidad se advierte con claridad en México, en el "juicio de amparo" (equivalente a la acción de tutela en Colombia) o en las "acciones de inconstitucionalidad" (control abstracto) de impugnación de leyes, o "controversias constitucionales" (conflictos competenciales y de atribuciones entre órganos y poderes del estado), ya que las leyes que regulan estas tres garantías constitucionales remiten supletoriamente al Código Federal de Procedimientos Civiles a falta de disposición expresa, lo que ha propiciado poca creatividad en los procesos constitucionales. A nuestro entender, se requiere un mayor dinamismo en la construcción teórica del proceso constitucional y de ahí la importancia de la obra en estudio que se dirige a colmar una laguna existente en la doctrina contemporánea.

En el capítulo primero, a manera de consideraciones preliminares, la autora parte de una reflexión sobre los tres conceptos fundamentales de la ciencia procesal, a saber, acción, jurisdicción y proceso, conceptos que Giuseppe Chiovenda hacía notar en su famosa prolusión leída en la Universidad de Bolonia en 1903 y que Ramiro Poddetti llamaba la "Trilogía estructural del proceso civil". A partir de estas categorías se ha venido desarrollando el procesalismo científico contemporáneo no sin algunos debates doctrinarios.

La autora inicia sus reflexiones precisamente analizando uno de estos tres conceptos, la "jurisdicción constitucional", que a nuestro modo de ver constituye el punto de partida del nacimiento del derecho procesal constitucional en su concepción moderna, es decir, cuando existen órganos del estado facultados para interpretar el texto supremo. Después de analizar las aportaciones de destacados juristas, nuestra autora concluye que la jurisdicción constitucional constituye "un tipo o clase de organización judicial encargada de asegurar la integridad y supremacía de la Constitución, basada precisamente en la gradación de las distintas normas del ordenamiento jurídico, esto es, que unas normas están subordinadas a otras dentro de una estructura jerárquica en que la Constitución ocupa el sitio más elevado". Una vez clarificado el concepto de "jurisdicción constitucional" se realiza la distinción con otros conceptos como son los de "control de la constitucionalidad" y el de "justicia constitucional". Si bien estas connotaciones tienen alcances diferentes como acertadamente señala la autora, existe en la actualidad una confusión terminológica a tal extremo que son utilizados como sinónimos, incluso con la expresión "derecho procesal constitucional" o el "derecho constitucional procesal", siendo que todos ellos si bien se encuentran recíprocamente relacionados, adquieren dimensiones distintas, incluso en su ubicación dentro de las ramas del derecho procesal o del derecho constitucional.

Partiendo de estas precisiones conceptuales, la destacada procesalista realiza una breve reseña histórica sobre los orígenes de la jurisdicción constitucional, advirtiendo cronológicamente tres etapas: Primer tiempo o tradición inglesa, Segundo tiempo o sistema americano y Tercer tiempo o sistema europeo o austriaco, que en su evolución han generado los dos grandes sistemas o modelos de control constitucional: el difuso y el concentrado; teniendo como fechas precisas de nacimiento el primero, la famosa resolución de Marbury vs Madison resuelta por la Corte Suprema de los Estados Unidos en 1803, con la cual nace el sistema de control judicial de las leyes; y el segundo, la creación de la Alta Corte Constitucional austriaca prevista en la Constitución de octubre de 1920, que ha servido de paradigma al modelo concentrado. Cabe destacar que con anterioridad se han señalado antecedentes importantes para el derecho procesal constitucional, como en la Edad Media, la figura del Justicia Mayor del Reino de Aragón, que conocía de los procesos forales y en cuyas sentencias "amparaba" contra actos del propio rey y subordinados contrarios a los fueros; o la figura del habeas corpus inglés. Incluso, algunos juristas han querido encontrar antecedentes remotos en algunas instituciones de la Grecia antigua o del derecho romano, como el interdicto *pretoriano del homine libero exhibendo y la intercessio tribunicia.*

Luego de analizar el control constitucional en la historia constitucional de Colombia, desde la Carta Política de 1886 hasta la actual constitución de 1991, la profesora Giacomette concluye que en su país se estableció un sistema mixto del control de constitucionalidad especialmente a partir de 1910 al consagrarse la acción popular de inconstitucionalidad en paralelo al control difuso de constitucionalidad de leyes, sistema mixto que continuó con la actual Constitución de 1991 y para ello defiende su postura en importantes consideraciones normativas y jurisprudenciales.

Al respecto debe considerarse que en el ámbito Latinoamericano propiamente no existen sistemas "puros" y más bien se ha evolucionado hacia una mixtura de los dos sistemas clásicos, al compartir la jurisdicción constitucional tanto los jueces ordinarios como los órganos especializados, sean Tribunales, Cortes o Salas Constitucionales. Incluso, para algunos existen sistemas "paralelos" como lo ha advertido Domingo García Belaunde para el Perú. Una característica común, sin embargo, es que en la mayoría de los países de nuestra región existe un órgano límite que cierra el sistema jurídico interpretativo, con independencia de su denominación (en algunos países esta función la realiza la propia Corte Suprema, como en México, al realizar materialmente la actividad de un tribunal constitucional). Esta situación no se advierte con tanta claridad en ciertos países como en Chile (con anterioridad a la reforma de agosto de 2005) o en Colombia, derivado a que existen dos o más altos órganos del estado con apariencia de máximos intérpretes del texto supremo.

Posteriormente se realiza el estudio de los vicios de inconstitucionalidad, así como la manera en que se ejerce el control constitucional en Colombia, ya sea en su dimensión "abstracta" como son el control previo, por vía de acción, oficioso u automático o vía de acción de nulidad (sin que se excluyan necesariamente estas instancias) o en su aspecto "concreto" sea por la acción de tutela o por vía de excepción.

El capítulo segundo constituye el marco teórico de las estructuras del proceso constitucional, sirviendo como soporte y sustento para el estudio específico de la prueba que representa la parte medular del trabajo contenido en el tercer capítulo. Siguiendo los elementos clásicos del proceso en general: sujeto, objeto y actividad procesal, se estudian en relación con los procesos constitucionales tanto los de tipo abstracto como concreto, aclarando la autora que su análisis se limita en cuanto a los primeros, a los procesos ordinarios de competencia ante la Corte Constitucional sea las originadas por demandas ciudadanas o aquellas que se inician obligatoriamente por mandato constitucional; y en cuanto al control concreto de constitucionalidad sólo se estudian los procesos preferentes de acción de tutela.

De esta forma se analizan tanto en los procesos abstractos como en los concretos de control constitucional, los intervinientes en los mismos, es decir, el propio órgano jurisdiccional, el Ministerio Público y las partes propiamente dichas; asimismo se establece el objeto del proceso constitucional que para algunos está relacionado con la pretensión procesal y, por último, el desarrollo de la actividad procesal, comprendiendo el análisis de la manera en que se inicia el proceso, su evolución y las distintas formas de terminación del proceso constitucional.

Resultan de interés las agudas observaciones realizadas en torno a que en los procesos de control constitucional de naturaleza abstracta sí existen auténticas partes y no sólo, como algunos sostienen, intervinientes. Esta discusión sobre la naturaleza jurídica de los mecanismos de control abstractos está abierta en varios países. Algunos afirman que debido a que la finalidad esencial de los procedimientos abstractos es la regularidad constitucional (interés objetivo) y no propiamente dicha la protección de los derechos (interés subjetivo), prevalece el interés público y no el interés privado de los sujetos que intervienen en el mismo, ya que lo esencial es la confrontación de la norma con el texto supremo sin importar la casuística que originó la intervención del órgano, que incluso puede ser que todavía no haya causado un perjuicio debido a que no ha entrado en vigor o no se ha aplicado la norma.

Esta discusión también existe en México, en donde la Suprema Corte de Justicia, en su calidad de tribunal constitucional, conoce de manera exclusiva del control abstracto de inconstitucionalidad de leyes a través del mecanismo denominado "acción de inconstitucionalidad", cuyos sujetos legitimados está vedada para los particulares y sólo se abre para determinados órganos políticos o públicos (minorías parlamentarias -33%-, Procurador General de la República, Partidos Políticos y las Comisiones de Derechos Humanos). La Suprema Corte de Justicia, en su calidad de máximo intérprete de la Constitución federal, emitió la tesis jurisprudencial 71/2000, estableciendo que la acción de inconstitucionalidad es un "procedimiento" y no un "proceso" al no existir partes ni materia litigiosa en tanto que no existe un agravio en perjuicio del promovente y más bien consiste en una solicitud a fin de que la Corte realice un análisis abstracto de la constitucionalidad de la norma, estando de por medio un interés general, abstracto e impersonal de que se respete la supremacía de la Carta Magna.

Esta interpretación se vuelve reduccionista, anclada en las añejas fórmulas del proceso civil y poco comprensible de las dinámicas del procesalismo científico contemporáneo, especialmente en las nuevas construcciones doctrinales del proceso constitucional. Si bien es cierto que el objeto de los mecanismos abstractos de control constitucional tienden a proteger el principio de supremacía constitucional y no existe una identificación plena con el contradictorio entre partes, ello no le resta el carácter de auténtico proceso (o proceso "atípico" seguido por un sector de la doctrina) en la medida en que se inicia a través de una acción (o de oficio en algunos países), existe la defensa del órgano al cual se imputa la inconstitucionalidad de la norma, se desarrolla una secuela procedimental en la cual se ofrecen, admiten y desahogan pruebas (especialmente cuando el vicio de inconstitucionalidad es formal), se posibilita en algunos países la intervención del *amicus curie*, se da una fase de alegatos y una sentencia vinculante. Asimismo, el argumento relativo a que en este tipo de mecanismo prevalece la defensa objetiva de la Constitución, ello no implica la inexistencia de un interés o derecho de naturaleza difuso o colectivo, como bien ha señala la Profesora Giacomette. Estos derechos o intereses paulatinamente se están abriendo paso también en los procesos constitucionales y no sólo en el proceso civil, de tal suerte que el derecho subjetivo tradicional se encuentra en crisis y están apareciendo nuevas formulas colectivas hacia el acceso a la justicia.

Por lo que hace a los procesos concretos de control constitucionalidad y especialmente a las acciones de tutela, se señalan ciertas características propias de este instrumento como son la informalidad, autonomía, inmediatez, subsidiariedad y carácter preventivo, sumario y preferente, permanente, con efectos particulares, entre otros, principios que son desarrollados y explicitados detalladamente por la autora.

El capítulo tercero contiene la parte medular del libro. Se analiza la prueba como un elemento integrador del debido proceso considerado como un derecho fundamental. Partiendo de las premisas y del orden metodológica sugerido por el ilustre Eduardo Juan Couture, la profesora Giacomette responde las interrogantes respecto a qué es probar, qué, quién y cómo se prueba, así como los sistemas y la manera de valoración de la prueba. Asimismo propone una definición de la prueba para los procesos constitucionales, considerando que se trata de "las razones, los argumentos, los instrumentos o los medios, de naturaleza predominantemente procesal, dirigida a verificar el cumplimiento o no de la Constitución". Teniendo en cuenta la distinción metodológica de los procesos constitucionales de carácter abstracto y concreto, que sigue la autora a lo largo de su obra, se emprende el análisis de cada uno de los apartados señalados, con referencias pertinentes a la doctrina, a la jurisprudencia de la Corte Constitucional y al análisis del Decreto 2591 de 19 de noviembre 1991 (reglamentación de la acción de tutela) y del diverso Decreto 2067 de 4 de septiembre de 1991 (régimen procedimental de los juicios y actuaciones ante la Corte Constitucional), que aparecen ambos como anexo al final del libro, y considerado este último por la autora como el "pequeño Código Procesal Constitucional Colombiano."

En los procesos de control abstracto resulta relevante, como bien lo sostiene la profesora Giacomette, el tipo de vicio de inconstitucionalidad, ya que adquiere dimensiones especiales tratándose de los vicios formales en la medida en que la actividad probatoria se dirigirá a la falta de cumplimiento de las reglas procedimentales en la formación de los proyectos de ley o actos legislativos; en cambio, cuando se trata de vicios de inconstitucionalidad de contenido sustancial, la actividad probatoria en los procesos constitucionales abstractos se vuelve prácticamente irrelevante debido a que la función del juzgador constitucional se limitará a confrontar la norma impugnada y la Constitución, no siendo sujeto a prueba los hechos, por regla general; cuestión que difiere de los procesos constitucionales de naturaleza concreta, como el amparo, el hábeas corpus o el hábeas data, en los cuales cobra especial relevancia la determinación del juez sobre la vulneración o amenaza de los derechos o libertades fundamentales para lograr su restablecimiento y libre ejercicio.

El análisis cuidadoso que realiza la Profesora Giacomette Ferrer es de tal valía, que no sólo se limita a tratar de establecer una "teoría general de la prueba en los procesos constitucionales", sino que además proporciona una visión de la interpretación de la Corte Constitucional y un estudio de campo que permite aterrizar en el mundo cotidiano y así transitar, en una función dialéctica, del "paraíso de los conceptos" al "purgatorio de las normas" y así llegar al "infierno de la realidad", como magistralmente enseñaba Cipriano Gómez Lara; lo que permite a la autora estar en posibilidad de determinar en la práctica cuáles son los medios probatorios más utilizados, su operatividad y verdadera eficacia.

El trabajo de la profesora Giacomette Ferrer concluye con un interesante capítulo dedicado a la manera en que el juez constitucional resuelve en materia probatoria y especialmente teniendo en cuenta la cláusula del Estado Social de Derecho establecida a partir de la vigente Constitución colombiana de 1991 y que se relaciona con la actual Constitución mexicana de 1917, al representar el primer ordenamiento constitucional en consagrar derechos sociales. Este es un tema central en la discusión constitucional y filosófica de nuestro tiempo, que en el fondo refleja cómo los tradicionales métodos interpretativos savignyanos de la norma están siendo insuficientes para el intérprete constitucional, lo que ha propiciado el surgimiento de nuevos métodos y principios utilizados por el juez constitucional contemporáneo, especialmente en materia de derechos fundamentales.

Esta preocupación no es exclusiva de Colombia o México, sino que alcanza a todos los jueces constitucionales del mundo, y los problemas que afrontan están siendo compartidos a manera de una "justicia constitucional cosmopolita", como acertadamente lo sostuvo Gustavo Zagrebelsky, en su discurso oficial pronunciado el 22 de abril de 2006, con motivo del cincuenta aniversario de la Corte Constitucional italiana en su calidad de Presidente emérito: "El terreno sobre el que más naturalmente se desarrolla la discusión es el de los derechos fundamentales; mejor dicho, sobre aspectos esenciales de los derechos fundamentales: la pena de muerte, la edad o el estado psíquico de los condenados, las modalidades incluso temporales de las ejecuciones; los derechos de los homosexuales; las 'acciones afirmativas' a favor de la participación política de las mujeres o contra discriminaciones raciales históricas, por ejemplo en el acceso al trabajo y a la educación; la limitación de los derechos por motivos de seguridad nacional; la regulación de aborto y, en general, los problemas suscitados por las aplicaciones técnicas de las ciencias biológicas a numerosos aspectos de la existencia humana; la libertad de conciencia respecto a las religiones dominantes y a las políticas públicas en las relaciones entre escuelas y confesiones religiosas; los derechos de los individuos dentro de las relaciones familiares y así por el estilo. Es a partir de problemas como estos que la discusión ha tomado altura y es en este nivel que la comparación de las experiencias jurisprudenciales es auspiciada o bien hostilizada" (ZABREBELSKY, Gustavo, "Jueces Constitucionales", en *Revista Iberoamericana de Derecho Procesal Constitucional*, núm. 6, julio-diciembre de 2006, México, Porrúa, 311-324, en p. 313.).

En por ello que dentro de los métodos contemporáneos de interpretación constitucional, está cobrando relevancia el llamado quinto método" o "método comparativo" que tanto ha impulsado el insigne constitucionalista alemán Peter Häberle. En la actualidad uno de los temas compartidos que tendrán que resolver en el futuro inmediato las Cortes, Tribunales o Salas Constitucionales es el relativo a los problemas de constitucionalidad de la llamada "píldora del día después". Entre las múltiples facetas a considerar debe preguntarse si es abortiva y de ahí la importancia de la presente obra debido a que más allá de la ideología de cada juez, deberá valorarse las pruebas que para tal efecto se ofrezcan, como pueden ser los dictámenes, estudios médicos y científicos, a la luz de los valores, principios y normas constitucionales, así como de los derechos humanos previstos en los tratados internacionales.

En suma, la obra que el lector tiene en sus manos colma una laguna en la doctrina jurídica Latinoamericana. Estamos seguros que el muy documentado trabajo de la profesora Anita Giacomette Ferrer, La prueba en los procesos constitucionales, se convertirá en consulta obligada para todos los estudiosos de la joven y pujante ciencia del derecho procesal constitucional, que paulatinamente se abre camino hacia su plena consolidación.

*Ciudad de México, invierno de 2006*

# PRESENTACIÓN A LA EDICIÓN COLOMBIANA

**JOSÉ GREGORIO HERNÁNDEZ GALINDO**
***Ex magistrado Corte Constitucional de Colombia***

Los procesos constitucionales tienen origen en la normatividad que consagra el sistema de control de constitucionalidad en abstracto y en los preceptos que corresponden a la función de revisión eventual de los fallos de tutela, a cargo de la Corte Constitucional.

La materia, aunque muy poco abordada en los libros de Derecho Constitucional, reviste especial importancia, en cuanto no siempre la confrontación o el examen que se llevan a cabo por la Corte se produce en el terreno exclusivamente normativo; no en todas las ocasiones resuelve el juez constitucional sobre asuntos de puro Derecho, ni puede afirmarse que todos los problemas inherentes al control de constitucionalidad sean de naturaleza teórica.

Así, para mencionar apenas uno de los campos en que resulta esencial la evaluación de la prueba en procesos constitucionales, cuando el Presidente de la República declara alguno de los estados de excepción (Arts. 212, 213 y 215 C.P.), dado que la actual jurisprudencia -desarrollada y consolidada a partir de la Sentencia C-004 de 1992- se orienta en el sentido de la plena competencia de la Corte Constitucional para resolver acerca de la exequibilidad o inexequibilidad del decreto declaratorio, es natural que el Magistrado sustanciador, a cuyo cargo se encuentra la conducción del proceso, decrete las pruebas necesarias, y que la Sala Plena las estudie, con miras a la formación del concepto de cada uno de los integrantes de la Corporación.

En tal sentido, cuando se trata de esa clase de procesos, la Corte necesita referirse a los hechos, con el objeto de sustentar su decisión.

En ese orden de ideas, establecer si las pruebas allegadas al proceso son suficientes; si son pertinentes; si son idóneas para llegar a la convicción de los magistrados sobre el tema objeto de controversia; en fin, si inciden de modo determinante en las definiciones propias del control, son materias propias de un Derecho Procesal muy especializado, en razón de los asuntos en tela de juicio, que requiere mayor análisis por parte de la doctrina y de la propia jurisprudencia constitucional.

Suscita inquietud lo referente a las posibilidades ciertas de controversia, contradicción y discusión de las pruebas en estos procesos, pues aunque no se decide sobre asuntos particulares ni es propio entender que en los procesos constitucionales haya partes enfrentadas en defensa de sus intereses -bien se sabe que el interés en estos casos no es otro que el público, consistente en la efectiva vigencia e intangibilidad de la Constitución-, lo cierto es que tanto el Congreso como el Gobierno, el Procurador General de la Nación, o los ciudadanos que toman parte en la controversia pueden contar con elementos de juicio que les permitan afirmar la falta de idoneidad de una determinada prueba para acreditar un hecho relevante en el proceso, o para sostener que ella es incompleta, por lo cual requiere llevar otras a conocimiento de los magistrados; o entender de manera fundada que existen pruebas aún no incorporadas al expediente pero que contradicen las decretadas, por todo lo cual, mientras más avance la tendencia de la Corte a sustentar sus fallos en material probatorio, como ha venido ocurriendo, crecerá necesariamente la importancia de afinar los contornos teóricos y prácticos del análisis probatorio.

No se olvide que el debido proceso, según lo establece sin duda el artículo 29 de la Constitución Política, es exigible en todos los procesos judiciales y administrativos, luego también los que se surten en la Corte Constitucional están sometidos a sus reglas.

Por supuesto, la Corte no escapa a la obligación que tiene todo juez de decretar y practicar las pruebas indispensables en los procesos que conduce con arreglo a los mandatos y directrices del ordenamiento jurídico, y cuidando siempre la exactitud de la relación entre el fundamento probatorio de los hechos que puedan ser determinantes en los fallos, y los fallos mismos.

Aunque se repite que no todos los procesos de constitucionalidad exigen la práctica de pruebas, pues en la mayoría de los casos, particularmente a raíz de demandas de inconstitucionalidad o de objeciones presidenciales, la controversia es netamente jurídica, por aludir a confrontación entre normas, la frecuencia en aumento, de acciones entabladas por vicios de procedimiento en la formación de los actos sujetos a control lleva necesariamente a que la verificación de los hechos imponga una constante referencia al sustento probatorio de las sentencias.

La obra de la doctora Anita Giacomette Ferrer, ejemplar abogada y catedrática, se ocupa precisamente de la consideración exhaustiva, hasta el nivel del detalle, bajo criterios jurídicos constitucionales y procesales, de la materia probatoria en los asuntos de constitucionalidad.

Se trata de un estudio serio y bien fundamentado, rico en alusiones a la jurisprudencia y a la doctrina, y en especial muy exigente, en las distintas etapas de los trámites que deben seguirse, según el Decreto 2067 de 1991, en todos aquellos juicios a cargo de la Corte Constitucional dentro del control abstracto.

Después de presentar importantes inquietudes acerca de la jurisdicción de los jueces constitucionales, y de remontarse a los orígenes de la Jurisdicción Constitucional -tradición inglesa, sistema americano y sistema europeo-, la autora hace una nítida presentación del sistema de control constitucional vigente en distintas épocas de nuestra historia y del que hoy rige, distinguiendo los diversos conceptos de vicios de inconstitucionalidad, y los momentos y modalidades de control señalados en el ordenamiento colombiano.

De gran interés resulta el esquema procesal abordado por la doctora Giacomette, no menos que el detenido análisis jurídico por ella efectuado acerca de la prueba, sus medios, los momentos de su práctica y evaluación, y en general acerca de la actividad probatoria en los procesos de constitucionalidad.

No puedo dejar de consignar mi complacencia por la magnitud y riqueza del trabajo, por el voluminoso soporte normativo, bibliográfico y jurisprudencial, y particularmente por el excelente examen que en este libro encontramos acerca de la decisión del juez constitucional en materia probatoria, con una precisa y muy importante referencia al papel de ese juez en el Estado Social de Derecho.

Esta obra sienta las bases para un nuevo y fecundo desarrollo, muy prolífico en posibilidades, de nuestro Derecho Constitucional.

## PRESENTACIÓN A LA EDICIÓN COLOMBIANA

**DIEGO LÓPEZ MEDINA**

Constituye para mi un gran gusto poder escribir, por invitación de su autora, unas cuantas palabras a manera de Introducción al libro *La prueba en los procesos constitucionales*, de la Dra. Ana Giacomette Ferrer. Digo que encaro el reto con gusto por varias razones: en primer lugar, porque una primera versión de este libro fue la investigación que la Dra. Giacomette adelantó para optar por el título de maestra en derecho en la Universidad de los Andes. Como tengo el honor de ser profesor en esa universidad y en ese mismo programa académico, fui testigo de primera mano del proceso de la Dra. Giacomette a lo largo de los últimos años. Ella ya era una respetada académica en materias probatorias y procesales, pero esta investigación muestra una clara profundización de su voz y de su presencia. En particular, como lo notará el lector, este libro empieza a caminar un sendero metodológico importante que no se ha hecho presente aún en los estudios del derecho procesal colombiano: para estudiar los medios de prueba que se utilizan en los procesos constitucionales la Dra. Giacomette hace un "estudio de campo". De esta manera la autora le pregunta, no a la doctrina o a la ley, que al fin y al cabo poco o nada saben del derecho forense, sino a la práctica jurídica para que nos muestren cuál es el papel de la prueba dentro de las acciones constitucionales. Esta utilización de la práctica no resulta en un escueto "manual forense" sino en una verdadera e iluminadora investigación empírica en temas procesales y probatorios. Dentro de esta estrategia de investigación, uno de los hallazgos fundamentales consiste en mostrar, por ejemplo, que la acción abstracta de inconstitucionalidad, que durante muchos años había sido tenida como un proceso puramente jurídico sin componentes "empíricos" (y, por tanto, sin necesidad de actividad probatoria) ha empezado a transitar sólidamente hacia esos terrenos. Como se demuestra con los importantes casos revisados por la Dra. Giacomette[1] es claro que la inconstitucionalidad de una ley no se mide exclusivamente entorno de una supuesta incompatibilidad formal y abstracta de la misma con la Constitución, sino que la misma muchas veces depende del contexto en el que se aplica la norma y de las consecuencias que la norma genera. Este contexto y dichas consecuencias, empero, no se desprenden de un simple cotejo normativo, sino que requieren del acopio de elementos "empíricos" que trascienden de lo jurídico y que solo pueden hacerse visibles a través de la actividad probatoria. Así, las normas con impacto económico no son abstractamente inconstitucionales, sino que su nulidad dependerá de cómo afecten derechos constitucionales, ya no en su diseño normativo, sino en las consecuencias económicas, sociales y políticas concretas que de ellas se desprendan.

Esta sencilla constatación nos permite ver con claridad que los cambios en teoría interpretativa del derecho invocan, paralelamente, cambios en el papel que "lo empírico" y "lo probatorio" juegan en el litigio constitucional. A mayor consecuencialismo hermenéutico mayor será el campo para un pleno debate probatorio. Por las mismas razones resulta ya erróneo seguir repitiendo, como lo tiene un antiguo mantra que la nueva hermenéutica va rebatiendo, la idea según la cual la acción de inconstitucionalidad es "abstracta". De la mano del consecuencialismo y de su reforzado empirismo probatorio, la acción de inconstitucionalidad cada vez más se vuelve un proceso de control "concreto" donde empiezan a volverse discernibles las partes, sus intereses y la reconstrucción probatoria de un mundo extrajurídico que pesa tanto como el derecho formal mismo en la determinación de la anulabilidad de la ley por razones constitucionales.

El libro de la Dra. Giacomette, al mismo tiempo, creo que abre un debate aún más amplio que quisiera resumir de la siguiente manera: es posible que la reforma procesal más importante que se ha haya dado en Colombia en los últimos tiempos se centre entorno a la instauración de la acción constitucional de tutela de los derechos fundamentales. Desde hace

---

1 La autora analiza el impacto de la actividad probatoria en las sentencias de la Corte Constitucional colombiana en las que se decidió la constitucionalidad (i) de la financiación hipotecaria de vivienda mediante el sistema de UPAC, (ii) de la penalización del aborto, (iii) de la imposición de un impuesto a las ventas a artículos de la canasta familiar básica, (iv) de la reelección presidencial inmediata, (v) del referendo reformatorio de la Constitución propuesto en el primer gobierno de Álvaro Uribe y (vi) de los esquemas de gravamen fiscal a recursos naturales no renovables.

40 años a lo menos, Colombia[2] ha realizado repetidos esfuerzos por introducir "reformas" a su sistema de justicia. El argumento general a favor de la reforma, en una de sus versiones más recientes, es el siguiente: la administración de justicia tiene la tarea fundamental de resolver los conflictos que se dan entre los actores económicos, proteger la propiedad y el contrato y, de esa forma, reducir los costos de transacción e incertidumbre que aletargan el intercambio y la eficiente asignación de recursos productivos. Además de esta función económica, la administración de justicia tiene la obligación de proteger los derechos fundamentales de todos los ciudadanos de manera que se asegure que la sociedad vive bajo un clima generalizado de ausencia de violencia y abuso gubernamental, es decir, de máxima predictibilidad de las condiciones y formas bajo las cuales es posible afectar la propiedad y la libertad corporal de las personas. A esta descripción general se le conoce, usualmente, como *rule of law* y, a pesar del anglicismo, se ha convertido en una condición básica del *good governance* que, espontánea o forzosamente, buscan la mayor parte de estados que añoran participar en la prometida abundancia de la economía globalizada.

Cabe al aparato judicial, pues, un papel económico y político fundamental en la estabilización de las sociedades sometidas a las presiones de la globalización. A pesar de este papel central el diagnóstico sigue siendo profundamente descorazonador: los sistemas judiciales en el mundo entero parece que no pueden ofrecer este clima económico y social adecuado porque están sencillamente ahogados por un exceso de demanda de sus servicios. Este exceso de demanda origina una morosidad fatal ya que la pendencia judicial de los conflictos aumenta los costos de transacción económicos que la justicia debería evitar. Este exceso de demanda se explica en los países del tercer mundo por la rápida incorporación de la población rural a la economía formal urbana y por la consiguiente desintegración de los grupos sociales ampliados (la familia extendida, la comunidad rural, el municipio, etc., etc.) en las que muchas veces se disolvían los conflictos sin necesidad de mediación coercitiva del poder público.

Frente a este panorama, por tanto, se han intentado múltiples reformas judiciales: desde finales de los años ochenta, por ejemplo, empezó un importante proceso de desjudicialización de los conflictos mediante la introducción de los llamados "mecanismos alternativos de resolución". El argumento buscaba mostrar que los conflictos podían ser desactivados sin

---

2 Como casi todos los países de derecho occidental donde el tema de la "crisis de la justicia" parece ser común debido a aumentos inmanejables en la demanda de la misma.

intervención de la judicatura estatal o mediante una intervención temprana y menos costosa (vía conciliación, por ejemplo) que evitara incurrir en los costos prohibitivos de tener que tramitar un proceso entero hasta la producción de una sentencia. Observe el lector que el "ahorro" que implican estos mecanismos radica, en parte, en un énfasis menor en la necesidad de establecer la "verdad" de lo ocurrido mediante un pleno debate probatorio. Reformadores judiciales de todos los países y vertientes ideológicas han hecho notar que la obligación jurídica de aportar y evaluar pruebas para reconstruir la verdad, aunque constituye una demanda racional válida, tiene el inconveniente profundo de ser una de las etapas que mayores costos directos e indirectos añade a la resolución estatal de los conflictos. Basta con recordar, por ejemplo, que la pendencia y la morosidad procesales se dan casi siempre en los prolongados tiempos probatorios que los Códigos autorizan y que las partes utilizan estratégicamente cuando les conviene impedir, por una u otra razón, la determinación de la "verdad" mediante la sentencia judicial.

Dentro de estas tendencias generales se establece en Colombia en el año de 1991 la acción de tutela o amparo de derechos fundamentales. Su defensa se hizo usualmente bajo la égida y la retórica de la protección de los derechos fundamentales: sus diseñadores ciertamente no fueron procesalistas encargados de la "reforma a la justicia" y su impacto inicial no iba dirigido dentro del marco de esa política pública. Pero la acción de tutela terminó por sorprender a todo el mundo ya que, sin siquiera pensarlo, ha sido la intervención más profunda que se ha dado en los últimos años en la políticas públicas de justicia. La principal "reforma a la justicia" en Colombia de los últimos años ha sido la acción de tutela por encima de cambios legislativos explícitos que sí han sido planteados en ese sentido: baste por ahora mencionar las profundas modificaciones introducidas al proceso ejecutivo[3] o la instauración de un nuevo sistema penal acusatorio[4].

¿Por qué vía llegó la acción de tutela a convertirse en una profunda "reforma a la justicia"? La respuesta, en principio, es simple: la acción de tutela fue concebida como un sistema "subsidiario" de protección. La subsidiaridad consiste formalmente en la necesidad de agotar las acciones ordinarias que el ordenamiento jurídico otorga para la protección de los intereses iusfundamentales, o, alternativamente, en la ausencia de las

---

3 Establecido por la Ley 794 de 2003.

4 Establecido por la Ley 906 de 2004

mismas. Bajo esta perspectiva y dada la amplitud de cobertura de las acciones ordinarias daría la impresión que la acción de tutela sería utilizada excepcionalmente para la protección de derechos fundamentales. Pero la realidad fue muy distinta frente a lo que parecía sugerir este diseño: la acción de tutela se convirtió, no en una acción subsidiaria, sino en la elección primaria de muchos de los ciudadanos que acudían a la justicia estatal; además, cuando ello no era así, la acción constitucional se ha convertido también en un mecanismo permanente de revisión del proceso ordinario, hasta el punto que funciona como un recurso paralelo a los concedidos formalmente por los procedimientos ordinarios.

Este estado de cosas genera una pregunta de la mayor importancia: ¿por qué razones está compitiendo la acción constitucional de tutela con los medios ordinarios de protección de derechos? La respuesta es obvia: es un proceso mucho más "eficiente" que la mayoría de lo ordinarios. Y, en ese sentido, su introducción en el sistema jurídico colombiano se ha convertido en la "reforma a la justicia" más interesante que se ha realizado en Colombia en los últimos años. Una "reforma a la justicia" consiste básicamente en introducir cambios en el sistema[5] que aumenten su eficiencia y/o calidad. Entre las ensayadas en los últimos años es evidente que la que ha tenido mayor impacto sobre la eficiencia de la justicia es la creación de la tutela: con ella se logro que los jueces colombianos resolvieran conflictos sociales con mayor celeridad y eficiencia que la que desplegaban dentro de procesos ordinarios. La reforma del proceso ordinario también ha buscado estos mismos objetivos pero su éxito es mucho menor al logrado mediante la creación de la acción de tutela. Debido a esta mayor eficiencia los ciudadanos migraron masivamente hacia la justicia constitucional en vez de utilizarla como un sistema subsidiario de protección iusfundamental. Es posible, de otro lado, que esta migración masiva haya cancelado dentro del sistema las eficiencias logradas por la tutela ya que es indudable que se genera en muchos casos una protección doble y, por tanto, reiterativa[6]. Los demandantes no han migrado completamente sino que, en muchos casos, activan ambos sistemas de protección haciendo así una doble apuesta sobre cuáles han de ser los resultados del pleito. La reiteración es ineficiente, así el proceso de tutela compita ventajosamente con el ordinario en esta misma dimensión. El proceso de tutela, en efecto, ha mostrado que los conflictos pueden ser tramitados de forma más veloz y económica y que los formalismos y morosidad del proceso

---

5 Pero no redundante debido a la notoria ineficiencia de las acciones ordinarias.

6 Pero no redundante debido a la notoria ineficiencia de las acciones ordinarias.

ordinario no constituyen una fatalidad de la naturaleza. De las varias veces que se ha tratado de hacer visible esto mediante "reformas" a la justicia, me parece evidente que la acción de tutela ha sido, de lejos, la más exitosa de todas.

Pero, de nuevo, ¿por qué resulta más eficiente el proceso de tutela? Aquí la respuesta también resulta más o menos clara: busca resolver el conflicto en menor tiempo y con la realización pronta, concentrada y dentro de los términos legales[7] de una menor cantidad de actividad procesal que la que se exige en los procesos ordinarios. La acción de tutela promueve, por tanto, una gestión judicial mucho más eficiente de los tiempos y ritmos procesales. ¿Por qué ocurre ello así? Esta pregunta nos trae de nuevo al tema central del libro de la Dra. Giacomette, el de las pruebas dentro del proceso constitucional.

La cultura jurídica de occidente ha tratado a lo largo de su historia de ser "objetivista" en materia probatoria. Entiendo por "objetivista" la pretensión según la cual las decisiones jurídicas deben ser tomadas según una previa y firme identificación de la verdad de una serie de hechos empíricos, externos al derecho, y a los cuales busca darse una calificación jurídica dentro del mismo. Este ideal de objetividad puede, sin embargo, "recargar" de manera considerable a los sistemas de justicia ya que resulta siempre largo y costoso hacer una determinación cabal de los hechos que se quieren calificar. Los procesos judiciales, han buscado aligerar y desentrabar esta obligación "objetivista" que tanto pesa sobre la eficiencia general del sistema y que, dada su irrealizabilidad en muchos casos, termina por afirmarse de manera meramente dogmática. Las "reformas a la justicia", muchas al menos, buscan aligerar la pretensión objetivista del dere-

7 Sería interesante tratar de dilucidar por qué los jueces colombianos buscan respetar con mayor rigor los términos procesales de la acción de tutela que aquellos impuestos dentro de los procesos ordinarios. A nivel normativo la acción de tutela tiene un plazo taxativo para la producción de la sentencia dentro de un flujograma procesal mucho más económico y sencillo; las acciones ordinarias, en cambio, no tienen un tiempo total de duración, sino que se dividen en términos parciales y por etapas. Es posible suponer que la inexistencia de un plazo global, comprobable y sancionable genera mayor presión para la solución del conflicto planteado en términos de acción de tutela. Es necesario anotar, al mismo tiempo, que las eficiencias ganadas con la acción de tutela se van erosionando con el tiempo en la medida en que la gestión más eficiente de ritmos y tiempos que se da en ella se van perdiendo lentamente en la medida en que los controles se van haciendo más laxos y la acción de tutela cae dentro de los mismos márgenes de permisividad que afectan a las acciones ordinarias.

cho procesal sin desconectarlo indebidamente de lo que la cultura occidental en todo caso considera como una base epistemológica razonable para la toma de decisiones jurídicas y políticas.[8] Así, por ejemplo, las reformas a la justicia buscan reemplazar muchas veces la actividad probatoria con los acuerdos y estipulaciones probatorias de las partes de manera que se logra ahora una verdad "consensuada" (por oposición a una litigada y contenciosa) que las partes consideran "justa" en la resolución del conflicto. Así, pues, la posibilidad de conciliar un caso o negociar un delito y una pena implica "otra" noción de verdad que, de contera, genera una notoria reducción de actividad procesal y, por tanto, mayor eficiencia en la resolución de conflictos.

¿De qué forma ha alcanzado mayor "eficiencia probatoria" el proceso constitucional de tutela? Mientras que más arriba se afirmaba que el proceso constitucional de constitucionalidad abstracta ha pasado de la mera cotejación de normas a la necesidad de verificación empírica de la "verdad", parece que la acción de tutela ha transitado el camino opuesto. Comparado con el proceso ordinario, el de tutela parece tener una exigencia menor de fundamentación en las pruebas y, por ende, dispone de tiempos mucho más acelerados para la descarga de esta obligación. El proceso de inconstitucionalidad, por tanto, se ha vuelto mucho más pesado desde el punto de vista probatorio, mientras que el de tutela se ha ligerado en este mismo sentido, al menos si se le compara con las exigencias objetivistas que aún se mantienen dentro del ordinario. Pero, incluso si se acepta este punto, ¿por qué se ha aligerado el peso de la actividad probatoria en la acción de tutela? Y aquí de nuevo llegamos a un punto de teoría general de la prueba: los procesos de protección iusfundamental, tanto a nivel nacional como internacional, parecen tratar la "prueba" de manera algo diferente a los esquemas objetivistas tradicionales. En primer lugar trabajan con estándares probatorios que desenfatizan las exigencias del objetivismo. Creo que el lector aceptará la siguiente correlación: un sistema procesal que establece cómo estándar de evaluación probatoria la comprobación de hechos "más allá de duda razonable" o incluso dentro del marco de la llamada "tarifa probatoria" tienden a ser más "objetivistas" que aquellos en los que se habla de "libre apreciación", "íntima convicción" o "preponderancia de pruebas". En la protección de derechos fundamentales, especialmente en la prevención de su vulneración, los jueces hacen exigencias sumarias de prueba que muestren al menos una causa probable para activar la protección. La prueba, en ese sentido, resul-

---

[8] Véase al respecto el interesante libro del procesalista Oscar Chase.

ta siendo mucho más sumaria y el debate se estructura como un intercambio argumentativo de justificaciones morales (como si fuera un conflicto puramente normativo) en que la actividad probatoria se ve reemplazada por la fuerza de las justificaciones morales. Desde el punto de vista procesal, esto ocasiona un aligeramiento de la actividad probatoria y un énfasis más marcado en la justificación moral de actos con relevancia jurídica. El proceso constitucional, de esta forma, profundiza su contenido sustantivo y economiza en actividad probatoria, logrando, al menos si se le compara con los flujogramas procesales ordinarios, ganancias en ritmo y eficiencia.

Estos argumentos, lo entiendo plenamente, requerirían de un mayor desarrollo y prueba y quizá excedan el papel que debe cumplir una Introducción. Con ellos simplemente me proponía iniciar al lector en el tipo de reflexiones que propone la Dra. Giacomette. Las pruebas constituyen una parte central de la legitimidad del derecho occidental y, al tiempo, son elementos decisivos de la eficiencia de los procesos judiciales. Esta señalada importancia exige que se les dedique una renovada y cuidada atención científica y creo que ello lo logra acabadamente el libro de la Dra. Giacomette, que por ello constituye una muy bienvenida contribución a la doctrina del derecho procesal constitucional.

*Sucre (Bolivia), Enero 16 de 2007*

## PRÓLOGO A LA EDICIÓN DOMINICANA

### EDUARDO JORGE PRATS

Es un gran honor haber sido invitado por la Dra. Ana Giacomette Ferrer para escribir estas notas introductorias a esta obra que, sin pecar de exagerados, ya constituye, con sus varias ediciones y su novedosa aproximación a un tema inexplorado, la prueba en los procesos constitucionales, un verdadero clásico del Derecho Procesal Constitucional iberoamericano.

El tema es doblemente interesante para los juristas dominicanos: porque la prueba es un campo históricamente soslayado en nuestros estudios doctrinarios y porque es apenas en los últimos años, pero sobre todo, a partir de la reglamentación jurisprudencial del amparo a partir de 1999 y, fundamentalmente, desde la Ley N° 437 de Amparo de 2006 y de la Ley Orgánica del Tribunal Constitucional y de los Procedimientos Constitucionales (LOTCP), que comenzamos a caminar los senderos del Derecho Procesal Constitucional.

Ya se sabe que la prueba es el procedimiento mediante el cual se puede establecer la existencia de un derecho o de cierta pretensión jurídica. De ahí que la cuestión de la prueba puede presentarse fuera de litigio, pero mucho más frecuentemente se plantea en ocasión de una contestación judicial, donde las partes en causa están obligadas a demostrar que los hechos en que fundamentan sus respectivas pretensiones corresponden a los requisitos exigidos por la ley o a la definición que ésta ofrece del asunto. Es en esta última situación que se puede definir el acto de probar como "el hecho de producir en justicia los elementos de convicción de naturaleza a establecer la verdad de un alegato".

Como donde con más frecuencia se presenta la ocasión u obligación de probar es en caso de litigio, todo lo relativo a la prueba interesa sobre todo al Derecho Procesal. A pesar de esta importancia de la prueba en el procedimiento, el legislador dominicano, siguiendo al francés, ha reglamentado gran parte de lo relativo a ésta en el Código Civil. En otras palabras, en el Derecho dominicano, la reglamentación de las pruebas está escindida: todo lo relacionado a la cuestión de quién debe probar (carga de la prueba), sobre qué debe versar ésta (objeto de la prueba) y por cuales medios pueden ser hecha (admisibilidad de la prueba), se encuentra regulado en el Código de Procedimiento Civil.

En el fondo de esto que Vincent llama una "imbricación entre los dos Códigos", subyace la cuestión referente a la naturaleza jurídica de la prueba. Ella, ¿pertenece al Derecho sustantivo? ¿O es de naturaleza procesal? Muy pocos sostienen hoy que la prueba pertenece al Derecho sustantivo. La doctrina se inclina hoy por una de estas tres opciones: a) por la que atribuye a la prueba una naturaleza procesal; b) por la que le otorga una naturaleza mixta; y c) por la que divide las normas probatorias en dos ramas, procesal y sustancial, cada una con su individualidad propia.

Los que piensan que la prueba es de naturaleza procesal afirman que ello es así porque la materia relativa a la probatura es rigurosamente procesal, al igual que la referente a la de las acciones. Para Bentham, "el arte del proceso no es esencialmente otra cosa que el arte de administrar las pruebas", por lo que forzosamente habría que concluir afirmando que las pruebas son esencialmente procesales.

Por otro lado, los autores que sustentan la tesis mixta, como es el caso de Baudry-Lacantinerie, en cierta forma justifican la escisión que presenta en nuestro Derecho la reglamentación de la prueba, ya que consideran que la materia probatoria entra a la vez en el derecho procesal y en el derecho civil. El hecho de que las pruebas sean "frecuentemente rendidas fuera de litigio y cuando éste todavía no se ha iniciado", aparte de que "ciertas pruebas llamadas preconstituidas son preparadas de antemano para el caso de que sean útiles", refuerza esta posición doctrinal.

Por último, los que dividen las normas probatorias en dos ramas, procesal y material, conservando cada una de ellas su naturaleza propia, hablan de una "prueba material" destinada a la justificación de la existencia de determinados acontecimientos de la vida real y sin relación alguna con litigio o contestación judicial; y una "prueba procesal", dirigida a formar la convicción del juez en un sentido determinado. Los autores que sostienen esta tesis, al igual que los de la tesis mixta, justifican también el tratamiento en dos códigos distintos la misma materia.

Respecto a esta interesante polémica, todavía en plena vigencia, nuestra opinión es que la prueba es de naturaleza procesal, ya que, como bien afirman algunos autores, las pruebas alcanzan su verdadero valor al contribuir a la edificación del juez en torno al asunto que le es sometido. Si bien el Código Civil reglamenta algunos aspectos relativos a la prueba, ello se debe a que los redactores de 1804 copiaron a Pothier, quien, sin pensar en atribuir naturaleza jurídica alguna a la prueba, la incluyó al final de su estudio sobre las obligaciones, con el fin de hacer más completa su obra. Cabe recordar aquí el hecho de que la Ordenanza francesa de 1667 no distinguía entre reglas de fondo y reglas de forma en materia de pruebas, distinción que parece fundamentar el tratamiento en dos códigos de lo relativo a una misma materia.

En fin, el Derecho Procesal podría estar dividido en "Derecho Judicial" (Morel), que es la parte del procedimiento consagrada a la organización de los tribunales; "Derecho Procesual" (Motulsky), que es el que se ocupa de la instrucción, es decir, de la manera de conducir un litigio; y "Derecho Probatorio" (Blanc), que es el que estudia los principios y la aplicación del Derecho de la prueba. En este sentido parece navegar la legislación francesa a partir de los decretos del 9 de septiembre de 1971, 20 de julio y 28 de agosto de 1972, que constituyen, junto con el decreto del 17 de diciembre de 1973, el Nuevo Procedimiento Civil francés, y tal parece que será el nuestro si se aprueba el Anteproyecto de Código de Procedimiento Civil.

Pero dejando a un lado lo censurable que resulta el hecho de que el legislador, a pesar de que las reglas de prueba encuentran su aplicación mayormente en el transcurso de los litigios, tratase sobre ésta en el Código Civil en vez de hacerlo solo en el de Procedimiento Civil, mucho más criticable es el hecho de que haya reglamentado la prueba a propósito de las obligaciones, cuando es evidente que el problema de la prueba interesa por igual a los derechos reales, de familia y, en general, a todas las situaciones jurídicas cualesquiera que ellas sean. Esto constituye, como bien expresa Stark, un "defecto de método", el cual han tratado de remediar doctrina y jurisprudencia al darle una aplicación general a los textos del Código Civil que reglamentan la materia probatoria.

Es este defecto de método lo que explica, en parte, por qué la LOTCPC es tan parca en lo que respecta a la reglamentación prueba. Salvo lo dispuesto en su artículo 80, donde se dispone que "los actos u omisiones que constituyen una lesión, restricción o amenaza a un derecho fundamental, pueden ser acreditados por cualquier medio de prueba permitido en la legislación nacional, siempre y cuando su admisión no implique un atentado al derecho de defensa del presunto agraviante", más lo consagrado en el artículo 88, que establece que "la sentencia emitida por el juez podrá acoger la reclamación de amparo o desestimarla, según resulte pertinente, a partir de una adecuada instrucción del proceso y una valoración racional y lógica de los elementos de prueba sometidos al debate", y que "en el texto de la decisión, el juez de amparo deberá explicar las razones por las cuales ha atribuido un determinado valor probatorio a los medios sometidos a su escrutinio, haciendo una apreciación objetiva y ponderada de los méritos de la solicitud de protección que le ha sido implorada", no es mucho lo que el legislador de los procesos constitucionales regula acerca de la prueba. Lo poco regulado no deja de ser importante, sin embargo, en especial lo relativo al rol de la sana crítica y la motivación a la hora en que el juez de amparo dicta sentencia.

Que en el proceso de amparo rija la libertad de prueba no significa que la valoración de la prueba se efectúe por la íntima o libre convicción del juzgador, es decir, por la libertad absoluta, subjetiva y arbitraria del juez para formar su convencimiento por los diferentes medios de prueba sometidos a su escrutinio y conforme la impresión que cada medio de prueba produzca en su conciencia. La LOTCPC ha optado claramente por un sistema de valoración de la prueba basado en la sana crítica, es decir, la apreciación razonada de las pruebas. Esta apreciación razonada conlleva, tal como exige la LOTCPC, "valoración racional y lógica" de la prueba sometida a debate, lo cual obliga al juez a dar "las razones por las cuales ha atribuido un determinado valor probatorio" a los diferentes medios de prueba (testigos, peritos, etc.), debiendo ponderar objetiva y ponderadamente los méritos de la pretensión de amparo. La sana crítica implica una libre y discrecional valoración o apreciación de la prueba por parte del juez pero se trata de una libertad y discrecionalidad de valoración que no es arbitraria, pues debe efectuarse conforme a reglas racionales.

Por otro lado, el juez de amparo, al dictar sentencia, no puede imponer su opinión *sic volo sic lubeo* (así lo quiero, así lo mando). Por eso, la LOTCPC exige al juez una debida motivación de su sentencia estimatoria o desestimatoria. Como la valoración de las pruebas se realiza en el momento procesal de la sentencia, es a la hora de motivar que el juez debe sustentar, basándose en las pruebas debatidas contradictoriamente, las razones que fundan su decisión. Esta motivación de la prueba cumple dos funciones, como ha señalado la autora de la presente obra: "i) de carácter extraprocesal, en la medida en que muestra al usuario y/o a la sociedad, el esfuerzo realizado por el juez frente a la valoración de cada prueba; y ii) de carácter endoprocesal o técnica jurídica, que se ejerce respecto de los tribunales superiores, de las partes o del mismo juez, por cuanto que permite el control judicial de cada una de las pruebas como fundamento en la decisión acogida por el juez de instancia, lo que determina que exista una clara racionalidad en la valoración de la prueba". Por la importancia de la motivación, ésta, como bien ha señalado la Corte Constitucional colombiana, "ante todo debe ser seria, adecuada, suficiente e íntimamente relacionada con la decisión que se pretende, rechazándose así la que se limite a expresar fórmulas de comodín o susceptible de ser aplicada a todos los casos. Estas fórmulas se estiman insuficientes y el acto que la presenta como justificación carente de motivación" (Sentencia T-314/1994).

Por todo lo anterior, la obra de la Dra. Giacomette Ferrer viene a llenar un gran vacío en la literatura procesal constitucional iberoamericana, y particularmente en la dominicana, donde el Derecho Probatorio ha estado ausente de los estudios procesales y en donde el Derecho Procesal Constitucional apenas comienza a respirar, caminar y transpirar para quizás algún día enraizar. Se trata de una obra que, por demás, abre nuevos senderos. Como muestra de estos novedosos caminos que surca la autora, está el de la "articulación del concepto Estado Social de Derecho con los aspectos procesales y probatorios". Creemos que esta articulación solo será posible si se toma en serio el deber del juez de proveer una tutela judicial diferenciada como quiere y manda el artículo 7.4 de la LOTCPC, el cual establece que todo juez o tribunal "está obligado a utilizar los medios más idóneos y adecuados a las necesidades concretas de protección frente a cada cuestión planteada, pudiendo conceder una tutela judicial diferenciada cuando lo amerite el caso en razón de sus peculiaridades".

La emergencia y consolidación del nuevo paradigma de la tutela judicial diferenciada se debe al hecho de que el Derecho no puede permanecer indiferente ante la realidad de que, tal como afirma Marinoni, "el procedimiento ordinario, al aceptar la ilusión de la igualdad formal, simplemente ignora las necesidades de los derechos y de la realidad social, en tanto que, como es poco más que obvio, tratar de igual forma a los desiguales implica una lesión al principio de igualdad". En una sociedad plural y democrática en donde la misión fundamental del Estado es la protección efectiva de los derechos de la persona y en donde la justicia debe hacer frente a la exigibilidad directa e inmediata de los derechos sociales y de los derechos colectivos, el proceso no puede limitarse a contemplar algunas posiciones sociales, ignorando las nuevas demandas sociales y las exigencias de una sociedad cada día más compleja y más riesgosa. Las exigencias derivadas de la necesidad de tutelar los nuevos derechos a través de procesos que implican ampliar la legitimación procesal activa a través de procesos colectivos, la aceleración de la sociedad que ha conllevado a exigir una mayor rapidez en el servicio de justicia y en la tutela de derechos que no admiten su violación sino que requieren una justicia que prevenga la violación y los daños, la constitucionalización de los derechos que ha implicado aperturar tutelas procesales constitucionales específicas como el amparo, todo ello ha implicado un replanteamiento de la tutela judicial y una crisis de los institutos procesales tradicionales, los cuales han tenido que flexibilizar sus moldes para acoger las nuevas demandas sociales y procesales. El derecho a la tutela judicial diferenciada, como manifestación y concreción del derecho a la tutela judicial efectiva, es precisamente la respuesta del Derecho Procesal a este cambio social.

La efectividad constitucionalmente exigida a la tutela judicial no se satisface con el derecho al procedimiento legalmente instituido ni con la garantía de los derechos del justiciable durante el proceso. Hay que mirar el derecho material que el proceso busca tutelar. Ello implica necesariamente poner los ojos sobre la realidad social, pues, como bien establece el artículo 39.1 de la Constitución, "la República condena todo privilegio y situación que tienda a quebrantar la igualdad de las dominicanas y los dominicanos, entre quienes no deben existir otras diferencias que las que resulten de sus talentos o de sus virtudes", debiendo el Estado "promover las condiciones jurídicas y administrativas para que la igualdad sea real y efectiva" (artículo 39.2).

Lo que estos preceptos constitucionales significan para una conceptuación constitucionalmente adecuada del derecho a la tutela judicial es, en primer lugar, que, dado que el Estado tiene el deber de posibilitar el acceso de todas las personas a la justicia y a los derechos y bienes por ella garantizados, tal como manda el artículo 69.1 al garantizar "el derecho a una justicia accesible, oportuna y gratuita", merecen procedimientos diferenciados aquellos que poseen dificultades en asumir las formalidades del procedimiento común. En segundo lugar, estos preceptos conllevan a dar un tratamiento procesal diferenciado a las situaciones jurídicas diferentes, pues un único procedimiento no pueda tratar adecuadamente situaciones materiales diferentes, como reconoce el artículo 39.3 al disponer que el Estado debe adoptar "medidas para prevenir y combatir la discriminación, la marginalidad, la vulnerabilidad y la exclusión". Y, en tercer lugar, significa que el Derecho Procesal no puede dar un trato procedimental privilegiado a los privilegiados. Esto último es fundamental pues, como bien afirma Marinoni, si la Constitución busca combatir las desigualdades, "no hay manera de aceptar un procedimiento que hace exactamente lo contrario, esto es, potencializa la desigualdad, brindando al que tiene una posición social privilegiada la oportunidad de recorrer las vías de jurisdicción por intermedio de un procedimiento diferente del que es atribuido a las posiciones sociales 'comunes' (...) El legislador infraconstitucional está obligado a diseñar procedimientos que no constituyan privilegios, sino a atender a los socialmente más carentes, a estructurar procedimientos que sean diferenciados, en la medida en que la diferenciación de procedimientos es una exigencia insuprimible para un ordenamiento que se inspira en la igualdad sustancial".

En este sentido, tan inconstitucional es constreñir a todos los litigantes a ceñirse a un procedimiento general común que parte de una ilusoria igualdad formal de las personas, inspirada en el modelo del ciudadano burgués propietario del siglo XIX y que ignora las diferentes posiciones sociales de los litigantes, como pasar por alto la necesidad de dar un tratamiento procesal diferenciado a quienes son social y económicamente desiguales en aras de facilitar su acceso a la justicia y a la tutela de sus derechos. Pero, además, "de la misma forma que no es correcto tratar situaciones diferentes por medio de un único procedimiento, no es posible conferir procedimientos distintos a situaciones que no merecen –a la luz de los valores de la Constitución- un tratamiento diversificado" (Marinoni). La tutela judicial efectiva, como garantía fundamental de los derechos de la persona, exige que esta tutela sea diferenciada, atendiendo al hecho de que solo así puede lograrse "que la igualdad sea real y efectiva" como quiere y manda el artículo 39.3 de la Constitución.

El derecho a la tutela judicial diferenciada es un derecho de los justiciables hacia el Estado. Este implica, en primer lugar, que el legislador debe adoptar y proveer los mecanismos legales adecuados para brindar una tutela judicial efectiva, es decir, una tutela eficaz particular que le sea inherente a cada categoría o tipo de derecho, la oportunidad en que deba actuarse dicha tutela y el contenido de la misma. Al mismo tiempo, debe el legislador establecer las técnicas de aceleración del proceso que sean adecuadas para cada caso. "De esta manera, por ejemplo, no basta con que el legislador reconozca formalmente el derecho al honor o a la salud cuando no se dispone también de mecanismos para que tales derechos sean protegidos de manera íntegra; es necesario crear procedimientos sumarios y establecer mecanismos por los cuales se cumplan las sentencias en sus propios términos". En este sentido, el legislador no es libre a la hora de configurar los procedimientos de tutela de los derechos sino que debe tomar en cuenta en todo momento los derechos e intereses que se buscan proteger. "Los mecanismos de tutela no son una dádiva del legislador" (Zela Villegas): como bien establece el Tribunal Constitucional español, los requisitos y presupuestos legalmente establecidos no pueden responder al capricho ritual del legislador sino que deben ser fruto de la necesidad de ordenar el proceso a través de determinadas formalidades orientadas a la garantía de los derechos e intereses de las partes (STC 221/1994).

Pero el derecho a una tutela judicial diferenciada, en tanto derecho fundamental, es un derecho de aplicación directa e inmediata que no requiere, para ser eficaz, la obligatoria intervención del legislador. "Si la técnica procesal es imprescindible para la efectividad de la tutela de los derechos, no se puede suponer que, ante una omisión del legislador, el juez nada puede hacer. Esto por una razón simple: el derecho fundamental a la efectividad de la tutela jurisdiccional no se vuelve solo contra el legislador, sino también se dirige contra el Estado-Juez. Por ello, es absurdo pensar que el juez deja de tener el deber de tutelar de forma efectiva los derechos solamente porque el legislador dejó de establecer una norma procesal más explícita. Como consecuencia de ello, hay que entender que el ciudadano no tiene un simple derecho a la técnica procesal evidenciada en la ley, sino un derecho a un determinado comportamiento judicial que sea capaz de conformar una regla procesal acorde con las necesidades del derecho material y con los casos concretos" (Marinoni).

En el ejercicio de su deber de proteger el derecho fundamental a la tutela judicial efectiva y diferenciada, el juez debe interpretar el ordenamiento procesal conforme a los valores, principios y derechos consagrados en la Constitución. Esta interpretación conforme a la Constitución obliga al juez a adoptar entre dos interpretaciones razonables de la regla procesal aquella que garantice la máxima efectividad del derecho a la tutela judicial efectiva. En esa labor hermenéutica, el juez deberá conformar el procedimiento al caso concreto en los casos en que la legislación procesal no fuera capaz de atender al derecho material y a la realidad social, privilegiando las soluciones derivadas del derecho material, la realidad social y las normas constitucionales. En este sentido, todo el ordenamiento procesal debe ser interpretado sistemáticamente conforme a la Constitución y allí donde no sea posible una interpretación conforme deberá inaplicar la norma procesal inconstitucional e indicar la interpretación que regirá el juzgamiento. En aquellos casos en que la omisión o la ambigüedad del legislador impiden la prestación jurisdiccional en forma efectiva y diferenciada, el juez debe aplicar la técnica procesal más constitucionalmente adecuada y apta para la tutela del derecho material en juego, pudiendo aplicar directamente la norma que instituye el derecho fundamental a la tutela judicial efectiva, tomado en cuenta los principios que puedan colisionar en el caso concreto.

¿Cuáles son los deberes que asume el juez del proceso constitucional respecto a la administración de la prueba y que se derivan de su obligación de suministrar una tutela judicial diferenciada? ¿Puede exigírsele la prueba al litigante que está en clara situación de vulnerabilidad, marginación, discriminación y exclusión social en las mismas condiciones que se le exige al litigante que virtualmente es una super parte? ¿Debe recaer la carga de la prueba en quien acciona en inconstitucionalidad contra una ley que contiene una categoría sospechosa a la luz del artículo 39 de la Constitución (raza, religión, lengua, género, etc.) o debe ser el Estado que debe probar que dicha categoría es una discriminación positiva? ¿Cuál es el rol de lo fáctico para apreciar la inconstitucionalidad de una ley por evolución del contexto social e histórico en que ésta se aplica? Estas son algunas de las preguntas que surgen de esta obra interesantísima que desde ya constituirá una herramienta indispensable para todos los que acerquen al tema de la prueba en el Derecho Procesal Constitucional.

Finalmente, aunque el libro de la Dra. Giacomette Ferrer es fundamentalmente sobre la prueba en los procesos constitucionales, la profesora recorre brillantemente, al inicio de la misma, los temas más caros a los cultores del Derecho Procesal Constitucional, entre ellos el de la distinción entre jurisdicción y justicia constitucional. Sobre esta distinción quisiéramos hacer unas cuantas puntualizaciones…

El Título VII de la Constitución, a pesar de estar consagrado al genéricamente denominado "control constitucional", en realidad se refiere exclusivamente a un tipo de control constitucional: el control de constitucionalidad, y, en particular, al control jurisdiccional de constitucionalidad. El control de constitucionalidad es el mecanismo a través del cual se verifica la inconstitucionalidad y se garantiza así la supremacía constitucional, en tanto que el control jurisdiccional de la constitucionalidad consiste en confiar dicho control a un órgano jurisdiccional. En el caso dominicano, este control se ejerce tanto por el Tribunal Constitucional a cargo de "garantizar la supremacía de la Constitución, la defensa del orden constitucional y la protección de los derechos fundamentales" (artículo 184) como por los jueces del Poder Judicial, quienes no solo "conocerán la excepción de constitucionalidad en los asuntos sometidos a su conocimiento" (artículo 188), sino que, en virtud de los artículos 70, 71 y 72 de la Constitución, también son competentes para conocer las acciones incoadas por las personas para protección de sus derechos (habeas data, habeas corpus y amparo).

Es por ello que la Ley Orgánica del Tribunal Constitucional y de los Procedimientos Constitucionales (LOTCPC) establece que "la justicia constitucional es la potestad del Tribunal Constitucional y del Poder Judicial de pronunciarse en materia constitucional en los asuntos de su competencia". Como bien señala Brewer-Carías, "se distingue, entonces, en la República Dominicana, la 'justicia constitucional' de la 'jurisdicción constitucional'. Esta última es una noción de carácter orgánico, que identifica un órgano estatal judicial o no que ejerce el control concentrado de constitucionalidad [...] y que por ello, no tiene el monopolio de la 'justicia constitucional'. En cambio, la noción de 'justicia constitucional' es una noción material equiparable a 'control de constitucionalidad, la cual, como se ha dicho, además de por el Tribunal Constitucional, también se ejerce por todos los jueces u órganos jurisdiccionales mediante el método difuso de control de constitucionalidad [...] Por ello, en la Constitución, además de crearse el Tribunal Constitucional como 'Jurisdicción Constitucional', se regulan las competencias en materia de justicia constitucional que ejercen los demás tribunales de la República al decidir las excepciones de inconstitucionalidad cuando ejercen el método de control difuso de la constitucionalidad de las leyes, y al decidir los procesos iniciados mediante las acciones de *habeas corpus*, amparo y *habeas data*. En resumen, la noción de justicia constitucional es de carácter material o sustantiva y se refiere a la competencia que ejercen todos los órganos judiciales cuando les corresponde decidir casos concretos o juicios de amparo aplicando y garantizando la Constitución; en tanto que la expresión Jurisdicción Constitucional es, en cambio, de carácter orgánica, e identifica al órgano jurisdiccional al cual se le ha atribuido en la Constitución competencia exclusiva en materia de control concentrado de la constitucionalidad de las leyes, y que es el Tribunal Constitucional".

Para una parte de la doctrina, en lo que respecta a la disciplina que estudia la jurisdicción constitucional –en el sentido amplio y material del término- y los procesos constitucionales, habría que distinguir entre justicia constitucional y Derecho Procesal Constitucional y optar entre una y otra expresión, preferida la primera en el ámbito europeo y la segunda en la región latinoamericana. "La distinción entre una y otra radica en que la primera es ciencia constitucional y la segunda es ciencia procesal. La justicia constitucional es parte del objeto del derecho constitucional, a manera de uno de sus elementos que lo conforman. El derecho procesal constitucional pertenece a la dogmática procesal, con la misma autonomía que han alcanzado sus diversas ramas y bajo la unidad de la teoría o los principios generales del proceso, si bien con una estrecha relación con el derecho constitucional en la medida en que en muchos casos sus categorías se encuentran en los textos constitucionales. La justicia constitucional, como parte de un todo, debe limitar su superficie a los propios de la disciplina que lo contiene. El derecho procesal constitucional, como una disciplina autónoma procesal, necesariamente tendrá una cobertura mayor en su objeto de estudio y con enfoques diversos, debiendo crear sus propios conceptos, categorías e instituciones que la distingan de las demás ramas procesales. En todo caso, debe privilegiarse el estudio interdisciplinario de la disciplina constitucional y la procesal para llegar a posturas más avanzadas en su desarrollo" (Ferrer Mac-Gregor). Mientras algunos postulan esta convivencia de ambas disciplinas, hay quienes sostienen que, en realidad, transitamos "de la jurisdicción constitucional al derecho procesal constitucional" (García Belaúnde), en tanto que otros afirman que, si bien la denominación Derecho Procesal Constitucional ha ayudado en una región de institucionalidad precaria como América Latina a consolidar la idea de que la política está sometida a un Derecho Constitucional exigible a través de procesos de control jurisdiccional, lo cierto es que tal denominación acentúa la forma sobre la sustancia, el procedimiento en perjuicio de la materia, por lo que es preferible "el mantenimiento de una denominación más dúctil y omnicomprensiva, como 'justicia constitucional'" (Pegoraro).

Desde la perspectiva dominicana, esta contraposición entre justicia constitucional y Derecho Procesal Constitucional es menos justificable. Y es que para el legislador orgánico la justicia constitucional es una potestad de los órganos jurisdiccionales, la de "pronunciarse en materia constitucional en los asuntos de su competencia", potestad que "se realiza mediante procesos y procedimientos jurisdiccionales que tienen como objetivo sancionar las infracciones constitucionales para garantizar la supremacía, integridad y eficacia y defensa del orden constitucional, su adecuada interpretación y la protección efectiva de los derechos fundamentales" (artículo 5 de la LOTCPC), debiendo, en caso de "imprevisión, oscuridad, insuficiencia o ambigüedad" de la LOTCPC, aplicarse "supletoriamente los principios generales del Derecho Procesal Constitucional y sólo subsidiariamente las normas procesales afines a la materia discutida, siempre y cuando no contradigan los fines de los procesos y procedimientos constitucionales y los ayuden a su mejor desarrollo" (artículo 7.12 de la LOTCPC). De manera que para nuestro legislador orgánico la justicia constitucional no es una disciplina sino una potestad que se ejerce por los órganos jurisdiccionales a través de procesos y procedimientos jurisdiccionales en los que se aplican las normas del Derecho Procesal Constitucional.

Ahora bien, contrario al parecer de la doctrina latinoamericana mayoritaria, es nuestro entendimiento que el Derecho Procesal Constitucional, en tanto ámbito y como disciplina, pertenece al Derecho Constitucional. Y es que, como bien postula Peter Häberle, el Derecho Procesal Constitucional es un Derecho Constitucional sustantivo y concretizado en un doble sentido: "en que él mismo es un derecho constitucional concretizado y en que le sirve al Tribunal Constitucional para concretizar la ley fundamental" (Haberle). En tal sentido, es misión de todos los jueces a la hora de impartir justicia constitucional y, principalmente del Tribunal Constitucional, en tanto supremo defensor jurisdiccional de la Constitución, no "sólo de aplicar la Constitución en función de las normas procedimentales, sino de darle a dichas normas un contenido propio, conforme a la Constitución, pues si bien el derecho procesal constitucional también requiere partir y remitirse a los principios generales del derecho procesal, ello será posible en la medida que este último sea afín con los principios y valores constitucionales" (Landa), tal como reconoce la LOTCPC al disponer que se aplicarán "sólo subsidiariamente las normas procesales afines a la materia discutida, siempre y cuando no contradigan los fines de los procesos y procedimientos constitucionales y los ayuden a su mejor desarrollo" (artículo 7.12). "En consecuencia, son los jueces los que forjan la mayoría de las reglas procesales, con una autonomía (y un impacto sobre el derecho constitucional general) incluso mayor que la de los parlamentos a la hora de promulgar las normas que van a disciplinar los procedimientos legislativos, de control y de impulso. En definitiva, si el derecho constitucional general es también derecho del desarrollo legislativo de la Constitución, significa que hoy es sobre todo derecho de su desarrollo jurisprudencial: como se ha dicho, 'la Constitución es lo que el tribunal supremo dice que es'. El estudio de la justicia constitucional, por tanto, no puede circunscribirse a los rígidos esquemas de un derecho procesal (eso sí peculiar), no sin dejar un halo de sombra sobre sus otras características destacadas" (Pergoraro). Los procesos constitucionales, en un grado mayor y mucho más intenso que en los procesos jurisdiccionales ordinarios en donde no se ejerce la justicia constitucional, son procesos regulados por la Constitución y en donde la conexión entre el derecho material y el derecho procedimental es más fuerte y estrecha. Más aún, el Derecho Procesal Constitucional no puede ser atrapado del todo por la codificación de un legislador cuyos productos están sometidos al escrutinio del intérprete supremo y final de la Constitución, el Tribunal Constitucional, quien no solo puede interpretar las normas procesales adjetivas conforme a la Constitución y a los fines constitucionales de los procesos constitucionales sino que, además, puede anular dichas normas cuando resultan contrarias a la Constitución y sustituirlas por otras creadas jurisdiccionalmente *ex novo* por el propio Tribunal en virtud de su autonomía procesal.

De ahí que entendemos que el Tribunal Constitucional dominicano tendrá que, en virtud de su autonomía procesal y de ser el "dueño del procedimiento constitucional", ir definiendo los contornos del régimen de la prueba en los procesos constitucionales, más allá de algunos aspectos generales contenidos en la LOTCPC, para lo cual, como bien señala la profesora Giacomette Ferrer, le debe servir de mucha ayuda la jurisprudencia constitucional comparada, incluida la de su país natal, Colombia, como también la doctrina de los grandes autores del Derecho Procesal Constitucional iberoamericano, entre los cuales debemos contar con la autora, principalmente por el gran aporte que constituye el presente libro para el estudio, tanto por estudiantes como por profesionales del Derecho, de un tema tan difícil para los operadores, tan importante para la ciencia procesal constitucional y tan ignorado por todos como lo es el del Derecho Probatorio de los procesos constitucionales.

*Santo Domingo, 11 de abril de 2012*

# INTRODUCCIÓN

Los grandes procesos sociales e industriales que a nivel mundial se gestaron en el Siglo XX, impusieron una nueva concepción del Estado, de la Sociedad, del Derecho y la Justicia; sobrevino entonces un desarrollo científico, tecnológico, social, político y cultural, que los Estados acogieron paulatinamente y que, como consecuencia, hoy ofrece nuevas tendencias para el crecimiento y modernización de la Sociedad[1].

Colombia hace tránsito a ese sistema político moderno en la década del noventa produciendo un nuevo texto constitucional: la noción de simple Estado de Derecho queda superada con la de Estado Social de Derecho, que encarna una nueva forma de Estado con su propia legitimidad y características especificas; no se trata entonces de una formulación gratuita, sino de toda una filosofía heredada de la tercera generación de derechos humanos, que busca darle legitimidad a reglas previamente establecidas y por tanto, su obligatoriedad y fuerza coercitiva, radican, en la búsqueda de la igualdad como bastión de la dignidad humana.

El país entra también al mundo globalizado de los negocios, de la ciencia, tecnología y las nuevas relaciones internacionales y mundiales y es con base en esa transformación en la que aparecen postulados, se desarrollan nuevas doctrinas y jurisprudencias, se aplican recursos científicos, etc, que acentúa la evolución de la ciencia jurídica para entrelazar los hechos del tejido social, con la concepción de justicia imperante.

---

[1] Estado y Sociedad, son dos entidades autónomas pero profundamente auto condicionadas y relacionadas entre sí; en el actual Estado social de derecho democrático, participativo y pluralista, la sociedad civil desempeña un papel activo y preponderante en las áreas en que el estado no puede y/o no tiene capacidad para su desempeño y/o cede prerrogativas para ello. Esta nueva concepción de Estado y Sociedad, encajan en el llamado "nuevo derecho" y en la nueva concepción de justicia: la justicia constitucional.

De la misma manera, debido al cambio constitucional y a la necesidad de asegurar el principio de primacía de la Norma Superior, se hizo necesario afinar los instrumentos procesales para su protección; es así como tímidamente aparece una nueva concepción del Derecho Procesal a través del Derecho Procesal Constitucional, aunque de tiempo atrás, destacados procesalistas y constitucionalistas como Eduardo J. Couture (Uruguayo), Mauro Capelletti (Italiano), Héctor Fix-Zamudio (Mexicano), entre otros contribuyeron a la evolución del Derecho Procesal al relacionarlo con el Derecho Constitucional y los Derechos Humanos; es de anotar que, desde 1920, el jurista austriaco Hans Kelsen, introdujo esta nueva disciplina al inspirar la Constitución Austríaca y en su trabajo fundacional sobre "La garantía jurisdiccional de la Constitución", en 1928.

En consecuencia, uno de los objetivos específicos de este trabajo es situar en Colombia el Derecho Procesal Constitucional como una disciplina moderna y autónoma que se encarga entre otros aspectos de regular los *"procesos constitucionales*" y ya que éstos... *"se ocupan sustancialmente de tutelar el principio de supremacía constitucional (meta principal) y de proteger los derechos públicos subjetivos"*[2] surgen en Colombia al igual que ocurre en otras legislaciones –Ecuador, República Dominicana, Venezuela, por mencionar algunos- diversos procesos de índole constitucional, derivados:

**i.**- de los mecanismos de protección procesales de los derechos, estableciéndose los Recursos o Instrumentos de excepción en materias constitucionales para hacerlos eficaces;

**ii.**- de los controles de constitucionalidad de las leyes, siendo su objeto la preservación de la supremacía constitucional.

De igual manera, el presente estudio está enfocado básicamente en la prueba dentro de los procesos constitucionales derivados de los controles de constitucionalidad tanto abstracto como concreto, pretendiendo de ese modo estudiar y concluir si en estos "procesos" es procedente solicitar, decretar y practicar pruebas, como fases que integran el esquema probatorio de cualquier otro y cómo se surte dicho esquema, en tales procesos.

---

2 Sagües, Néstor Pedro, *Derecho Procesal Constitucional*, Tomo I, Editorial Alfredo y Ricardo de Palma, Buenos Aires, 1989, p. 12. El destacado Profesor argentino Sagües, plantea esta definición según -lo que él llama- doctrina material; e igualmente expresa, que por Proceso Constitucional en un sentido amplio debe entenderse "*Un conjunto de actos relacionados entre sí y de índole teleológica, realizados por o ante la magistratura constitucional y que permite desarrollar la actividad jurisdiccional constitucional"*.

El capítulo preliminar en su primera parte denominada *"Jurisdicción Constitucional"*, aborda de manera sucinta sus orígenes en una breve reseña de evolución histórica y jurídica, con la pretensión de reconocer el tiempo y las circunstancias en las que toma cuerpo el régimen procedimental de los juicios y actuaciones que deban surtirse ante la Corte y/o Tribunal Constitucional; además de analizar las doctrinas pioneras que abordaron la problemática formulando propuestas.

La segunda parte se relaciona con el estudio del *Control Constitucional,* y con base en los modelos o tipologías de justicia constitucional, se precisa cuál es la intervención imperante en Colombia luego de analizar los controles de constitucionalidad: difuso, concentrado y mixto.

Para cerrar el capítulo, es necesario definir y clasificar los vicios de inconstitucionalidad ya que la actividad probatoria en los procesos de control abstracto de constitucionalidad cambia si se trata de contenido material o formal, en cuanto a la pertinencia de los términos verificadores.

Enseguida del capítulo inicial, siguen dos partes que conforman el cuerpo teórico del trabajo a saber:

*Esquema procesal en los procesos de control constitucional* que se aborda en abstracto y en concreto (este último sólo en lo concerniente a la Acción de Tutela), siendo además analizado desde los puntos de vista de los sujetos, el objeto y la actividad procesal.

*La prueba en los procesos de control constitucional,* entendiendo que en esta clase de procesos no existe un régimen probatorio constitucional estrictamente hablando[3]; lo que lleva a plantear el problema jurídico:*¿existe o no un esquema probatorio constitucional*?, pues de las lecturas de los acervos normativos de los Decretos: 2067 de septiembre 4 de

[3] "...tendremos que analizar los procesos constitucionales y sus definidas particularidades, en la medida que no se trata de un proceso ordinario sujeto a las reglas solemnes y consabidas. Por eso será fundamental establecer un concepto base para el proceso constitucional y reconocer desde allí el debido proceso con sus mínimos ineludibles; el derecho al amparo (o protección judicial efectiva) en sus diversas manifestaciones (contra actos de poder público, actos privados, como defensa del consumidor, del medio ambiente, como un supuesto de habeas corpus o habeas data, etcétera)"... Para el profesor Gozaíni, otro de los contenidos mínimos es el tema de los Derechos Humanos, no obstante reconocer que si bien, el mismo, no se vincula estrechamente con el Derecho Procesal Constitucional se debe buscar su protección procesal. Gozaini, Osvaldo Alfredo, *Derecho Procesal Constitucional*, Tomo 1, Editorial de Belgrano, Buenos Aires, 1999, p. 35.

1991, *"por el cual se dicta el régimen procedimental de los juicios y actuaciones que deban surtirse ante la Corte Constitucional"* y 2591 de 1991 de noviembre 19 de 1991 *"por el cual se reglamenta la acción de tutela consagrada en el artículo 86 de la Constitución Política"*, se desprende la existencia de un verdadero proceso constitucional, que impone detenerse en sus aspectos probatorios.

También se determina si en los procesos constitucionales hay o no partes, si dentro del mismo y existiendo esquema probatorio conviene responder los siguientes *problemas jurídicos:* ¿Cuál es el objeto o thema probandum?, ¿A quién corresponde la carga de la prueba?, ¿Cuál es el procedimiento para probar?; ¿Cómo valora el Juez Constitucional la prueba?, todo ello, sin perjuicio que se puedan vislumbrar más consideraciones como resultado de la actividad probatoria y el alcance hacia terceros; vale la pena recordar que el régimen probatorio que se impone varía según el contenido y alcance jurídico de los vicios de la norma cuya inconstitucionalidad se demanda.

Sería imperdonable abordar el análisis de este segmento sin indagar *cuáles son los medios probatorios más utilizados en los procesos de Control constitucional*; y por ello en lo atinente al proceso de control abstracto de constitucionalidad se planeó un "trabajo de campo" sobre expedientes que constituyen las unidades básicas de análisis, seleccionados bajo criterios previamente definidos y que se espera arrojen una muestra ilustrativa del tema en cuestión. En cuanto al proceso de control concreto de constitucionalidad, se menciona el tema pero no se considera necesario tal trabajo de campo pues tanto normativa, doctrinal como jurisprudencialmente hay suficiente "estado del arte"; sin embargo este punto merece un análisis aparte, pues a pesar de considerarse la tutela "cosa de todos los días", impone un escollo interpretativo que conviene reflexionar.

Finalmente, la senda abierta se cierra con un tema concreto para la polémica, y es el relacionado con *la decisión del Juez Constitucional en materia probatoria;* pues si bien existen distintas formas de motivar una decisión judicial, cuando se trata de sentencias colegiadas las características son muy particulares. Este estudio se hará bajo la óptica del principio *"Estado social de derecho"* consagrado en la Carta Política de Colombia de 1991, en la pretensión de articular dicho principio con los aspectos procesales y probatorios antes referenciados. Es inevitable que cada magistrado que vota o interpreta una norma, lo haga desde su óptica filosófica-política; pues la misma norma con idéntico texto tiene diferente lectura, según la ideología política que profese el lector. La voz popular indaga: ¿Por qué la Corte Constitucional "tumba" leyes?, ¿Cogobierna la Corte? La discusión lleva entonces a concluir si está bien o está mal que la interpretación de la Constitución se haga de acuerdo con la ideología de cada Magistrado; ya que aunque la motivación es una garantía constitucional, siempre hay un riesgo que correr cuando se quiere hacer justicia.

La reedición de este libro en la República Bolivariana de Venezuela, se justifica especialmente por dos razones: la primera, porque se incluyen los prólogos de las reediciones producidas en Colombia, Ecuador y República Dominicana; trazados por los más destacados juristas –expertos constitucionalistas- de reconocido prestigio a nivel Iberoamericano y de estatura intelectual indiscutible; la segunda, porque como bien lo señala el prologuista de la edición venezolana, profesor Allan R. Brewer-Carías, es más lo que une y siempre ha unido a la hermana República Bolivariana de Venezuela con Colombia; y, en un excelente ejercicio intelectual el maestro Brewer-Carías, toca alguno de los temas planteados en mi libro pero desde la perspectiva de la legislación venezolana. De manera que se obliga al jurista y estudioso del derecho venezolano hacer el ejercicio hermenéutico; a mi juicio, esto es lo que enriquece esta edición.

El presente trabajo constituye una aproximación a la evolución del Derecho procesal constitucional que se quiere mostrar; la estructura de la misma se construye desde la doctrina clásica, el Derecho Comparado y la Jurisprudencia local. Seguramente hacia el futuro, se irá actualizando y perfeccionando legislativa, doctrinal y jurisprudencialmente; pues como bien lo expresa el profesor español Juan Montero Aroca, en su obra Derecho Jurisdiccional: *"Un manual nunca está cerrado; siempre queda algo para hacer en él"*.

# CAPÍTULO I
# CONSIDERACIONES PRELIMINARES

En la práctica judicial como en la cátedra universitaria, los problemas acerca de los elementos que integran el Derecho Procesal, surgen frecuentemente; más aún, cuando existe una repetida metodología de la mayoría de los tratadistas, nacionales como extranjeros, que estudian la teoría general del proceso o del derecho procesal desde una triple perspectiva: Acción, Jurisdicción y Proceso. Las investigaciones relacionadas con estos conceptos recaen entonces en disertar cuál es el orden lógico de los mismos; y por supuesto, según su criterio, cada autor asigna un orden que lleva esta situación a confusiones mayúsculas; a tal punto, que involucra y trastoca jurisdicción y proceso, derecho procesal y proceso, etc. Todo ese desorden se recoge en la célebre frase del jurista mexicano Niceto Alcalá-Zamora Y Castillo quien expresó *"La jurisdicción se sabe qué es, pero no se sabe dónde está; el proceso se sabe dónde está, pero no se sabe qué es; la acción no se sabe qué es ni dónde está"*[1].

La afirmación anterior nos lleva a concluir que la *jurisdicción* no es más que un elemento del Derecho Procesal, no obstante que a lo largo de la historia de éste último, la Doctrina foránea y nacional, le ha otorgado a la palabra jurisdicción diversos significados jurídicos lo que implica también en la práctica lamentables confusiones. La discusión es innecesaria y

---

1 Ramírez Arcila, Carlos, *La Pretensión Procesal*, Bogotá Colombia, Editorial Temis S.A., 1986. El libro de Ramírez Arcila tiene una importancia excepcional en la medida que aborda de manera seria y profunda la problemática de la pretensión erigiéndola en un elemento del Derecho Procesal; pero tratando de ilustrar la confusión de las nociones de acción y pretensión recurre al jurista Niceto Alcalá-Zamora Y Castillo quien en su obra *Proceso, autocomposición y autodefensa*, Porrúa Hermanos Editores, plasma la tan conocida frase.

basta manifestar que en un sentido estricto, por jurisdicción se entiende la función pública de administrar justicia, emanada de la soberanía del Estado y que se ejerce por un órgano especial; como la jurisdicción no puede caracterizarse desde un único componente, se considera que todos los elementos de los que consta la definición propuesta son importantes:

a. Es una función pública de administrar justicia;
b. Corresponde de manera exclusiva al Estado;
c. Se ejerce solamente por unos órganos específicos.

Ahora bien, si conceptualmente la jurisdicción es una y en consecuencia el órgano jurisdiccional del Estado también es uno, a él pertenecen todos los funcionarios encargados de administrar justicia. No obstante a pesar de la unidad de jurisdicción, la Doctrina se ha empeñado en clasificar la jurisdicción, según las diferentes ramas del derecho material o sustancial; se habla entonces de jurisdicción del trabajo, contencioso administrativa, civil, penal ordinaria y militar, fiscal, comercial, aduanera, disciplinaria, y por supuesto la *constitucional*; amén de estudiarse otra clasificación, contenciosa y voluntaria, según el criterio que preste[2]. No obstante esta categorización, es necesario aclarar que la Corte Suprema de Justicia afirma que existe, *verbi gratia*, una jurisdicción civil que abarca temas como los civiles, comerciales, laborales y penales, por lo que fácilmente se podría inferir otra clasificación en el sentido en que existe la jurisdicción constitucional, la administrativa, la civil y las especiales[3].

## I. JURISDICCIÓN CONSTITUCIONAL

### *1. ¿Tienen Jurisdicción Los Jueces Constitucionales?*

Sea lo primero precisar que al hablar de Jurisdicción Constitucional, se hace referencia al tema más relevante que estudia el Derecho Procesal

---

2 Si el lector desea ampliar su información sobre este tema, se recomienda la obra del maestro Devis Echandia Hernando, *Compendio de Derecho Procesal, Teoría General del Proceso*, Tomo I, Editorial ABC, Bogotá, 1983. Su obra y escuela han influenciado a estudiosos del Derecho Procesal tanto en Colombia como en Iberoamérica.

3 En este caso se deben tener muy en cuenta los planteamientos que sobre jurisdicción ha realizado la Corte Suprema de Justicia Sala de Casación Civil y Agraria en sentencia proferida en 27 de Enero de 2000 M. P. Dr. Jorge Santos Ballesteros.

Constitucional Orgánico, en la medida en que ella es importante para poder cumplir con la función que le está reservada; sin olvidar, por supuesto, el Tribunal Constitucional, su competencia, etc.

Sin embargo conviene conceptuar sobre ¿qué debe entenderse por Jurisdicción Constitucional?; para tal efecto el apoyo es el tratadista chileno Juan Colombo Campbell, quien en una acertada ponencia sobre el tema menciona a su vez distinguidos estudiosos del derecho procesal constitucional, los cuales de una u otra forma, coinciden en la noción de jurisdicción constitucional[4]. Se tiene:

"(...)"

*"Lautaro Ríos Álvarez sostiene, con mucha razón, que la jurisdicción constitucional es la potestad decisoria atribuida por la constitución a uno o más órganos jurisdiccionales con la precisa misión de resguardar y hacer prevalecer el principio de supremacía de la constitución en todas o en algunas de sus manifestaciones"...*

*"La mayor parte de los tratadistas concuerdan con dicha posición. La idea central que sostienen es que estos órganos siempre resuelven conflictos constitucionales en el marco del ejercicio de una función jurisdiccional. Podemos citar entre muchos otros a Favoreu, Cappelletti, Brewer-Carías, Rodolfo Piza, Francisco Rubio Llorente, José Luís Cea, Gastón Gómez Bernales, Francisco Cumplido, Mario Verdugo, Raúl Bertelsen, Humberto Nogueira Alcalá y Teodoro Ribera Neumann (...)"*

*"González Pérez concluye que la jurisdicción constitucional se perfila como el primero y más importante de los requisitos procesales para conocer en los procesos constitucionales (...)"*

El tratadista argentino Néstor Pedro Sagüés, en su obra *Derecho Procesal Constitucional* estudia extensamente el concepto de jurisdicción, lo analiza desde el punto de vista restrictivo, material y el doctrinal orgánico. Se rescata aquí la conclusión de Sagüés al precisar que la jurisdicción constitucional se define no por el órgano que la cumplimenta (*sic*), sino por la materia sobre la cual versa. Es decir, ella existe con o sin órgano especializado.

---

[4] Colombo Campbell, Juan, *Ponencia presentada para el encuentro de Tribunales Constitucionales y Salas Constitucionales de Tribunales Supremos de América del Sur*. Florianópolis, Brasil, Junio de 2002. Conviene aclarar que para la época el profesor Campbell fungía como Presidente del Tribunal Constitucional de Chile.

De otro lado, Fix Zamudio expresa sobre el particular:

"*En resumen, el sector de la jurisdicción constitucional orgánica está constituida por los medios procesales por conducto de los cuales los órganos estatales afectados, y en ocasiones un sector minoritario de los legisladores, pueden impugnar los actos y las disposiciones normativas de otros organismos del poder que infrinjan o invadan las competencias territoriales o atribuciones de carácter horizontal establecidas en las disposiciones constitucionales*[5] (...)"

Concluye este primer apartado del capítulo preliminar con la comprensión de la expresión *"jurisdicción constitucional"* simplemente como un tipo o clase de organización judicial encargada de asegurar la integridad y supremacía de la Constitución; basada precisamente en la gradación de las distintas normas del ordenamiento jurídico, esto es, que unas normas están subordinadas a otras dentro de una estructura jerárquica en que la Constitución ocupa el sitio más elevado; por supuesto no hay que olvidar el denominado **Bloque de Constitucionalidad**, en tanto existen muchas disposiciones que sin figurar expresamente en el texto Constitucional Colombiano, se entienden incorporadas a dicho sistema jurídico, particularmente en lo que respecta a la protección de los Derechos Fundamentales en general; es el tema de la incorporación del Derecho Internacional de los Derechos Humanos, en el Derecho Interno[6] , cuyo propósito es preve-

---

5 Fix Zamudio, Héctor, *Introducción al Derecho Procesal Constitucional*, México, Colección Fundap Derecho, Administración y Política, 2002. El profesor Fix Zamudio es uno de los más destacados y brillantes procesalistas y constitucionalistas de las últimas décadas que ha contribuido enormemente con el derecho procesal al relacionarlo con el derecho constitucional y los derechos humanos.

6 El tema sobre el Bloque de Constitucionalidad, es bastante espinoso y ha hecho carrera en el Derecho Constitucional Comparado; en Colombia la Corte Constitucional aborda, por primera vez el problema, mediante Sentencia T-002 de 1992 M. P. Dr. Alejandro Martínez Caballero, cuando pretendiendo determinar cuáles son los Derechos Fundamentales que no aparecen expresamente citados por la Carta Política, hizo referencia a los tratados Internacionales. Pero es en la Sentencia C- 225 de mayo 18 de 1995 M. P. Dr. Alejandro Martínez Caballero, donde la Corte resuelve el interrogante planteado sobre ¿Cuál regla prevalece en caso de conflicto entre una norma de Derecho Interno y la de Derecho Internacional? ¿Cómo armonizar el mandato del artículo 93 de la C.P., que confiere prevalencia y por ende supremacía en el orden interno a ciertos contenidos de los convenios de los Derechos Humanos, con el artículo 4º que establece la supremacía de la Constitución? Así respondió la Corte: "*...En tales circunstancias, la Corte Constitucional coincide con la Vista Fiscal en que el único sentido razonable que se puede conferir a la noción de prevalencia de los tratados de derechos humanos y de derecho internacional humanitarios (CP arts. 93 y 214 numeral 2)*

nir que se produzcan actos inconstitucionales o sancionar aquellos que de todas maneras se causen.[7]

A propósito de la revisión constitucional realizada por la Corte Constitucional -indicada por el artículo 241-8 de la Norma Superior- del Proyecto de Ley N° 58/94 Senado y 264/95 Cámara, "Estatutaria de la Administración de Justicia" (artículos 11 y 43), es igualmente importante distinguir los términos *"Jurisdicción Constitucional" y "Control de Constitucionalidad"*, entendiendo que éste es el que ejerce un órgano competente a través de pronunciamiento definitivo respecto de la concordancia de ciertas normas jurídicas con la integridad y la primacía de la Carta Política, pero no por ejercer eventualmente dicho control, se hace parte en forma automática de la jurisdicción constitucional; es importante puntualizar el control de constitucionalidad que se ejerce por parte de otras entidades judiciales o, inclusive por parte de funcionarios administrativos. Finalmente el control de constitucionalidad lo ejercen de manera concluyente: la Corte Constitucional, en forma directa y principal (Art. 241), y el Consejo de Estado, el cual goza de una competencia residual, según lo prevé el numeral 2° del artículo 237 superior.

Entendido lo que es *jurisdicción constitucional,* se puede igualmente afirmar que los jueces constitucionales tienen jurisdicción en la medida en que la ejercen material y directamente en la *justicia constitucional* y en representación del Tribunal. De la anterior afirmación surge entonces, el concepto de justicia constitucional sobre el que conviene también precisar su significado, particularmente si se estudia simultáneamente con el de *jurisdicción constitucional,* pues si bien sus definiciones son distintas, no

---

*es que éstos forman con el resto del texto constitucional un "bloque de constitucionalidad", cuyo respeto se impone a la ley. En efecto, de esa manera se armoniza plenamente el principio de supremacía de la Constitución, como norma de normas (CP art. 4°), con la prevalencia de los tratados ratificados por Colombia, que reconocen los derechos Humanos y prohíben su limitación en los estados de excepción (C.P. art. 93)"...*

7 De hecho, en el Título VIII de la Carta Política, se distinguen muy claramente: i.-las jurisdicciones ordinarias (capitulo II); ii.- contencioso administrativa (capítulo III); iii.- *Constitucional (capítulo IV);* iiii.- especiales (capítulo V); iiiii.- Fiscalía General de la Nación (capítulo VI); iiiiii.- Consejo Superior de la Judicatura (capítulo VII); se observa entonces como en la nueva Constitución se establece la "organización" judicial, no consagrada en la Constitución de 1886 como tal, pues sólo mencionaba los organismos y los cargos para referirse a competencias y calidades.

son necesaria-mente opuestas. Sobre el particular el profesor Gozaíni apunta:

> *"...La Jurisdicción constitucional es el estudio del órgano judicial encargado de tutelar la vigencia efectiva de los derechos humanos (como norma fundamental), la supremacía constitucional y el cumplimiento de las pautas mínimas que regulan los procedimientos constitucionales.*
>
> *Sería el planteo "orgánico"; algo así como la investigación de los tribunales constitucionales en su faz organizativa, poderes y funciones.*
>
> *La justicia constitucional, por su parte, se relaciona con la fuerza normativa de la Constitución, representa un sector del derecho procesal constitucional, pero bien puede asentarse en una disciplina diferente a éste (...)"*
>
> *"(...)"*
>
> *"Es probable que la referencia de significados sea distinta conforme lo interprete un juez americano o un tribunal europeo, porque cuando se habla de justicia se piensa en el valor que tiene la decisión judicial, en cambio cuando se menciona a la jurisdicción se imagina inmediatamente al órgano que resuelve.*
>
> *De alguna manera, y a pesar del paso del tiempo y lo mucho que se ha escrito sobre el tema, lo cierto es que Europa resiste la existencia de un derecho procesal constitucional, mientras que América lo pondera y despliega (...)"*[8]

Es válida la posición de los profesores Sagües, Gozaíni y Campbell en el sentido que no debe confundirse el juez constitucional con el órgano jurisdiccional, pues la justicia –incluyendo la constitucional- es administrada por ese órgano o entidad y no por el juez o magistrado X, Y, Z, que son las personas que ejercen tales funciones; entonces, una cosa es la *jurisdicción* y otra bien diferente el personal judicial pues entre uno y otro hay límites, como distinta es también la solución de sus conflictos[9].

---

8 Gozaini, Osvaldo Alfredo, *Introducción al Derecho Procesal Constitucional*, Buenos Aires, Rubinzal-Culzoni, Editores, p. 47.

9 La persona del juez constitucional, será tratada en capítulo aparte, pues es importante abrir la discusión: si un magistrado al fallar lo hace llevado por motivaciones ideológicas o políticas. Si la tan manoseada expresión *"el juez constitucional al decidir, en un proceso constitucional, lo hace con base en pruebas"*, esconde una realidad política, o simplemente está poniendo en práctica el llamado "nuevo derecho" -propio del constitucionalismo moderno- originado en países con Esta-

Ciertamente que a la jurisdicción constitucional se le reconoce una naturaleza especial derivada de:

a) *Que conoce de un proceso igualmente especial en razones de su materia, categoría y fallo a producir*; b) que exige un Juez con particular idoneidad, entre otras razones, por la responsabilidad que debe asumir.

En efecto, la Constitución de Colombia de 1991 no está solitaria, sino que hace parte de las llamadas "olas" o períodos de formación constitucionales que enmarcadas en un contexto histórico dieron lugar a las denominadas 1ª, 2ª, 3ª, 4ª, 5ª y 6ª *Generación de Constitucionalismo* y, precisamente aquellas de 4ª, 5ª y 6ª generación –entiéndase que surgieron con ocasión de la posguerra, la caída del imperio y el cambio constitucional de América Latina a partir de los años 80's, respectivamente- se refieren concretamente a: Estado Social de Derecho, justiciabilidad de los Derechos Sociales y una nueva separación de poderes, en el sentido que no sólo son ramas del poder público las tradicionales Ejecutiva, Legislativa y Judicial, sino que algunos de esos poderes han tenido la tendencia de separarse para crear nuevos troncos e instituciones[10]. Aún más: si bien es cierto que es fundamental la independencia entre las ramas tradicionales del poder para un buen funcionamiento de la democracia, también lo es que esa independencia debe ejercerse dentro de un mínimo de armonía o de lo contrario se hace imposible gobernar. El problema se ilustra de la siguiente manera:

"(...) *Roosevelt comparaba los poderes públicos de una democracia con un arado jalonado por tres bueyes. Si los bueyes no caminan en la misma dirección, es imposible arar. El problema de gobernabilidad de muchos países*

---

dos Sociales de Derecho, como el colombiano. Pero, en esa discusión surgen varios interrogantes: ¿Cómo deben los jueces tratar y decidir los casos?; ¿Porqué los jueces escriben como si aplicaran las normas jurídicas?; ¿Al decidir un juez un caso, sólo debe tener en cuenta las circunstancias sociológicas que envuelven el conflicto? Se observa que el tema es apasionante y por ello merece un apartado especial.

10 En Colombia, por ejemplo, la Constitución de 1991 creó la Organización Electoral (Título IX) y los Organismos de Control, la Contraloría General de la República y el Ministerio Público (Título X), amén de otros nuevos poderes como la Banca Central, la Comisión Nacional de Televisión, sólo por mencionar algunos.

*latinoamericanos es precisamente que los bueyes no sólo caminan en direcciones diferentes, sino que se enfrentan abiertamente*[11] (...)"

En teoría, con la Constitución Política de Colombia de 1991, no sólo el Ejecutivo queda fortalecido cualitativamente en la medida que se equilibran los poderes públicos para que haya una colaboración armoniosa y positiva sino que además se revitaliza la justicia pues plantea un nuevo andamiaje institucional de la Rama Judicial. Empero, hay que reconocer la triste realidad colombiana en donde no sólo son complicadas las relaciones entre el Ejecutivo y el Legislativo, sino también entre el Ejecutivo y el poder Judicial, especialmente con la Corte Constitucional con consecuencias funestas para todos, cualesquiera que fueren las razones para tales discrepancias.

## 2. *Origen de la Jurisdicción Constitucional*

### 2.1. *Reseña histórica*

Los estudiosos en la materia se han empeñado en distinguir diferentes momentos en el desarrollo de la jurisdicción constitucional desde sus inicios hasta que se entiende implantada formalmente. Así tenemos:

#### 2.1.1. *Primer Tiempo o Tradición Inglesa*

Algunos doctrinantes remontan los antecedentes de la jurisdicción constitucional a Inglaterra, hacia el año 1658, después de la muerte del militar y estadista inglés Oliverio Cromwell; si bien es cierto que le adjudican a esta época la grandeza del imperio británico, también le enrostran grandes lunares como el regicidio y la tiranía. En efecto, esa "inmunidad" de la Constitución a las Leyes ordinarias, surgió de una tradición inglesa en la que el principio de la supremacía o soberanía parlamentaria y el correlativo de la inmunidad de las leyes terminaron prevaleciendo en el Siglo XVIII; esta doctrina ha perdurado en Inglaterra hasta hoy. Blackstone acuña en la siguiente expresión el resultado de una evolución constitucional que en lo sustancial se cumplió durante el siglo antes indicado:

---

[11] El Tiempo, octubre 17 de 2004; Bogotá D.C. Opinión; columna Recursos y Derechos, tema La Otra Paz; Juan Manuel Santos, p. 1-20, Se agrega que entre las políticas del presidente Roosevelt la más conocida es la denominada "New Deal", en el caso de su legislación social y económica, en donde se observa el papel conservador que en oportunidades ha jugado la Corte, lo cual ha conllevado a criticar lo que se señala como intromisión de los jueces en la política.

"el poder del Parlamento es absoluto y sin control; "tiene autoridad soberana e incontrolable para hacer, confirmar, ampliar, restringir, abrogar, revocar, restablecer, interpretar cualquier Ley... En verdad, lo que hace el Parlamento, ninguna autoridad sobre la tierra puede deshacerlo". Es, por lo tanto, "la autoridad suprema, irresistible, absoluta, incontrolada" [12].

## 2.1.2. *Segundo Tiempo o Sistema Americano*

Podemos afirmar que sin excepción los estudiosos del Derecho Constitucional al tratar de construir el constitucionalismo americano, mencionan reiterativamente el famoso caso de *Marbury vs. Madison*, cuando en la trascendental Sentencia de 1803, el Juez Jhon Marshall (entonces presidente de la Corte Suprema Federal de los Estados Unidos), concreta definitivamente que *"the Constitution is superior to any ordinary act of the legislature"*.

Pero como bien lo dice García de Enterría,

> "(...) *no se trata de una invención personal de ese formidable jurista, sino de un perfeccionamiento final y ya definitivo del sistema expreso en la propia Constitución (...)" "(...) entre la Revolución y el momento de esa Sentencia, los Tribunales de los Estados habían ejercido el poder de declaración de inconstitucionalidad al menos veinte veces*[13] (...)"

En verdad, el principio de la *judicial review* (reconoce el poder de los Tribunales para declarar inconstitucionales las leyes que fueren contrarias a la Constitución), si bien nace en la Constitución Federal de 1787, posteriormente su diseño se fue perfeccionando a través de Enmiendas o Adiciones a ésta, hasta consolidarse al inicio del Siglo XIX, justamente en el ya citado caso. Conviene manifestar que existe otra versión, según la cual el Juez Marshall llegó a esa conclusión -en el pluricitado caso- por un

---

12 García De Enterría, Eduardo, *La Constitución como Norma y el Tribunal Constitucional*, Madrid, España Editorial Civitas, S.A., p. 53, 1985. Esta cita se encuentra en una de las mejores obras, en materia constitucional, del profesor español García de Enterría, si bien siempre se destacó como un experto en Derecho Administrativo, justifica lo que él llama "reflexión sobre algunas cuestiones fundamentales del Derecho Constitucional" al expresar: "...*No tendría sentido posible pretender que los administrativistas debiéramos detener nuestro análisis normativo en el plano de las leyes (o quizás en el de los Reglamentos), sin poder ascender al plano superior normativo, y ello porque el ordenamiento es un todo y el deus ex machina de ese todo unitario es, justamente, la Constitución"*....

13 García De Enterría, Eduardo, *Op. cit.* p. 55.

proceso intelectual, pues no existía un texto de la Constitución que diera a la Corte esa atribución.

### 2.1.3. *Tercer Tiempo o Sistema europeo o austriaco*

Este sistema, es obra del más grande jurista del Siglo XX, Hans Kelsen, creador de la "*Teoría Pura del Derecho*". Según el sistema Kelseniano, sólo el Tribunal Constitucional está habilitado para declarar la inconstitucionalidad de una Ley; y bajo esta idea se estableció dicha institución en la Constitución de Austria de 1920 y se perfeccionó en su Reforma de 1929.

El interrogante sobre ¿Quién debe ser "guardián" de la Constitución? dio lugar al enfrentamiento circunscrito sólo a las esferas del Derecho y la Política entre Hans Kelsen (de tendencias filosóficas democráticas) y Carl Schmitt (de tendencias absolutistas y antiliberales, ideólogo del Nazismo). Schmitt defiende la idea del control constitucional, pero su "guardia" la entrega al Jefe del Estado, pues según su opinión, encarna el sentimiento y querer de todo el pueblo.

Para Schmitt, el proceso de Control Constitucional, es eminentemente político y dirime conflictos políticos; Kelsen acepta que si bien se dirimen conflictos políticos, precisamente la Jurisdicción Constitucional los convierte en controversias jurídicas.[14]

## 2.2 *Reseña Jurídica*

La cuestión de cómo repercutieron en el mundo del Derecho los sistemas europeo y americano, induce a plantear muy sucintamente una evolución de la forma como se fueron introduciendo en Europa y Latinoamérica uno y otro indistintamente:

- El paradigma de un órgano jurisdiccional especializado establecido en la Constitución Austriaca de 1920 (cuya Corte Constitucional fue suprimida en 1934 y restablecida en 1945) tuvo repercusión en la primera posguerra; así, la Carta Constitucional de Checoslovaquia de febrero de 1920, el Tribunal de Garantías Constitucionales, establecido por la Constitución Española Republicana, promulgada en 1931. La vida de este siste-

---

[14] Si lo desea, el lector puede ampliar las consideraciones de este candente debate en la obra de Kelsen Hans, *"Quién debe ser el guardián de la Constitución. Escritos sobre la Democracia y Socialismo"*, Ediciones Debate, Madrid, 1988.

ma, si bien se extiende al centro de Europa, es efímera por irrupción de las dictaduras y el fascismo en la Europa Continental.

- En la Segunda posguerra, con la derrota del fascismo y la restauración de la legalidad democrática en Europa, se inicia una nueva era en la que el sistema de Control Constitucional se introduce incluso en aquellos países que lo habían mantenido al margen; teniendo como modelo la Carta Federal Austriaca se crearon también Tribunales o Cortes Constitucionales;

> *"(...)en las Cartas Fundamentales de Italia (1948); República Federal de Alemania (1949); Turquía (1961- 1982); en la antigua Yugoslavia (1963-1974); Portugal (1966- 1982); España (1978); Bélgica (1980, denominado Tribunal de Arbitraje), y en esa misma dirección se puede mencionar el Consejo Constitucional Francés, que se inició como un órgano político pero que en la actualidad la Doctrina considera que realiza funciones predominantes de jurisdicción constitucional*[15] (...)"

- En las décadas de los 80 y 90 del Siglo XX, se observa la influencia del sistema europeo, particularmente en los países de Europa del Este, por medio de reformas o expedición de nuevas cartas fundamentales[16].

- Resulta lógico mencionar los países latinoamericanos que han incorporado Cortes o Tribunales Constitucionales a partir de la segunda mitad del Siglo XX, por ejemplo:

*"a) la Corte de Constitucionalidad de Guatemala, creada como un organismo temporal para conocer de ciertos instrumentos de control constitucional en la Carta de 1965, pero consolidada como un sistema permanente en la Ley fundamental de 1985; b) en Chile se introdujo el Tribunal Constitucional, en la reforma de 1970 a la carta de 1925, fue*

---

15 Fix Zamudio, Héctor *Op. cit.* p. 36

16 Fix Zamudio, Héctor *Op. Cit*, p. 37-38: "*En Polonia (1982-1986) y la nueva Constitución de 1997; Hungría (1989); Bulgaria y Rumania (1991); Checoslovaquia (1991-1992), ahora dividida en las Repúblicas Checa y Eslovaca (1993). Inclusive en la República Federativa Rusa formada al desaparecer la Unión Soviética, se introdujo –en octubre de 1991- una Corte Constitucional que tuvo una actuación importante como tribunal de conflictos entre el Parlamento y el presidente YELTSIN (1993). En la nueva Constitución de la Federación rusa, aprobada por referéndum el 12 de diciembre de 1993, se consolida la Corte Constitucional (art. 125). También las Constituciones sudafricanas provisionales de 1994 y definitiva de 1997, establecieron una corte constitucional, la que entre otras importantes actividad, formuló un dictamen sobre el proyecto de la última Carta mencionada"* ...

*suprimido por el golpe militar de 1973, y restablecido por el mismo gobierno castrense en la Constitución de 1980, modificada por plebiscito de 1989, que restableció el gobierno democrático; c) y d) en las cartas de Ecuador (1948) y de Perú (1979), se establecieron los Tribunales de Garantías Constitucionales, aún cuando con lineamientos imprecisos en el primer ordenamiento. Ambos organismos fueron transformados en Tribunales Constitucionales, en la reforma constitucional de 1996 –en el caso de Ecuador- y en la nueva Ley fundamental peruana de 1993, respectivamente; e) se introdujo la Corte Constitucional en la Carta Colombiana de 1991, y f) el Tribunal Constitucional en las reformas de agosto de 1994 a la ley fundamental de Bolivia de 1967.*

*Además se han creado Salas Constitucionales en las Cartas de Costa Rica de 1949, reformada en 1989; de El Salvador de 1983, modificada en 1991, y en la nueva Ley fundamental del Paraguay de 1992*[17] *(...)"*

El profesor mexicano Ferrer Mac-Gregor, en lo atinente al panorama en América Latina, lo sintetiza así: a) Corte o Tribunales constitucionales que se encuentran fuera del poder judicial (Chile, Ecuador, España, Guatemala, Perú y Portugal); b) Tribunales constitucionales situados dentro del poder judicial (Colombia y Bolivia); c) Salas constitucionales autónomas que forman parte de las Cortes Supremas (El Salvador, Costa Rica, Paraguay, Nicaragua y Venezuela); d) Cortes o supremos tribunales ordinarios que realizan funciones de tribunal constitucional, aunque no de manera exclusiva ( Argentina, Brasil, Honduras, México, Panamá y Uruguay)[18].

## II. EL CONTROL CONSTITUCIONAL

Se acepta que en Latinoamérica las doctrinas argentina y mexicana han tenido–particularmente en la última década- un fecundo quehacer en la socialización y desarrollo de esta disciplina jurídica del *Derecho Procesal Constitucional*; entendida como: *"(...) un conjunto de principios y normas jurídicas consagrados en la constitución y la ley, que regulan los "procesos constitucionales"*[19]. De acuerdo con esta acepción del Derecho

---

[17] Fix Zamudio, Héctor, *Op. cit.*, p. 41-42.

[18] Ferrer Mac-Gregor, Eduardo, *Los Tribunales Constitucionales en Iberoamérica,* México, Fundap, 2002, p. 64

[19] Rey Cantor, Ernesto, *Derecho Procesal Constitucional, Derecho Constitucional Procesal, Derechos Humanos Procesales*. Bogotá, Ediciones Ciencia y Derecho, 2001, p. 19

procesal Constitucional se observa que los llamados "procesos constitucionales", además de ser el objeto de estudio de dicha ciencia, conceptualmente *son vías específicas con las que se cuenta, por un lado para tutelar el principio de supremacía constitucional y así efectivizar el control constitucional de manera directa o indirecta y por otro lado, para garantizar efectivamente la protección de los derechos públicos subjetivos a través de mecanismos procesales*. Siguen esta corriente, tratadistas como Fix Zamudio, Gozaíni, Sagües, Serra Rad, sólo por mencionar algunos extranjeros y en Colombia Rey Cantor. Entre las innovaciones de la Constitución Política de Colombia de 1991, se cuenta la inclusión de una serie de derechos[20] como también la creación de las acciones constitucionales para hacerlos exigibles y el establecimiento de los instrumentos de excepción en materias constitucionales: *Acción de Tutela* (artículo 86), *Acción Popular* (artículo 88), *Acción de Cumplimiento* (artículo 87) *y Acción de Grupo* (artículo 88), el *hábeas data* (artículo 15), el *hábeas corpus* (artículo 28), *las acciones en pro del orden jurídico* (artículo 89), y otros instrumentos o medios de defensa judicial de los derechos fundamentales constitucionales.

Aunado a lo anterior, la Carta de 1991 ha diseñado otros mecanismos para la preservación de su integridad y supremacía, a saber:

**a.** El control de constitucionalidad dirigido a que la Corte excluya del ordenamiento las leyes contrarias a sus dictados; sea: i.- previo al ejercicio ciudadano de la acción pública prevista para tal fin o acción de inconstitucionalidad (Arts. 241 a 244); ii.- El control automático de los decretos legislativos dictados en ejercicio de las facultades conferidas por los artículos 212, 213 y 214; iii.- La revisión previa sobre la exequibilidad de los tratados internacionales y las leyes que los aprueben.

**b.** La acción de nulidad por inconstitucionalidad confiada al Consejo de Estado, en virtud de igual ejercicio y con igual objetivo, pero respecto de los decretos dictados por el Gobierno Nacional, cuyo control no ha sido confiado a la Corte (Art. 237-2).

**c.** La inaplicación por parte de todas las autoridades, de las leyes o normas que las contrarían sin el requisito de previa solicitud, (Art. 4º).

**d.** El control por vía de revisión de las sentencias de tutela, el cual a su turno puede versar sobre acciones u omisiones de orden fáctico o de

---

20 Llamados: de Primera Generación (Derechos Civiles y Políticos DCP), de Segunda Generación (Derechos Económicos, Sociales y Culturales DESC) y de Tercera Generación (Derechos Colectivos y de Medio Ambiente).

orden jurídico y que comprende el control constitucional de providencias judiciales y laudos arbítrales.

Conforme a lo dicho se afirma que el control de constitucionalidad – de acuerdo con la Doctrina y Jurisprudencia- puede ser:

a) *Abstracto* (contenido en los literales **a** y **b**);

b) *Concreto* (contenido en los literales **c** y **d**, este último además fundamental, dentro de los parámetros definidos por el artículo 86 en donde cada juez de la República, al momento de resolver un asunto de tutela, ejerce un control concreto de constitucionalidad).

La finalidad de los *"procesos constitucionales"* es garantizar la efectividad de los derechos consagrados en favor de la persona humana, así como tutelar el principio de supremacía constitucional; de tal manera que mediante el llamado *"control de constitucionalidad"* -que en Colombia se vio reforzado con la creación de la Corte Constitucional- es como se puede velar por la integridad y primacía de la Carta Política.

Vale la pena reiterar, que en Colombia se ejerce control de constitucionalidad de parte de otras entidades judiciales e inclusive por funcionarios administrativos, pues es sabido que, la denominada "excepción de inconstitucionalidad", derivada del artículo 4º Fundamental, es una forma de control que puede ser ejercida por cualquier juez o autoridad administrativa; sin embargo, se aclara que por ese hecho, ambos hacen parte de la jurisdicción constitucional, pero sólo desde el punto de vista funcional, más no orgánico.

Adicionalmente, este control ejercido por la autoridad administrativa tiene consecuencias que están limitadas por la figura de la cosa juzgada formal; en tanto que el control ejercido por los funcionarios judiciales tiene consecuencias de cosa juzgada material.

Todo ello está, no sólo de acuerdo con la misma Constitución, particularmente con su Título VIII, sino que además la Corte Constitucional ha aludido insistentemente en ese mismo sentido.[21]

*1. Antecedentes*

Siendo *La prueba en los procesos de control constitucional*, el punto central de este estudio, conviene tener presente que la creación de una

[21] Corte Constitucional Sentencia T- 203 de 19 de marzo de 2002; M. P. Dr. Manuel José Cepeda

Corte Constitucional y la ampliación del campo de control jurisdiccional ocupa lugar destacado en la Carta Política. El artículo 241 señala que a la Corte Constitucional se le confía la guarda de la integridad y supremacía de la Constitución; de hecho, el alto Tribunal ha esbozado *"(...) El sentido y el propósito de los procesos de constitucionalidad no es otro distinto de la guarda de la integridad y supremacía de la Constitución (...)"*[22]; en cuanto a la doctrina actual, es unánime el criterio, aceptar, que a través del control constitucional de las leyes se ejerce una función jurisdiccional.

Pero, *¿qué debe entenderse por Control Constitucional?*

Como regla general, la doctrina nacional ha aceptado el siguiente concepto *"(...) un conjunto de procedimientos judiciales, políticos, de control y administrativos destinados a mantener el funciona-miento del Estado dentro de los lineamientos señalados por la voluntad constituyente y para impedir que ese poder exorbitante sea colocado al servicio de intereses diferentes de los de la comunidad (...)"*[23]

Sobre el particular dice el constitucionalista José Gregorio Hernández Galindo: "(…) *Entendemos por control constitucional tanto la función misma de defensa y garantía de la supremacía del estatuto fundamental del Estado, como el conjunto de medios y procedimientos orientados a alcanzar en la práctica ese propósito* (…)"[24]. De acuerdo con ello, el control constitucional surge como consecuencia de declarar si una ley es o no compatible con la Constitución y, en consecuencia, debe ser "suprimida", "derrotada" o "anulada"; control que, para el caso colombiano, "su análisis histórico se remonta a los albores de la época de la República, pues en el texto de sus primeras constituciones, en particular la de Cundinamarca de 1811 aparecen las formas iniciales de este método jurídico"[25]. Si bien

---

22 Corte Constitucional, Sentencia C-113 de febrero 9 de 2000; M. P. José Gregorio Hernández Galindo.

23 Charry Urueña, Juan Manuel, *La acción de Tutela*, Editorial Temis S.A., Santafé de Bogotá, 1992, p. 69.

24 Hernández, José Gregorio, *El Poder y la Constitución*, Bogotá, Editorial Legis, 2001, p. 299.

25 Tobo Rodríguez, Javier, *La Corte Constitucional y el Control de Constitucionalidad,* Bogotá, Ediciones Jurídica Gustavo Ibáñez, 2004, p. 43-54. Es realmente apasionante cómo Tobo Rodríguez decanta, desde el punto de vista histórico, los antecedentes del Control de Constitucionalidad en Colombia. Consultados otros destacados tratadistas sobre el particular, se detienen en la Constitución de 1886 y la de 1991 haciendo interesantes análisis comparativos, pero olvidan, que entre esos dos extremos, las reformas constitucionales de 1910, 1945, 1968, entre

es cierto ese control constitucional lo ejerció la Corte Suprema de Justicia como único ente jurisdiccional autorizado para estudiar asuntos de inconstitucionalidad desde 1910 hasta que entró en vigencia la Constitución de 1991, es importante ilustrar en el siguiente cuadro la evolución de dicho control a lo largo de las reformas constitucionales que sufrió la Constitución de 1886. Ahora bien, como la Constitución no se puede quedar escrita, sino que tiene que ser una realidad dinámica como aquella que le dio origen, la Constitución de 1991, contiene una serie de instrumentos y de figuras constitucionales que luego de 15 años de vigencia han ameritado toda clase de discusiones ideológicas, políticas y jurídicas que a los ojos de muchos la han enriquecido y complementado.

## 2. *El control constitucional en la historia de las Constituciones en Colombia*

| REFORMA CONSTITUCIONAL | MECANISMO DE REFORMA | CONTROL CONSTITUCIONAL |
|---|---|---|
| Carta Política de agosto 4 de 1886 | Acuerdo celebrado por los delegatarios de los Estados Soberanos de: Antioquia, Bolívar, Boyacá, Cauca, Cundinamarca, Magdalena, Panamá, Santander y Tolima, reunidos en Consejo Nacional Constituyente. Aprobado por las municipalidades de Colombia. | Art. 20: "Los particulares no son responsables ante las autoridades sino por la infracción de la Constitución o de las leyes".<br>Art. 151-4: "Son atribuciones de la Corte Suprema: Decidir definitivamente sobre la exequibilidad de actos legislativos que hayan sido objetados por el Gobierno como inconstitucionales".<br>Art. 5º, Ley 57 de 1887: "Cuando haya incompatibilidad entre una disposición constitucional y una legal, preferirá aquélla". |
| Reforma Constitucional de 1910.<br>(Importante en la medida en que esta reforma consagra la Acción Pública de Inconstitucionalidad) | Acto Legislativo número 3 de 1910 | Art. 4º: "En todo caso de incompatibilidad entre la Constitución y la Ley se aplicarán de preferencia las disposiciones constitucionales".<br>Art. 41: "A la Corte Suprema de Justicia se le confía la guarda de la integridad de la Constitución".<br>Art. 59-7 "Son atribuciones del gobernador: Revisar los actos de las municipalidades y los de los alcaldes por motivos de inconstitucionalidad o de ilegalidad". |

otras, son un gran aporte en la medida que constituyeron un avance en la evolución y actualización del sistema de control constitucional establecido finalmente en la Carta Política de 1991.

| REFORMA CONSTITUCIONAL | MECANISMO DE REFORMA | CONTROL CONSTITUCIONAL |
|---|---|---|
| Reforma Constitucional de 1945. | Acto Legislativo número 1 de febrero de 1945 | Art. 53: Si bien se le sigue confiando a la Corte Suprema de Justicia la guarda de la integridad de la Constitución, la reforma consistió en: "decidir definitivamente sobre la exequibilidad de los proyectos de ley que hayan sido objetados por el gobierno como inconstitucionales, o sobre todas las leyes o decretos dictados por el gobierno en ejercicio de las atribuciones de que tratan los ordinales 11 y 12 del artículo 69 y el artículo 117 de la Constitución Nacional.<br>Art. 86. que modifica el art. 192: "Son atribuciones del gobernador: Objetar, por motivos de inconstitucionalidad, ilegalidad o inconveniencia los proyectos de ordenanzas".<br>Art. 36. Que modifica el art. 132.<br>Art. 41. Nuevo. "Corresponde a la jurisdicción de lo contencioso administrativo conocer de las acusaciones por inconstitucionalidad de los decretos dictados por el gobierno, cuando no sea de los expedidos en ejercicio de las facultades de que tratan los ordinales 11 y 12 del artículo 69 y el artículo 117 de esta constitución". |

| REFORMA CONSTITUCIONAL | MECANISMO DE REFORMA | CONTROL CONSTITUCIONAL |
|---|---|---|
| Reforma Constitucional de 1968.<br>Introduce modificaciones en relación con los decretos de estado de sitio y de emergencia económica; asimismo, deja expedito el camino para la creación de la Sala Constitucional en la Corte Suprema de Justicia. | Acto Legislativo número 1 de 1968 | Referido al estado de sitio. Art. 42: "El gobierno enviará a la Corte Suprema de Justicia, al día siguiente a su expedición, los decretos legislativos que dicte en uso de las facultades a que se refiere este artículo, para que aquella decida definitivamente sobre su constitucionalidad". Referido a la Emergencia económica.<br>Art. 43: "El gobierno enviará a la Corte Suprema de Justicia, el día siguiente a su expedición, los decretos legislativos que dicte en uso de las facultades a que se refiere este artículo, para que aquella decida definitivamente sobre su constitucionalidad".<br>Art. 76 Transitorio: "La Corte Suprema de Justicia procederá a designar cuatro magistrados para integrar la Sala Constitucional, mientras la ley no fije otro número; entre tanto, continuará ejerciendo el control constitucional en la forma en que lo viene haciendo"... |
| Reformas Constitucionales de 1977 y 1979.<br>Introducen modificaciones respecto del control constitucional. | Acto Legislativo número 2 de 1977, número 1 de 1979, respectivamente. | Ambos actos legislativos fueron demandados por inconstitucionales; hecho el estudio por parte de la Corte Suprema de Justicia, en efecto los declaró inexequibles. |

| REFORMA CONSTITUCIONAL | MECANISMO DE REFORMA | CONTROL CONSTITUCIONAL |
|---|---|---|
| Reforma Constitucional de 1986. | Acto Legislativo número 1 de 1986 | Constituye la última reforma a la Constitución de 1886; en su art. 4 modifica las atribuciones de los gobernadores señaladas en el art. 194 de la C.P. "Revisar los actos de los concejos municipales y de los alcaldes y por motivos de inconstitucionalidad o ilegalidad remitirlos al tribunal competente para que decida sobre su validez". |
| Carta Política de julio de 1991. | Como resultado de la llamada "séptima papeleta", se convoca a una Asamblea Nacional Constituyente que tuvo como finalidad la expedición de la nueva Constitución. | El capítulo IV del Título XIII de la Carta Política de 1991, consagra la Jurisdicción Constitucional; el tema de este Control Constitucional asignado a la Corte Constitucional, es lo que desarrollaremos más ampliamente a continuación. |

## 3. *Sistemas de Control Constitucional*

El primer problema jurídico que se plantea al respecto es, *¿Cuál es el órgano encargado de preservar la supremacía constitucional?* Se dice sobre el particular que de manera abstracta y general, hay dos sistemas o modelos que pueden responder el interrogante propuesto: el *sistema o modelo austriaco* y el *sistema o modelo americano* –cuyas reseñas histórica y jurídica se acaban de abordar-, y que la doctrina y jurisprudencia contemporáneas denominan hoy día, sistema concentrado y sistema difuso, respectivamente. En síntesis:

### 3.1 *Control difuso*

En el sistema de control constitucional difuso, cualquier Juez de la República tiene el poder-deber de resolver sobre la aplicación de una ley común que contraste con una norma constitucional; en otras palabras, todos y cada uno de los jueces tienen la potestad de controlar la constitucionalidad de las leyes; el mecanismo por el cual se lleva a cabo este control difuso se denomina "Excepción de Inconstitucionalidad".

### 3.2 *Control concentrado*

En el sistema de control constitucional concentrado, el órgano que estudia el problema de ejecución o inejecución de la ley por ser contrario o conforme con la Constitución, es un tribunal con competencias específicas denominado *Corte o Tribunal Constitucional*. Sin olvidar por supuesto otras variables que surgen como consecuencia de que el control lo ejerza uno u otro órgano; bien lo expresa el profesor Gozaíni: *"(...) Entre los más importantes se encuentran: el precedente obligatorio; los efectos erga omnes (para todos) de las sentencias constitucionales; la oficiosidad del trámite; el impulso a cargo del tribunal, etc.(...)"*[26].

De lo anterior se concluye que en el control difuso se plantea un problema de inaplicación de la norma; en tanto que en el control concentrado, el problema es de validez de la norma en contraste con la Constitución.

### 3.3 *Control mixto*

Sin embargo, en la práctica se trata de matizar las formas puras o rígidas con las que en su momento fueron estructurados cada uno de los sistemas, dando lugar a lo que hoy día se denomina control mixto de constitucionalidad, que como bien lo dice el maestro Fix Zamudio "(...)*Los dos modelos, el americano y el europeo, se aproximan paulatinamente, de manera recíproca (...)*"[27] Es lógico pensar que si bien es cierto que cada ordenamiento jurídico elige uno u otro sistema según su tradición jurídica, también es igualmente cierto que la evolución de las tesis filosófico-políticas ha contribuido a que se introduzcan las técnicas y ventajas del control difuso en ordenamientos en donde operaba exclusivamente el control concentrado y viceversa, pretendiendo aprovechar –se repite- las bondades de uno u otro sistema, así como descartar las "deficiencias" o desventajas que eventualmente pudiera tener cualquiera de ellos.

Consecuentemente, cuando se habla de *control mixto de constitucionalidad* se debe entender la existencia paralela, en un ordenamiento jurídico, de un organismo jurisdiccional especializado para solucionar los conflictos constitucionales (llámese Corte y/o Tribunal), con la facultad de un juez ordinario de pronunciarse sobre controversias constitucionales en un caso particular y concreto.

## 4. *Control Constitucional en Colombia*

El control constitucional se califica como control difuso funcional, pues es ejercido por jueces de diferentes índoles e incluso se reconoce que puede ser ejercido por cualquier autoridad administrativa cuando se trata del control por vía de inaplicabilidad, también conocido como la excepción de inconstitucionalidad. En Colombia, si bien el control de constitucionalidad se estableció por primera vez en la Constitución de 1886 con competencia asignada a la Corte Suprema de Justicia, el control difuso de

---

26 Gozaíni, Osvaldo, *Op. cit.* p. 52.

27 Fix Zamudio, Héctor, *Op. cit.* p. 38.

constitucionalidad de las leyes se consagró posteriormente, en 1887 - aunque no por mucho tiempo- de acuerdo con el artículo 5° de la Ley 57 de 1887[28]; casi de inmediato la Ley 153 de ese mismo año en su artículo 6° eliminó esta posibilidad, por cuanto que exigía, al contrario, aplicar la ley así fuera contraria a la Constitución. Pero la justicia constitucional adquirió consagración mediante Acto Legislativo N° 3 de 1910, en donde se establece el carácter mixto del control de constitucionalidad, al consagrar en los artículos 40 y 41 la *acción popular de inconstitucionalidad*, en paralelo con el control difuso de constitucionalidad de las leyes.

Al entrar en vigencia la Carta Política de 1991, en hora buena no se varió el modelo *mixto de control constitucional*[29], en la medida en que combina elementos del sistema difuso y del sistema concentrado. No es necesario abundar en los elementos concentrados del sistema colombiano. Basta subrayar que el constituyente de 1991 al crear una Corte Constitucional, fortaleció en forma significativa esta dimensión concentrada del sistema; pero también un juez de la República, una autoridad administrativa, legislativa, de control y aún los particulares, pueden activar ese con-

---

28 El artículo 5° señalaba: "Cuando haya incompatibilidad entre una disposición constitucional y una legal, preferirá aquella".

29 Brewer-Carías, Allan R. *El sistema mixto o integral de control de la constitucionalidad en Colombia y Venezuela*, Universidad Externado de Colombia, Instituto de Estudios Constitucionales Carlos Restrepo Piedrahita (Temas de Derecho Público N° 39) y Pontificia Universidad Javeriana (Quaestiones Juridicae N° 5), Bogotá 1995, p. 17. Lo interesante de este documento radica en que el profesor Brewer-Carías le da entidad e integralidad al sistema mixto de control constitucional en Colombia al señalar: "Por ello, en realidad, el sistema mixto de control de constitucionalidad responde al modelo de Colombia y Venezuela, donde además del sistema de control concentrado existe el control difuso de la constitucionalidad de las leyes y donde además, como es natural, se prevén garantías judiciales (*habeas* corpus, tutela y amparo) de los derechos constitucionales cuyo conocimiento corresponde a los tribunales ordinarios". Aún más, tratando de ilustrar su posición recurre al jurista Manuel Gaona Cruz quien en el libro *Aspectos del control constitucional en Colombia* que recoge las memorias del Simposio organizado por la Universidad Externado de Colombia, Bogotá, 1984, pp. 67 a 89 expone: "es el sistema de control constitucional más eficiente, completo, experimentado, avanzado y depurado de Occidente y por lo tanto del orbe, pues aglutina la organización, los mecanismos y la operancia de todos los existentes". La autora expresa al profesor Brewer-Carías, sus más rendidas excusas por la incomodidad causada, al atribuirle la autoría de su magnífica obra, al destacado constitucionalista colombiano Carlos Restrepo Piedrahita en la edición original del presente libro publicado en Colombia en 2007, así como en las reediciones de México (2008) y República Dominicana (2012).

trol de constitucionalidad y cuando ello ocurre, se está en presencia de un control difuso funcional que a su vez tiene limitantes; esto, no sólo porque es la Sala Plena de la Corte Constitucional la que tiene la función de unificar jurisprudencia sino además, porque la seguridad jurídica, la consistencia que debe guiar el ejercicio de la función jurisdiccional, el sometimiento de los jueces a la Constitución y la efectividad del derecho a la igualdad así lo exigen. La situación es muy diferente cuando se está frente a un control concentrado dominante, como el que impera en los países de la Europa Continental, exceptuando Bélgica y Portugal, en donde las decisiones emitidas por las Cortes Constitucionales, tienen efectos *erga omnes*; se ejerce entonces, un control concreto de constitucionalidad independiente de las características especificas que los diversos mecanismos tienen para desencadenarlo.

Las siguientes consideraciones de tipo normativo y jurisprudencial fundamentan esta afirmación:

### 4.1 *Desde el punto de vista normativo*

Concretamente, el artículo 43 de la Ley Estatutaria de la administración de justicia, señala:

> "*ARTÍCULO 43. ESTRUCTURA DE LA JURISDICCIÓN CONSTITUCIONAL. La Corte Constitucional ejerce la guarda de la integridad y supremacía de la Constitución en los estrictos y precisos términos de los artículos 241 al 244 de la Constitución Política. El Consejo de Estado conoce de las acciones de nulidad por inconstitucionalidad de los decretos dictados por el Gobierno Nacional, cuya competencia no corresponda a la Corte Constitucional.*
>
> "*También ejercen jurisdicción constitucional, excepcionalmente, para cada caso concreto, los jueces y corporaciones que deban proferir las decisiones de tutela o resolver acciones o recursos previstos para la aplicación de los derechos constitucionales*".

### 4.2. *Desde el punto de vista jurisprudencial*

Resultaría conveniente graficar la "línea jurisprudencial" que respondiera a la afirmación: *"el sistema de control constitucional adoptado en Colombia es mixto";* sin embargo, hay que reconocer que el principal obstáculo para ello lo constituye que la jurisprudencia ha sobrepasado en importancia hermenéutica al mismo texto Constitucional; por lo tanto, sólo a manera eminentemente ilustrativa, se identifican como "relevantes" las siguientes sentencias que permiten establecer la relación entre los varios pronunciamientos en el sentido del problema jurídico planteado:

**a. C-037-96. M.P. Dr. Vladimiro Naranjo Mesa. Tema: Revisión Constitucional del proyecto de ley Nº 58/94 Senado y 264/95 Cámara "Estatutaria de la administración de Justicia".**

Procede la Corte a resolver sobre la exequibilidad del proyecto de ley de la referencia. La intervención de los ciudadanos Carlos Villalba y Hernando Yepes, es con respecto a varios artículos del citado proyecto de ley; en lo que hace al artículo 43, referido a la "Estructura de la Jurisdicción Constitucional", los ciudadanos mencionados afirman que: *"(...) la frase "ESTRUCTURA" contenida en el encabezamiento del artículo 43 y la expresión "constitucional" contenida en el inciso segundo del mismo artículo, son contrarios a la Carta Política, pues "introducen la concepción de una jurisdicción constitucional múltiple, en frente de los mandatos de la C. P. que configuran la jurisdicción constitucional de estructura única."* Sobre el particular la Corte expresó:

> *"(...) Como bien es sabido, el control de constitucionalidad en Colombia se vio reforzado con la creación de la Corte Constitucional. Sin embargo, no por ello puede afirmarse que nuestro país ha adoptado el llamado "control concentrado" o austriaco, pues en realidad éste sigue siendo de carácter difuso funcional (...)"*
>
> *"(...)"*
>
> *"Para esta Corporación, la norma que se revisa debe interpretarse dentro del referido contexto, pues se trata tan sólo de una disposición descriptiva de los diferentes órganos que, de una forma u otra, ejercen control de constitucionalidad dentro del Estado, todo de ello dentro del marco que ha sido definido en la Constitución."*
>
> *"El artículo será declarado exequible"*

**b. T-282-96. M.P. Dr. Alejandro Martínez Caballero: Tema: Improcedencia de la tutela contra la sentencia que decide una acción de inconstitucionalidad.**

Se pide la revocatoria de una sentencia de inconstitucionalidad mediante tutela; la Corte es enfática al decir:

"(...) *si ello es así convertiría a la tutela en una especie de recurso de revisión tanto a la argumentación como a lo decidido y ello no está permitido ni en la Constitución, ni en la Ley, ni en la doctrina comparada; atenta contra la esencia del control constitucional concentrado en la Corte Constitucional, que es el defensor natural de la Constitución* (...)"

Si de límites al control difuso se trata, esta misma sentencia constituye uno de ellos en cuestiones de tutela, al señalar:

*"(...) Ocurre que el artículo 6° del Decreto 2591 de 1991, es enfático: no procede la tutela "cuando se trate de actos de carácter general, impersonal y abstracto", y, estas características son propias de la sentencia que define una acción de inconstitucionalidad, luego también por esta razón es improcedente la tutela en la presente acción. No puede considerarse que una sentencia de control constitucional que produce cosa juzgada constitucional, pueda revocarse ni suspenderse, ni dejarse sin efecto para volver a empezar el proceso, como lo pide el solicitante." (Lo subrayado fuera de texto).*

*"(...)"*

*"Solo y si ocurre una vía de hecho es procedente la tutela contra una sentencia judicial, y en el evento de que llegara a prosperar, el Juez de tutela de una ORDEN. Esto tiene viabilidad contra las providencias que definen conflictos "inter partes", pero no ocurre lo mismo cuando se trata de la acción pública de inconstitucionalidad que tiene efectos "erga omnes" y validez normativa general. Sería absurdo que por ejemplo, declarada una inexequibilidad, por la Corte Constitucional, pudiera un Juez de tutela mediante un fallo que no tiene efecto "erga omnes" sino "inter partes" permitir que para el solicitante no operara la inexequibilidad y para las demás personas sí* (...)"

**c. C-492/00. M.P. Dr. Alejandro Martínez Caballero. Tema: Distinción entre Sentencia de constitucionalidad condicionada y cosa juzgada relativa.**

Se demanda la constitucionalidad de la Ley 393 de 1997 "Por el cual se desarrolla el artículo 87 de la Constitución política", concretamente el artículo 20 de la ley que señala:

*"ARTÍCULO 20. Excepción de inconstitucionalidad. Cuando el incumplimiento de norma con fuerza de ley o acto administrativo sea proveniente del ejercicio de la excepción de inconstitucionalidad, el juez de cumplimiento deberá resolver el asunto en la sentencia. Lo anterior, sin perjuicio de que el juez la aplique oficiosamente.*

> *PARÁGRAFO.- El incumplido no podrá alegar la excepción de inconstitucionalidad sobre normas que hayan sido objeto de análisis de exequibilidad por el Consejo de Estado o la Corte Constitucional, según sea el caso".*

La sentencia referida constituye un límite a la excepción de inconstitucionalidad, es decir, al control difuso, al precisar la Corte:

> "(...) *3- La regla general en esta materia es que un pronunciamiento de la Corte Constitucional, cuando adelanta el control abstracto de una disposición, hace tránsito a cosa juzgada absoluta, salvo que la propia sentencia haya limitado el alcance de la cosa juzgada, o que exista una cosa juzgada meramente aparente, por "la absoluta falta de toda referencia, aún la más mínima, a las razones por las cuales fue declarada la constitucionalidad de lo acusado*"[30] [1]. (Subrayado fuera de texto)

La C-600-98, citada por esta jurisprudencia confirma la limitación a la que se hace referencia:

> "*Es claro que, si no ha habido una definición erga omnes por el tribunal competente (la Corte Constitucional o el Consejo de Estado) y el juez no encuentra fundada la inaplicación como consecuencia de la excepción de inconstitucionalidad, habrá de declarar que el incumplimiento se configuró y deberá impartir la orden que haga efectivo el mandato inobservado, con efectos exclusivos en ese caso y sin que su sentencia sustituya las providencias que hayan de proferir aquellos tribunales en ejercicio de sus respectivas competencias. A tal punto que si, habiendo hallado fundada la inaplicación en el caso examinado, se produce después una sentencia erga omnes en sentido contrario, ésta prevalece y, respaldada por el tribunal competente la ejecutabilidad de la disposición por ser constitucional, bien podría hacia el futuro intentarse de nuevo la acción de cumplimiento sin que el funcionario encargado de aplicar la norma pudiese ya escudarse en la excepción de inconstitucionalidad para justificar su abstención.*

> "*Esto es precisamente lo que avala la exequibilidad del segundo inciso del artículo acusado, que impide alegar tal excepción cuando ya existe resolución general y definitiva de la Corte Constitucional o del Consejo de Estado acerca de la viabilidad constitucional del precepto respectivo*".

Significa lo anterior, que una vez declarada la exequibilidad de una norma por la Corte Constitucional, se produce la cosa juzgada constitucional a menos que en el fallo, la Corte exprese que tal exequibilidad es relativa. Como el efecto de tal sentencia tiene efectos *erga omnes*, no tie-

---

30 [1] Ver sentencia C-700 de 1999. MP José Gregorio Hernández Galindo.

ne fundamento jurídico que un servidor público deje de aplicar dicho precepto legal en un caso concreto alegando que él –no la Corte- encuentra que dicha norma legal contraviene la Constitución.

**d. Auto 071/01. M. P. Dr. Manuel José Cepeda. Tema: Conflicto de competencias.**

Mediante el auto en comento, la Corte Constitucional otorga *efectos inter pares* a la decisión de inaplicar el artículo 1° del Decreto1382/00, para que en aquellos casos semejantes, todos los jueces de tutela apliquen dicha excepción de inconstitucionalidad en el mismo sentido. Se busca entonces garantizar la seguridad jurídica y el principio de igualdad en la aplicación de la excepción de inconstitucionalidad en aquellos casos semejantes.

El auto de marras constituye otra limitación a la excepción de inconstitucionalidad, es decir, una limitación al control difuso. Señala el alto Tribunal:

*"...3 Luego de haber proferido cerca de 90 providencias en el mismo sentido, la Corte Constitucional estima necesario indicar que cuando en la parte resolutiva de sus providencias decide inaplicar una norma y aplicar de manera preferente un precepto constitucional, la resolución adoptada tiene efectos respecto de todos los casos semejantes, es decir inter pares, cuando se presentan de manera simultánea las siguientes condiciones:*

*a) Que la excepción de inconstitucionalidad resulte de la simple comparación de la norma inferior con la Constitución, de la cual surja una violación, no sólo palmaria, sino inmediata y directa de una norma constitucional específica, tal y como ocurre en este caso.*

*b) Que la norma constitucional violada, según la interpretación sentada por la Corte Constitucional, defina de manera clara la regla jurídica que debe ser aplicada, como sucede en este caso porque el artículo 86 de la Constitución dice que la acción de tutela puede ser presentada «ante los jueces, en todo momento y lugar».*

*c) Que la inconstitucionalidad pueda ser apreciada claramente, sin que sea necesario sopesar los hechos particulares del caso y, por lo tanto, la inconstitucionalidad no dependa de tales hechos. La inaplicación del Decreto 1382 de 2000 no resulta de los derechos invocados, ni de la naturaleza del conflicto, ni de la condición de las partes en este caso. Del conflicto de su texto con la Constitución, independientemente de las particularidades del caso, es posible observar su manifiesta inconstitucionalidad.*

*d) Que la norma inaplicada regule materias sobre las cuales la Corte Constitucional ha sido investida por la Constitución de una responsabilidad especial, como es el caso de la acción de tutela y la protección efectiva de los derechos fundamentales, en virtud del artículo 241 numeral 9 y del inciso 2 del artículo 86 de la Carta.*

*e) Que la decisión haya sido adoptada por la Sala Plena de la Corte en cumplimiento de su función de unificar la jurisprudencia o haya sido reiterada por ella. Hasta la fecha, como ya se dijo, la Corte en Sala Plena y por unanimidad, ha proferido cerca de 90 autos reiterando su jurisprudencia sentada inicialmente en el auto 085 del 26 de septiembre de 2000, ICC-118 M.P. Alfredo Beltrán Sierra.*

*Cuando concurran estas cinco condiciones, la orden impartida por la Corte en el sentido de que cierta norma constitucional sea aplicada de manera preferente, a una de rango inferior contraria a ella, surte efectos respecto de todos los procesos semejantes para asegurar la efectividad (artículo 2 de la C.P.) del principio de supremacía constitucional (artículo 4 de la C.P.).*

Concluye este punto recordando que en materia de la guarda de la integridad de la Constitución existe abundante jurisprudencia; de hecho, el alto Tribunal ha denominado, primera línea, a lo que tiene que ver con los efectos de la *parte resolutiva* de las providencias[31] y, segunda línea, lo relacionado con la fuerza vinculante de la doctrina constitucional contenida en la *parte motiva* de las providencias. Además, ha establecido criterios para conciliar lo imperativo de seguir los precedentes, con el respeto a la independencia de los jueces.[32] La jurisprudencia referenciada se ubica dentro de la primera línea en la medida en que la inaplicación del artículo 1° del Decreto 1382 de 2000 es una decisión de fondo adoptada en la parte resolutiva de los autos mediante los cuales la Corte Constitucional ha resuelto los conflictos de competencia suscitados por dicha norma reglamentaria.

## 5. *Vicios de Inconstitucionalidad*

### 5.1. *Breves Consideraciones*

Cerrado el primer capítulo y dadas las explicaciones referentes al tema, se concluye que el sistema de control constitucional desarrollado por la Constitución de 1991, es el de carácter mixto.

---

31 Ver Sentencia C-113 de 1993, M.P. Jorge Arango Mejía.

32 Entre otras ver la sentencia C-083 de 1995. M.P. Carlos Gaviria Díaz, y la sentencia SU-047 de 1999 M.P. Carlos Gaviria Díaz y Alejandro Martínez Caballero.

Este control que se puede realizar mediante distintas vías o procedimientos, supone su activación, ya sea a través de un control abstracto de constitucionalidad (por vía de acción, control automático, previo y oficioso) o mediante un control concreto de constitucionalidad (acción de tutela y excepción de inconstitucionalidad ) y/o sin que mediando demanda presentada por un ciudadano, la Corte lo asuma por mandato constitucional; pero en todos los casos, al activar el control y para dictar sentencia, se requiere de un proceso constitucional.

## 5.2. *Clases de Vicios de Inconstitucionalidad*

Los llamados *vicios de inconstitucionalidad* que dan lugar al control pueden ser de dos (2) clases:

### 5.2.1. *Vicios de contenido material o de fondo*

Surgen cuando se infringe el contenido mismo de las normas constitucionales o se quiebra cualquier disposición del texto vigente.

### 5.2.2. *Vicios de contenido, de forma o de procedimiento*

El desarrollo de la jurisprudencia constitucional ha permitido diferenciar dos clases de vicios:

#### 5.2.2.1 *Respecto de las Leyes*

Este vicio depende de la clase de ley que se esté estudiando, pues aunque son cuatro debates las mayorías son diferenciadas, y la revisión que se realiza dependerá de la clase de ley, pues es diferente la revisión de una ley estatutaria a una ley ordinaria.

#### 5.2.2.2 *Respecto de los actos legislativos*

Se entiende como sigue:

##### 5.2.2.2.1 *De mero procedimiento*

Surge cuando se contravienen las reglas procedimentales o requisitos que la misma Carta Política fija o establece, que deben ser cumplidos a cabalidad y que son omitidos o vulnerados por el órgano de representación popular competente, o sea, el Congreso; aquí el control generalmente es muy estricto. De acuerdo con la Corte Constitucional, los principales defectos formales que se presentan en el trámite legislativo, por las leyes que fueron sometidas a su examen, son: la vulneración a los principios de consecutividad –muchas veces ligado al de identidad-, violación a la unidad de materia y desconocimiento del principio de publicidad y de los lapsos entre debates; con todo, el más común de ellos es el de *consecutividad,* que se traduce, por un lado, en la exigencia de que todos los debates se den en forma sucesiva para que un acto se convierta en ley o en acto legislativo según la Constitución y la Ley 5 de 1992, y, por otro, en que los temas que sean finalmente aprobados hayan sido discutidos y votados en cada uno de los debates exigidos. Se observa que el control del procedimiento legislativo realizado por la Corte Constitucional, no tiene una visión eminentemente técnica del mismo[33].

Ahora bien, normas de la talla del Estatuto Antiterrorista, Referendo Parcial, Reforma Política de 2003, Las UPACS, sólo por mencionar temas de profunda radicalización política y económica en el país, fueron declaradas inexequibles, lo que ha motivado también que expertos en el tema se pregunten si ha sido la Corte Constitucional demasiado estricta y rigurosa en la aplicación de las normas que regulan el procedimiento legislativo o simplemente se ha limitado a cumplir con las normas superiores para garantizar los principios que rigen el trámite de las leyes.

El punto en cuestión ha dado lugar a debates tan interesantes que distinguidos constitucionalistas del país han emitido su opinión sobre el particular:

Para el abogado constitucionalista Luís Carlos Sáchica,

---

33 En realidad hay pocos expertos en el tema del Procedimiento Legislativo; por ello es importante rescatar la obra del profesor Palacio Torres, Alfonso, *Concepto y Control del Procedimiento Legislativo.* Ediciones Departamento de Publicaciones de la Universidad Externado de Colombia, Bogotá, Junio de 2005, p. 264 quien sobre el tema en cuestión señala: "*La necesidad de entender que dentro del procedimiento legislativo se involucran principios y valores como la participación política, el respeto que los congresistas ostentan en cuanto tales, el pluralismo, que en general pueden resumirse en el principio democrático, es algo latente al observar el desarrollo del control de constitucionalidad al mismo. Sin estos aspectos, el procedimiento legislativo se convierte en una serie de requisitos eminentemente técnicos carentes de un significado intrínseco dentro de la vida del Estado, y por tanto en un obstáculo, más que en una garantía a los derechos de los actores en el mismo (...)*"

*"...el verdadero control de constitucionalidad, en principio es el de fondo. Sin embargo, admite que las decisiones legislativas no pueden producirse de cualquier forma, sino que deben respetar unos procedimientos previamente establecidos (...)" "(...) si bien en algunos casos pueden existir excesos en el control por parte de la Corte Constitucional, en otros la declaratoria de inexequibilidad se deben al descuido, la negligencia y la falta de responsabilidad del Congreso en el trámite de los proyectos";*

*Según el profesor Juan Manuel Charry "(...)el principio de consecutividad en algunas ocasiones es aplicado con demasiado celo por la Corte(...)" "(...) es innecesario que proyectos discutidos y aprobados en las comisiones de conciliación deban serlo también en las plenarias de cada cámara";*

*La experta en Derecho Parlamentario, Luisa Fernanda Tovar, considera que "(...) algunos fallos de inexequibilidad por vicios de forma han sido el resultado de un cambio en las líneas jurisprudenciales de la misma Corte o de la inclusión de desarrollos constitucionales nunca antes contemplados ni en la Constitución, ni en la ley, aspectos que, sin duda, amilanan la labor del legislativo";*

Finalmente, la profesora Elisabeth Ungar Bleier expresa:

"(...) *las declaratorias de inexequibilidad por vicios de forma se deben básicamente al incumplimiento del reglamento por parte del legislativo (...) muchas veces las violaciones al reglamento del congreso son involuntarias y resultantes del desconocimiento de las normas por parte de los congresistas, de la misma complejidad del procedimiento legislativo o del exceso de proyectos que deben ser tramitados en un corto tiempo (...) es preocupante que los vicios formales, además de afectar la gobernabilidad misma del país, vulneren a veces principios tan importantes, como el de representación, los derechos de las minorías, la participación ciudadana y el pluralismo*".[34]

### 5.2.2.2.2 *Cláusula general de competencia*

Al respecto se pregunta en virtud de qué a la Corte Constitucional se le ha confiado la guarda de la integridad y supremacía de la Constitución, *y si tiene ella competencia para examinar si el órgano legislativo al expedir Actos Legislativos ha desbordado su propia competencia en cuanto al*

---

[34] El lector puede ampliar esta información en la separata del periódico Ámbito Jurídico de Legis "Informe Especial", Año VIII - N° 182, Bogotá, 2005, 1 al 14 de agosto.

*poder de reformar que la misma Constitución le otorga, y en tal ejercicio resulta sustituyéndola o derogándola.*

Este vicio se define como aquel que se presenta cuando el Congreso expide un acto legislativo que sustituye o suprime la Constitución, en otras palabras, el Congreso emite un acto de reforma constitucional en el cual transforma el núcleo en el que se basa la Constitución, haciendo las veces de poder constituyente primario. En este sentido se afirma por parte de la Corte Constitucional, que el Congreso carece de competencia para realizar dicha modificación y que, por lo tanto, hacerlo, constituye un vicio de procedimiento pues va en contra de la cláusula general de competencia, lo que permite que la Corte Constitucional avoque el conocimiento de dicho acto, por las facultades constitucionales para revisar, por vicios de procedimiento, los actos legislativos que expida el Congreso según el art. 241 numeral 1°. Como se trata de una doctrina de desarrollo jurisprudencial, conviene ver cómo la Corte Constitucional se ha pronunciado sobre este tema:

La Corte Constitucional en Sentencia del Referendo C- 551 de 2003, M.P. Eduardo Montealegre Lynett, consideró que el Constituyente derivado carece de competencia para sustituir la Constitución pues no la tiene sino únicamente para reformarla, y por lo tanto no puede abrogarse facultades del constituyente primario. Expresó la Corte:

> "*Al limitar la competencia del poder reformatorio a modificar la Constitución de 1991, debe entenderse que la Constitución debe conservar su identidad en su conjunto y desde una perspectiva material, a pesar de las reformas que se le introduzcan. Es decir, que el poder de reforma puede modificar cualquier disposición del texto vigente, pero sin que tales reformas supongan la supresión de la Constitución vigente o su sustitución por una nueva Constitución. Y es que el título XIII habla de la "reforma" de la Constitución de 1991, pero en ningún caso de su eliminación o sustitución por otra Constitución distinta, lo cual solo puede ser obra del constituyente originario*".

El problema de la Sentencia del Referendo radica en que la Corte Constitucional abrió una perspectiva sobre la cual no desarrolló un test acerca de cómo el juez constitucional estableció cuándo se había sustituido la Constitución y ello provocó que dicha sentencia fuera fuertemente criticada.

Como el panorama que ofreció la Corte fue demasiado amplio, se debía desarrollar el alcance de la cláusula general de competencia; es así que en la sentencia C-1200/03[35] , realiza serias aclaraciones sobre su doctrina, entre ellas, cuándo se entiende que se sustituye la Constitución. Sin embargo, lo más importante, es que la Corte establece un "test constitucional" que permite conocer cuál es el método que el juez constitucional debe seguir para saber cuándo una reforma constitucional no está acorde con la competencia constitucionalmente asignada al Congreso[36]; en esta oportunidad la Corte puntualizó:

> "(...) *no constituyen sustituciones parciales, por ejemplo, las reformulaciones positivas, es decir, el cambio en la redacción de una norma sin modificar su contenido esencial (i.e. "estado de derecho, social y democrático" por "estado democrático y social de derecho"); las reconceptualizaciones, es decir, el cambio en la conceptualización de un valor protegido por la Constitución (i.e. "el pueblo es el único titular de la soberanía" por "la soberanía reside exclusiva e indivisiblemente en el pueblo"); las excepciones específicas, es decir, la adición de una salvedad a la aplicación de una norma constitucional que se mantiene en su alcance general (i.e. establecer la inhabilidad indefinida por pérdida de investidura como excepción a la regla general que prohíbe las penas perpetuas), las limitaciones o restricciones, es decir, la introducción por el propio poder de reforma de límites y restricciones para armonizar valores e intereses enfrentados (i.e. introducir como*

---

35 Se demanda la inconstitucionalidad de los artículos 4° (transitorio) y 5° (parcial) del Acto Legislativo N° 3 de 2002 "Por el cual se reforma la Constitución Política". M.P. Dres. Manuel José Cepeda y Rodrigo Escobar Gil.

36 Dichos aspectos son: "1) es preciso distinguir entre el poder constituyente, en sentido estricto o poder constituyente primario u originario y el poder de reforma o poder constituyente derivado o secundario; 2) si bien la Constitución de 1991 no establece cláusulas pétreas, ni principios intangibles, tampoco autoriza expresamente la sustitución integral de la Constitución; 3) el poder de reforma puede modificar cualquier disposición del texto vigente, pero sin que tales reformas supongan la supresión de la constitución vigente o su sustitución por una nueva; 4) para saber si el poder de reforma, incluido el caso del Referendo, incurrió en un vicio de competencia, el juez constitucional debe analizar si la Carta fue o no sustituida por otra, para lo cual es necesario tener en cuenta los principios y valores que la Constitución contiene y aquellos que surgen del Bloque de Constitucionalidad". De ellos infiere la importancia de: a) determinar la naturaleza del acto demandado; b) analizar la orientación y configuración del argumento presentado en la demanda en contra de las facultades conferidas por el Acto Legislativo al Presidente de la República; c) delimitar el ámbito del Control Constitucional de las reformas constitucionales; d) distinguir entre el control judicial de sustitución de la Constitución y el control judicial de violación material de una cláusula de la Carta.

*límite a la libertad de prensa el respeto a la honra o permitir la suspensión de la ciudadanía para los condenados a pena de prisión en los casos que señale la ley).* (…)"

La sentencia C-1200 de 2003, en concordancia con la del referendo, desarrolla aún más las señaladas como C-970/04[37] y 971/04[38] , en las que se ajusta la doctrina jurisprudencial sobre la cláusula general de competencia y la posibilidad que la Corte tiene para conocer sobre dichos vicios, de forma tal que puntualiza conceptos que habían sido vagos o ambiguos y sin desarrollo en la sentencia del referendo, para presentar un concepto claro como por ejemplo cuándo se está ante una sustitución, al desarrollar claramente el denominado "Test constitucional".

En lo atinente al concepto de sustitución, expresa la Corte: *"(...) El análisis de la sustitución de la Constitución no consiste en la confrontación material de una reforma con determinadas normas constitucionales o de tratados internacionales que hagan parte del bloque de constitucionalidad, sino cuando por la vía de la reforma constitucional se produce un cambio tal de manera significativo que no pueda sostenerse la identidad de la Constitución (...)".* En este caso, ha dicho la Corte que existe un "vicio competencial", porque dicho poder de reforma desborda el ámbito de su competencia e incursiona en terrenos reservados al constituyente primario.

¿Cuál es la metodología que se debe aplicar para abordar el examen de un acto reformatorio de la Constitución cuando se haya planteado un cargo de sustitución de la misma?

Reitera la Corte:

"(…) *no se trata de un examen de fondo en torno al contenido del acto reformatorio de la Constitución, sino de un juicio sobre la competencia del órgano encargado de adelantar la reforma: si el órgano que expidió la reforma era competente para hacerlo, nos encontramos frente a una verdadera reforma constitucional, susceptible de control sólo en relación con los vicios en el trámite de formación del correspondiente acto reformatorio. Si, por el contrario, hay un vicio de competencia, quiere decir que el órgano*

---

37 Se demanda la constitucionalidad del inciso 2° del artículo 4° (transitorio) del Acto Legislativo N° 03 de 2002 *"Por el cual se reforma la Constitución Política"*; M. P. Dr. Rodrigo Escobar Gil.

38 Se demanda la constitucionalidad del Parágrafo Transitorio del artículo 3° del Acto Legislativo N° 01 de 2003 *"Por el cual se adopta una Reforma Política Constitucional y se dictan otras disposiciones"*; M. P. Dr. Manuel José Cepeda

*respectivo, por la vía del procedimiento de reforma, habría cometido una sustitución de la Constitución, para lo cual carecía de competencia, y su actuación habría de ser invalidada (…)".*

El llamado "test constitucional" se refiere a:

1) Enunciar aquellos aspectos definitorios de la identidad de la Constitución que se supone han sido sustituidos por el acto reformatorio;

2) Examen del acto acusado para establecer cuál es su alcance jurídico en relación con los elementos definitorios identificadores de la Constitución, a partir de los cuales se han asilado los parámetros normativos del control;

3) Al contrastar las anteriores premisas con el criterio de juzgamiento que se ha señalado por la Corte, esto es, la verificación de si la reforma reemplaza un elemento definitorio identificador de la Constitución por otro integralmente diferente, será posible determinar si se ha incurrido o no en un vicio de competencia (Se subraya).

En Sentencia C-888 de 2004, este tema polémico y de interés fue nuevamente abordado por la Corte Constitucional y en esta oportunidad precisó:

*"(...) De tal suerte que el ciudadano que instaure una acción pública de inconstitucionalidad contra la totalidad de un Acto Legislativo, o una parte del mismo, no puede plantearle a la Corte que realice un examen material sobre las disposiciones constitucionales por violar otras normas de la Constitución. Es posible entonces demandar Actos Legislativos aduciendo que el legislador ha incurrido en vicios en el procedimiento de formación del acto legislativo respectivo, lo que incluye el presupuesto mismo de la competencia del Congreso solo para reformar las normas constitucionales. En este caso, la carga para el demandante consiste en plantear cargos de inconstitucionalidad relacionados con el desbordamiento del poder de reforma del Congreso. En otras palabras, el actor debe demostrar de manera concreta, clara, específica y suficiente que la modificación introducida al texto de la Constitución de 1991 no es una reforma sino que se está ante una sustitución de la misma* (...)"[39]

---

[39] Sentencia C-888 del 14 de septiembre de 2004. Magistrado Ponente: Clara Inés Vargas, que decide la demanda de inconstitucionalidad contra el numeral 3° (parcial) del artículo 3° del Acto Legislativo 03 de 2002 *"por el cual se reforma la Constitución Nacional"*. Concretamente la parte demandada señala: … *"Asumir directamente las investigaciones y procesos, cualquiera que sea el estado en que se encuentren, lo mismo que"* y *"sin perjuicio de la autonomía de los fisca-*

Continúa la Corte:

*"Cabe recordar, que no se está ante una imposición, por vía jurisprudencial, de requisitos adicionales a una acción de inconstitucionalidad, que como pública debe estar al alcance de cualquier ciudadano en tanto que ejercicio de un derecho político. Tampoco se trata de hacer primar lo procesal sobre lo sustancial, ni de vulnerar el derecho fundamental de acceso a la administración de justicia. Todo lo contrario. La exigencia que la Corte le hace al ciudadano de estructurar al menos un verdadero cargo de inconstitucionalidad en los casos en que éste considere que el Congreso de la República se extralimitó en el ejercicio de sus competencias al reformar la Constitución, es consonante no sólo con el carácter rogado que tiene la jurisdicción constitucional en estos casos, sino con los mínimos requisitos exigidos por el artículo 2º del Decreto 2067 de 1991 a fin de que la Corte pueda centrar adecuadamente el examen constitucional correspondiente, permitiendo también a los intervinientes y al Procurador General de la Nación, el pronunciamiento sobre problemas jurídicos concretos. En otras palabras, el carácter público que desde siempre ha caracterizado a la acción de inconstitucionalidad, de manera alguna riñe con la exigencia de un mínimo de rigor en la acusación que el ciudadano dirige contra una norma jurídica de rango constitucional* (...)"

Lo escrito en el acápite anterior en materia del vicio de inconstitucionalidad por *cláusula general de competencia,* es la línea jurisprudencial de la Corte Constitucional sobre el tema y precisamente, es lo que hoy día ha causado mayor revuelo, pues para algunos, (posición que se comparte), la Corte Constitucional ha desarrollado una doctrina que está de acuerdo con la competencia asignada por la Constitución; no obstante, otros expresan que la Corte en su afán por controlar los actos del Congreso, hace una revisión material de los actos legislativos (aunque diga que es una revisión de procedimiento), competencia que, según los críticos, no se le ha asignado constitucionalmente.

El punto es tan importante, que en lo que concierne a las demandas de inconstitucionalidad del Acto Legislativo N° 02 de 2004 sobre la *Reelec-*

---

*les delegados en los términos y condiciones fijados por la ley".* El demandante apunta: *"es jurídicamente viable que una reforma constitucional contenida en un acto legislativo sea inconstitucional por vicios materiales, cuando contraría la sustancia de las normas constitucionales, aclarando que no se trata de cualquier clase de violación, sino de aquellas en que la reforma constitucional que se introduce en la parte orgánica de la Constitución contravenga la preceptiva constitucional de la parte dogmática, concretamente en lo relacionado con los temas mayores de la Constitución como son: los derechos fundamentales, sus garantías y los procedimientos de participación popular".*

*ción Presidencial Inmediata*, no se sabía si la Corte Constitucional iba asumir la posición de la cláusula general de competencia o si iba a realizar simplemente una revisión sobre el vicio de mero procedimiento del acto. Como se trata de un hecho político-jurídico de la mayor trascendencia para el país, a tal punto que lo mantuvo y mantiene polarizado, conviene dar a conocer el contenido y línea argumentativa –relevantes- de la Sentencias C-1040/05 y la C-1041/05 de fecha 19 de octubre de 2005, por las cuales la Corte Constitucional aprobó la Reelección Presidencial inmediata; en consecuencia, el Acto legislativo 2 de 2004 superó los tres vicios que fundamentaron las distintas demandas de inexequibilidad: de competencia, de fondo y de procedimiento. Se tiene entonces:

a. La Corte Constitucional reafirma y puntualiza los criterios que se sentaron en la sentencia de referendo en la siguiente manera:

*"La Corte, en la Sentencia C-551 de 2003 sentó estos criterios en relación con la sustitución de Constitución, al juzgar una ley que convocaba a un referendo, no un acto legislativo en cuya aprobación no participa directamente el pueblo:*

- *Que el poder de reforma definido por la Constitución colombiana está sujeto a límites competenciales.*

- *Que por virtud de esos límites competenciales el poder de reforma puede reformar la Constitución, pero no puede sustituirla por otra integralmente distinta u opuesta.*

- *Que para establecer si una determinada reforma a la Constitución es, en realidad, una sustitución de la misma, es preciso tener en cuenta los principios y valores del ordenamiento constitucional que le dan su identidad.*

- *Que la Constitución no contiene cláusulas pétreas ni principios intangibles y que, por consiguiente, todos sus preceptos son susceptibles de reforma por el procedimiento previsto para ello.*

- *Que el poder de reforma no puede, sin embargo, derogar, subvertir o sustituir en su integridad la Constitución.*

- *Que sólo el constituyente primario tendría la posibilidad de producir una tal sustitución.*

b. La Corte afirma que no ha establecido un planteamiento claro sobre el tema, pero que ha venido decantando su jurisprudencia de la siguiente manera:

*"Primero, como la competencia de un órgano es el presupuesto para analizar el procedimiento que dicho órgano ha de seguir para expedir una norma, el análisis de si el reformador de la Constitución actuó dentro de su órbita de competencia es una cuestión diferente y previa a la de juzgar si el procedimiento se llevó a cabo respetando las formas establecidas. También es una cuestión distinta a juzgar si el contenido material del acto acusado contradice la Constitución, lo cual escapa al control constitucional que ejerce la Corte sobre las reformas constitucionales.*

*Segundo, la especificidad del juicio relativo a la competencia del reformador radica en que en éste la Corte se circunscribe a estudiar si el reformador sustituyó la Constitución, sin que por ello efectúe un control material ordinario del acto acusado. Es decir, en el juicio de sustitución no hay una comparación entre la reforma y la Constitución con miras a establecer si la primera contradice la segunda, dado que, por definición, una reforma constitucional contradice la Constitución por ella reformada.*

*Tercero, el concepto de sustitución refiere a una transformación de tal magnitud y trascendencia, que la Constitución anterior a la reforma aparece opuesta o integralmente diferente a la que resultó después de la reforma, al punto que ambas resultan incompatibles. La jurisprudencia ha aludido a sustituciones totales y a sustituciones parciales y ha sostenido que el reformador tampoco puede introducir sustituciones parciales entendiendo por tales aquellas en las cuales un eje definitorio de la identidad de la Constitución sea remplazado por otro opuesto o integralmente diferente. En ninguna de sus sentencias la Corte ha declarado inexequible una reforma constitucional por haber llegado a la conclusión de que el reformador excedió su competencia y sustituyó la Constitución, en todo o en parte. No obstante, la Corte ha suministrado ejemplos para ilustrar cuándo se estaría ante una sustitución total o parcial de la Constitución. Además, en las sentencias en las cuales declaró exequibles artículos de actos reformatorios de la Constitución -fuesen estos referendos o actos legislativos- la Corte estableció que dichos actos no representaban sustituciones parciales de la Carta.*

*Cuarto, la Corte ha subrayado que el concepto de sustitución se distingue de otros con los cuales no puede confundirse, tales como los de intangibilidad e irreversibilidad, o afectación y vulneración de contenidos, los cuales aluden a juicios materiales de las reformas constitucionales que escapan a la competencia de la Corte Constitucional. La Corte solo tiene competencia para verificar que el poder de reforma, que es constituido, no haya adoptado un acto mediante el cual sustituya la Constitución que lo habilitó exclusivamente para reformarla.*

*Quinto, la Corte ha fijado criterios de prudencia judicial para orientar el control de los actos reformatorios de la Carta e impedir que el subjetivismo determine la conclusión del juicio de sustitución. En esa dirección, esta Corporación ha delineado los rasgos generales del método que ha de aplicarse para identificar sustituciones totales o parciales de la Carta, aunque no ha desarrollado ni precisado sus componentes.*

*Sexto, la Corte ha dicho que la aplicación del método para identificar sustituciones en ningún caso puede conducir a volver irreformables normas de la Carta porque no hay normas pétreas ni principios intangibles en la Carta de 1991. Toda ella es reformable, mas no sustituible".*

c. En la sentencia la Corte afirma que ha elaborado lo que se denomina "***método del juicio de sustitución***", el cual funciona así:

*"El juicio de sustitución comporta la aplicación de un método en tres etapas específicas*

*1. Como premisa mayor (...), es necesario enunciar aquellos aspectos definitorios de la identidad de la Constitución que se supone han sido sustituidos por el acto reformatorio. Ello permite a la Corte establecer los parámetros normativos aplicables al examen de constitucionalidad del acto acusado.*

*Se trata de un enunciado específico, que no se limita a plantear los aspectos que de manera general tiene una determinada institución en el constitucionalismo contemporáneo, sino la manera particular como un elemento definitorio ha sido configurado en la Constitución colombiana y que, por consiguiente, hace parte de su identidad.*

*2. Procede luego el examen del acto acusado, para establecer cuál es su alcance jurídico, en relación con los elementos definitorios identificadores de la Constitución, a partir de las cuales se han aislado los parámetros normativos del control.*

*3. Al contrastar las anteriores premisas con el criterio de juzgamiento que se ha señalado por la Corte, esto es, la verificación de si la reforma reemplaza un elemento definitorio identificador de la Constitución por otro integralmente diferente, será posible determinar si se ha incurrido o no en un vicio de competencia".*

Ahora bien, además de lo anterior, la Corte sienta los criterios con los cuales se configura la primera etapa de este método, de la siguiente manera:

*"El método del juicio de sustitución exige que la Corte demuestre que un elemento esencial definitorio de la identidad de la Constitución de 1991 fue reemplazado por otro integralmente distinto. Así, para construir la premisa mayor del juicio de sustitución es necesario (i) enunciar con suma claridad cuál es dicho elemento, (ii) señalar a partir de múltiples referentes normati-*

*vos cuáles son sus especificidades en la Carta de 1991 y (iii) mostrar por qué es esencial y definitorio de la identidad de la Constitución integralmente considerada. Solo así se habrá precisado la premisa mayor del juicio de sustitución, lo cual es crucial para evitar caer en el subjetivismo judicial. Luego, se habrá de verificar si (iv) ese elemento esencial definitorio de la Constitución de 1991 es irreductible a un artículo de la Constitución, - para así evitar que éste sea transformado por la propia Corte en cláusula pétrea a partir de la cual efectúe un juicio de contradicción material- y si (v) la enunciación analítica de dicho elemento esencial definitorio no equivale a fijar límites materiales intocables por el poder de reforma, para así evitar que el juicio derive en un control de violación de algo supuestamente intangible, lo cual no le compete a la Corte. Una vez cumplida esta carga argumentativa por la Corte, procede determinar si dicho elemento esencial definitorio ha sido (vi) reemplazado por otro –no simplemente modificado, afectado, vulnerado o contrariado- y (vii) si el nuevo elemento esencial definitorio es opuesto o integralmente diferente, al punto que resulte incompatible con los elementos definitorios de la identidad de la Constitución anterior".*

d. En las sentencias C-970 y C-971 de 2004, la Corte estableció que el legislativo podía habilitar a otras ramas del poder público para ejercer funciones diferentes a las asignadas por la Constitución, basándose en el principio constitucional de colaboración armónica que impone una labor de coordinación entre los órganos y sus funciones, afirmando que algunos órganos podían participar en el ámbito funcional de otros mitigando el principio de separación de poderes del artículo 116.

Sin embargo, en la sentencia de reelección utilizando el criterio de la cláusula general de competencia del congreso en reformas constitucionales afirma que:

*"La habilitación al Consejo de Estado para que, de manera supletoria y transitoria, expida las normas estatutarias que desarrollen la previsión sobre reelección presidencial, en los términos en los que está concebida, entraña una sustitución parcial de la Constitución de 1991".*

Afirma la Corte que

"*En efecto, la norma crea un poder legislativo transitorio carente de controles efectivos que lo sujeten a la Constitución. Con esta norma se reemplaza temporalmente al Congreso de la República y, además, se elude o torna inocuo el control constitucional que debe ejercer la Corte Constitucional sobre las normas estatutarias que regulen los derechos políticos de los ciudadanos, la financiación de las campañas, la participación en política de los funcionarios públicos, la igualdad en la contienda electoral, entre otros asuntos. Dicho poder legislativo fue atribuido a un órgano de la rama judicial, que no es elegido por el pueblo de manera directa o indirecta, que no es representativo de la sociedad y que habrá de expedir las normas legales sin participación de los ciudadanos obligados y afectados, sin sujetarse a un procedimiento legislativo predefinido y público, y sin control parlamentario, ni judicial de constitucionalidad, que actúen de manera oportuna antes de las elecciones de 2006.*

*Para la Corte, la norma de la reforma anteriormente citada, al establecer un poder legislativo carente de controles, y sin origen, composición y funcionamiento democráticos, con la facultad de definir los derechos fundamentales determinantes para la distribución del poder público, le introduce a la Constitución un elemento que es integralmente diferente a los que definen la identidad de la Carta adoptada por la Asamblea Constituyente en representación del pueblo soberano en 1991. En efecto, un poder legislativo de esas características es integralmente diferente a un legislador sometido a la Constitución, elegido por el pueblo y representativo del pluralismo social y político, que se limita a legislar sin luego aplicar él mismo en controversias concretas la normas por él expedidas, y sometido a un sistema de frenos y contrapesos oportunos para evitar o invalidar la restricción arbitraria de los derechos constitucionales fundamentales de todos los colombianos. Además, para ejercer su competencia como legislador, el Consejo de Estado tendría que definir previamente si expide normas orgánicas que regulen su función de legislador, o si desplegará su actividad legislativa a su arbitrio, decisión de carácter igualmente legislativo que tampoco estará sometida a controles efectivos de ningún tipo*".

En este sentido resalta que para que exista una delegación debe cumplirse con lo siguiente:

"*La compatibilidad entre el principio de separación de los poderes y la posibilidad de legislación delegada en otros órganos del Estado, reside, entonces, en que, (i) las condiciones que rodean la delegación evitan que el legislador se vea privado de su competencia, (ii) la habilitación remita al ejercicio transitorio y en un ámbito delimitado de la función legislativa, y (iii) no se supriman los controles interorgánicos que preserven el equilibrio entre los poderes públicos y aseguren la supremacía constitucional*".

De esta manera la Corte utiliza el vicio de procedimiento referente a la cláusula general de competencia del Congreso, para declarar que la competencia asignada al Consejo de Estado sustituye la Constitución.

e. Afirma también la Corte que la reelección no plantea una sustitución de la Constitución como tal en la forma de Estado, la forma de gobierno o el régimen o sistema político. Por cuanto:

"*Los elementos esenciales que definen el Estado social y democrático de derecho fundado en la dignidad humana no fueron sustituidos por la reforma. El pueblo decidirá soberanamente a quién elige como Presidente, las instituciones de vigilancia y control conservan la plenitud de sus atribuciones, el sistema de frenos y contrapesos continua operando, la independencia de los órganos constitucionales sigue siendo garantizada, no se atribuyen nuevos poderes al Ejecutivo, la reforma prevé reglas para disminuir la desigualdad en la contienda electoral que será administrada por órganos que continúan siendo autónomos, y los actos que se adopten siguen sometidos al control judicial para garantizar el respeto al Estado Social de Derecho." (...) "se tiene que, con o sin reelección presidencial inmediata, Colombia sigue siendo un Estado social de Derecho, organizado en forma de república unitaria, descentralizada, con autonomía de sus entidades territoriales, democrática, participativa y pluralista. Ninguno de esos elementos definitorios de la forma que adopta el Estado colombiano puede tenerse como suprimido, subvertido o integralmente sustituido" (...)"para establecer la existencia de una sustitución de la Constitución, habría que mostrar que los poderes que la Constitución confiere al Presidente de la República dentro de un sistema de frenos y contrapesos, resulta remplazado por un esquema de equilibrios integralmente diferente u opuesto a raíz del establecimiento de la reelección presidencial inmediata, de tal manera que si se reformase la Constitución en ese punto, se habría producido en realidad una verdadera sustitución de la Constitución".*

*No es suficiente en este caso una mera reminiscencia histórica, para señalar que el constituyente primario habría tenido como propósito limitar el poder del Presidente de la República y que por consiguiente no es de recibo una reforma que vaya en contravía con ese objetivo. Tampoco cabe fundar en la identificación de una tradición jurídica contraria a la reelección presidencial inmediata una pretensión de intangibilidad de la norma que establecía la prohibición. El proceso constituyente es, precisamente, un proceso de acomodamiento institucional, y sobre estas materias no cabe decir que se ha cerrado el libro del diseño institucional. La reelección presidencial fue proscrita en el pasado, a la luz de circunstancias muy particulares, vinculadas en cada caso a un momento histórico determinado, de conformación de la república o de inestabilidad institucional, o de violencia partidista. Ante un cambio en las circunstancias -y en los supuestos teóricos-, es posible que el reformador decida ensayar nuevamente el esquema de la reelección.*"

Por último, la importancia de estos vicios de inconstitucionalidad radica en que la actividad probatoria en los procesos de control abstracto de constitucionalidad, cambia según el vicio, pues en ocasiones carece de relevancia dicho esquema probatorio. En ese sentido por ahora sólo se despeja el interrogante:

6. *¿Cómo se ejerce ese control constitucional?*

La manera como se ejerza ese control constitucional ha llevado a la Doctrina y Jurisprudencia a que se clasifique como sigue:

## 6.1. *Control abstracto de constitucionalidad*

Comprende:

### 6.1.1 *Control previo de Constitucionalidad*

Se ejerce antes de haber entrado en vigencia la norma sometida a examen; se rigen por este control, los siguientes asuntos:

i.- Los proyectos de ley objetados por el Gobierno por inconstitucionales: Artículo 241-8 C. P.; normas concordantes, artículos 165 y 167 de la Constitución.

Vicios de inconstitucionalidad: tanto de contenido material como formal.

ii.- Los proyectos de leyes estatutarias: Artículo 241-8 C. P. ; normas concordantes, artículos 152 y 153 de la Constitución.

Vicios de Inconstitucionalidad: tanto de contenido material como formal.

iii.- La constitucionalidad de la convocatoria a un referendo o a Asamblea Constituyente para reformar la Constitución: Artículo 241-2 C. P.; normas concordantes, artículos 376 y 378 de la Constitución.

Vicio de Inconstitucionalidad: de procedimiento en su formación.

iiii.- La exequibilidad de los tratados internacionales y de las leyes que los aprueben: Artículo 241-10 C. P.; se agrega que se trata de un control automático, posterior a la ley y previo a la ratificación.

Vicios de Inconstitucionalidad: tanto de contenido material como formal; por ello se dice que el control es integral para la ley y sólo de carácter material para el tratado.

### 6.1.2 *Control de Constitucionalidad por vía de Acción*[40]

Se ejerce después de haber entrado en vigencia la norma sometida a examen; se rigen por este control los siguientes asuntos:

i.- Los actos reformatorios de la Constitución, cualquiera sea su origen: actos legislativos, Asamblea Constituyente y referendo: Artículo 214-1 C. P.

Vicios de Inconstitucionalidad: de procedimiento en su formación.

ii.- Las leyes emitidas por el Congreso de la República: Artículo 241-4 C. P.

Vicios de Inconstitucionalidad: tanto de contenido material como formal.

iii.- Los Decretos con fuerza de ley dictados por el Gobierno: Artículo 241-5 C. P., en desarrollo de:

a) Las facultades extraordinarias otorgadas por el Congreso de la República, según el artículo 150-10 de la Constitución; y

b) Decreto sobre Plan Nacional de Desarrollo Económico y Social, según el artículo 341 de la Constitución.

---

40 En este punto conviene tener presente que por vía de acción también pueden ser demandadas: a) las leyes estatutarias solo por vicios de procedimiento dentro del año siguiente a la revisión oficiosa de la Corte; este control sólo cobija los vicios que puedan presentarse desde que la ley ha salido del control de la Corte Constitucional hasta su entrada en vigencia(este control se hace por demanda); b) Igualmente pueden ser demandadas ante la Corte Constitucional, las interpretaciones que se realicen sobre una determinada norma. En efecto, la Corte Constitucional ha estudiado este tema que es de suma importancia en la medida en que ha permitido lo que se denomina "derecho viviente", no sólo de rango constitucional, sino legal, e incluso se pueda hablar de derecho viviente en el campo doctrinario (la Corte Constitucional acepta que las interpretaciones de determinados autores o sectores doctrinarios sean válidas para la interpretación judicial, siempre y cuando se tenga en cuenta el test que ella misma ha elaborado). Asimismo, es importante el tema, pues por medio de esta competencia de la Corte Constitucional, se han realizado múltiples interpretaciones que causan hoy en día grandes choques, particularmente entre el Consejo de Estado y la Corte Constitucional; ver entre otras la Sentencia C-426 de 2002; M. P. Dr. Rodrigo Escobar Gil.

Vicios de Inconstitucionalidad: tanto de contenido material como formal.

### 6.1.3 *Control Oficioso o automático de Constitucionalidad*

Se ejerce después de su aprobación por parte del Congreso, pero antes de haber entrado en vigencia la norma sometida a examen; se rigen por este control los siguientes asuntos:

i.- Referendo sobre leyes, consultas populares y Plebicitos del orden nacional: Artículo 241-3 C. P.; normas concordantes: artículos 103, 104, 107 y 379 de la Constitución.

Vicios de Inconstitucionalidad: los referendos y consultas populares, por vicios de contenido material; en tanto que los plebicitos, por vicios de procedimiento en su convocatoria y realización.

ii.- Los decretos dictados por el Gobierno con fundamento en las atribuciones de los estados de excepción: Artículo 241-7 C. P.; normas concordantes: artículos 212, 213 y 215 sobre Estado de guerra exterior, Estado de Conmoción Interior y Estado de Emergencia, respectivamente.

Vicios de Inconstitucionalidad: tanto de contenido formal como material.

### 6.1.4 *Control por vía de Acción de Nulidad: Artículo 237-2 C.P.*

Control que ejerce el Consejo de Estado cuando le corresponde conocer de las acciones de nulidad por inconstitucionalidad de los decretos dictados por el gobierno, cuya competencia no corresponda a la Corte Constitucional.

## 6.2. *Control concreto de constitucionalidad: comprende*

### 6.2.1 *Control por acción de Tutela*

Artículo 86 de la Constitución Política y Decreto Reglamentario 2591 de 1991.

### 6.2.2 *Control por vía de Excepción*

Artículo 4° C. P. *Señala el artículo:* "La Constitución es norma de normas. En todo caso de incompatibilidad entre la Constitución y la ley u otra norma jurídica, se aplicarán las disposiciones constitucionales (...)"

Como bien lo ha reiterado la jurisprudencia de la Corte Constitucional:

"(...) *El artículo 4 superior consagra la denominada excepción de inconstitucionalidad, a través de la cual, en un caso concreto y con efectos ínter partes, un juez o inclusive una autoridad administrativa, pueden abstenerse de aplicar una norma en aquellos eventos en que ésta contradiga en forma flagrante el texto de la Carta Política* (...)"[41]

Se observa entonces que dicho control es viable no sólo en el orden judicial en el que el órgano competente es el juez que conoce el caso, sino también respecto de las autoridades administrativas, legislativas o de control encargadas de ejercer funciones administrativas y/o judiciales y aún más para los particulares investidos transitoriamente de la función de administrar justicia en su condición de conciliadores y árbitros, según lo señala el artículo 116 de la C. P.

El artículo 4º en comento habla de "incompatibilidad" y por tal debe entenderse *"(...) dos normas que, dada su mutua contradicción, no pueden imperar ni aplicarse al mismo tiempo, razón por la cual una debe ceder a la otra (...)"* [42]

Respecto a este control de constitucionalidad surgen críticas relacionadas con la inseguridad jurídica que causa y consecuencialmente, con la violación al principio de igualdad de todos los ciudadanos ante la ley; críticas que han ocasionado que en nuestro medio haya abundancia de ensayos jurídicos y de obras completas sobre la excepción de inconstitucionalidad; sin embargo, para lo que interesa al presente estudio, se cree que es suficiente lo dicho hasta aquí sobre el particular.

Se cierra este tema llamando la atención en que los controles abstractos de constitucionalidad antes mencionados no son excluyentes uno de otro, pues en algunas ocasiones, varios asuntos se pueden regir de manera simultánea por más de un control de constitucionalidad; por ejemplo, los proyectos de leyes estatutarias, la constitucionalidad de la convocatoria a un referendo o a asamblea para reformar la Constitución, la exequibilidad de los tratados internacionales y de las leyes que los aprueben, son temas que se someten tanto a un control previo como a un control automático.

---

41 Entre otras ver las sentencias: C-037 de 1996. M. P. Dr. Vladimiro Naranjo Mesa; C-197 de 1999. M. P. Dr. Antonio Barrera Carbonell; T-049 de 2002. M. P. Dr. Marco Gerardo Monroy Cabra.

42 Corte Constitucional, Sentencia T-1290 de 2000; M. P. Dr. José Gregorio Hernández.

# CAPÍTULO II
## ESQUEMA PROCESAL EN LOS PROCESOS DE CONTROL DE CONSTITUCIONALIDAD

La Teoría General del Proceso, tanto en su concepción clásica como contemporánea, ha planteado y defendido que son tres los elementos que sirven de base al proceso: los sujetos, el objeto y la actividad procesal. Cabe entonces preguntarse, si estos tres elementos son de recibo en el Proceso de Control Constitucional y de ser así, cómo se proveen en el mismo. Respetando el esquema que desde un comienzo se propuso, sólo se hará referencia, en lo que respecta al control abstracto de constitucionalidad, a los llamados Procesos Ordinarios que se surten ante la Corte Constitucional, los cuales son consecuencia no sólo de las demandas de inconstitucionalidad presentadas por los ciudadanos, sino de aquellas que se adelantan obligatoriamente por mandato de la Constitución; y en lo que hace al control concreto de constitucionalidad, se abordarán únicamente los procesos preferentes de acción de tutela. Si el tema central del presente libro, es determinar cómo se surte la actividad probatoria en los procesos de control constitucional, se considera pertinente estudiar, *prima facie*, el esquema procesal en tales procesos, haciendo particular énfasis en ciertos aspectos importantes, que dejan abierta la "brecha" a los problemas jurídicos que más adelante se avocarán.

Frente al sistema de control constitucional imperante en Colombia, los jueces de instancia, los funcionarios públicos en desarrollo de su cargo y los ciudadanos, participan activamente y en consecuencia deben afrontar retos dinámicos; uno de ellos es precisamente adoptar un sistema de procedimiento constitucional general que anclado en el principio de igualdad, respete los elementos integradores del debido proceso como derecho fundamental en el entendido que no es idóneo frente a la filosofía del principio del Estado social de derecho argumentar que las acciones de control constitucional escapan a la aplicación del artículo 29[1] , pues de ser así, la actuación judicial sería arbitraria; supone lo anterior la necesidad de mantener también, en los procesos constitucionales, la garantía fundamental del debido proceso; por lo tanto, deben adelantarse con estricto apego a los procedimientos consagrados en los Decretos 2067 de 1991 y 2591 de 1991. De manera tal, que el quebrantamiento de las reglas procesales aplicables a los procesos constitucionales -previstas en los mencionados decretos- constituyen notoria y flagrantemente vulneración del derecho al debido proceso.

# I. PROCESO DE CONTROL ABSTRACTO

1. *Proceso, ¿Con partes? o ¿Sin partes?*

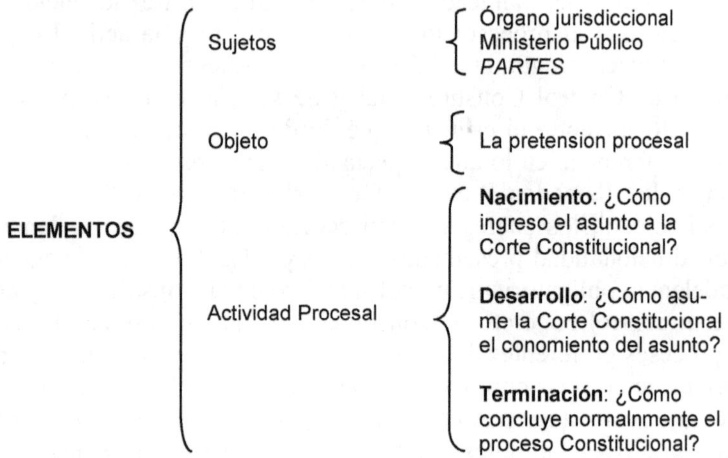


Siguiendo el esquema anteriormente propuesto, se tiene:

---

[1] El artículo 29 de la Carta Política, consagra el derecho al debido proceso; su corpus, su ethos histórico, como corresponde a todo principio constitucional es el siguiente: "*El debido proceso se aplicará a toda clase de actuaciones judiciales y administrativas. Nadie podrá ser juzgado sino conforme a leyes preexistentes al acto que se le imputa, ante juez o tribunal competente y con observancia de la plenitud de las formas propias de cada juicio*". (...) "*Es nula de pleno derecho, la prueba obtenida con violación del debido proceso*".

### 1.1. *Sujetos*

Se relaciona este elemento con los entes de derecho que deben intervenir en el proceso de control constitucional. Ellos son, a "vuela pluma" - pues no es lo central en este subtema- en lo atinente a:

*1.1.1. Órgano jurisdiccional*, que por expreso mandato de la Carta Política de 1991 (artículo 241) "A la Corte Constitucional se le confía la guarda de la integridad y supremacía de la Constitución"...; la doctrina moderna coincide en aceptar que a través del control constitucional, el Ente Superior ejerce una función constitucional con un reconocimiento del carácter jurisdiccional de tal función, además, la construcción de esa jurisdicción constitucional ha sufrido cambios sustanciales: uno de ellos, es el llamado "cambio orgánico o estructural" en el sentido que hoy día existe una sola jurisdicción constitucional -en la premisa de que no solamente la Corte Constitucional ejerce control constitucional mediante las variables contenidas en el artículo 241 C.P., sino que todos los jueces se ocupan de asuntos de constitucionalidad por la vía de la acción de Tutela y cuando aplican la excepción de inconstitucionalidad-. Entonces, si bien la historia constitucional del país se parte en dos: un antes y un después de 1991, se debe tener en cuenta que, como ya lo ha dicho la Corte[2], la Constitución de 1991 no contiene una cláusula por medio de la cual haya sido derogada en bloque la legislación que estaba vigente al momento de su expedición. El artículo 380 se limitó a derogar la Carta de 1886 con todas sus reformas. Es decir, los cambios se produjeron en el nivel constitucional; las demás escalas de la jerarquía normativa siguen vigentes mientras no sean incompatibles con la nueva Constitución (artículo 4° C. P.). Es claro que las leyes por medio de las cuales han sido establecidas las competencias de los jueces en las diversas materias objeto de su función, los procedimientos previos a las decisiones que adoptan y los recursos que pueden intentarse contra tales decisiones en nada desconocen la preceptiva constitucional y, por el contrario, son desarrollo de las normas contenidas en el Título VIII de la Carta.

*1.1.2 Ministerio público*, por expreso mandato de los artículos 242-2 en concordancia con el artículo 278-5 de la Constitución Política, el Procurador General de la Nación debe intervenir en todos los procesos de control constitucional "dada su calidad de representante de los intereses

---

2 Corte Constitucional. Sala Plena. Sentencia N° C-434. Junio veinticinco (25) de mil novecientos noventa y dos (1992), M. P. Dr. Fabio Morón Díaz.

de la sociedad y defensor del orden jurídico"[3] ; aunque su concepto no reviste carácter obligatorio, sí le presta un "grueso" servicio al análisis de los asuntos sometidos al control del Tribunal Constitucional. El profesor Héctor Quiroga Cubillos, refiriéndose a la intervención del Ministerio Público, conceptúa que él es parte en el proceso constitucional, "siempre que tome una posición frente a la pretensión y despliegue toda la actividad de una parte"[4]; se considera que, el Ministerio Público, más que parte es un sujeto interviniente dentro de esta clase de procesos.

*1.1.3. Las partes*, en este punto el análisis se hará de manera más detenida. Ordinariamente, la noción de parte es entendida, bien en un sentido restringido o estricto, "quien demanda o quien es demandado", o en un sentido amplio, "quien pretende y frente a quien se demanda"[5] ; interesa esta noción de Guasp, pero el espectro se amplía mucho más al entender a la parte **como la persona que interviene en un proceso porque tiene un interés y/o pretende hacer valer un derecho y contra la cual se pretende hacer valer ese interés y/o ese derecho**; con esta última noción más general, cualquier ciudadano en su condición de impugnante o coadyuvante puede comparecer en el proceso de control abstracto de constitucionalidad, como bien lo señalan los artículos 153-2 y 242-1 de la C. P. Sin embargo, el punto no es tan indiferente como se pudiera eventualmente pensar, ya que destacados constitucionalistas opinan que como el interés que se debate en esta clase de procesos no es privado sino público, no es posible hablar de "partes" en dichos procesos sino simplemente de "intervinientes".

Criterio que no se comparte:

Porque, lo que en un primer momento se denominó procedimiento constitucional, se ha convertido en un verdadero proceso constitucional con causa contenciosa, y su debate envuelve un status litigioso. En efecto, el carácter de proceso a las actuaciones que se surten ante la Corte Constitucional lo da la misma Carta Política; así tenemos cómo el artículo 242 señala: "**Los procesos que se adelanten ante la Corte Constitucional en**

---

3 Corte Constitucional, Sentencia C-534 de mayo 10 de 2000; M. P. Eduardo Cifuentes Muñoz.

4 Quiroga Cubillos, Héctor, *El Proceso Constitucional*, Ediciones Librería del Profesional, Bogotá, 1985, p. 37 y 38

5 Guasp Delgado, Jaime, *Derecho Procesal Civil*, Ed. Madrid, Instituto de Estudios Políticos, 1977, p.101

**las materias a que se refiere este título"...**, siendo reiterativa en esta misma norma en sus numerales 2 y 5.

Aún más, en materia jurisprudencial, la Corte ha dicho:

*"La atribución de regular los procesos y términos judiciales corresponde, de manera general, al legislador, siendo excepcionales los casos en que el propio Constituyente se la reserva, ocupándose él mismo en señalar algunas reglas, por considerar de especial importancia la materia respectiva. Tal es el caso de los* ***procesos que deben seguirse ante la Corte Constitucional****"*[6]. (Cursivas y negrillas fuera de texto).

Puesto que sí hay proceso, no es posible que se pueda admitir la existencia del proceso constitucional sin que haya partes dentro del mismo. El punto en conflicto es responder: ¿Cuál es el interés que tienen las partes que intervienen en un proceso de control abstracto de constitucionalidad?, ¿Qué es lo que pretenden las partes en esta clase de proceso? El argumento planteado por algunos respetables constitucionalistas, de que "no hay partes por que no hay interés y de existir éste es público", está totalmente revaluado; se acepta que ha habido una superación de las categorías jurídicas tradicionales en materia de intereses: la tipología sobre la que se ha diseñado el Derecho Procesal tradicional entre otros, es la de que el concepto de "parte" va ligado a "interés" y en esa medida se habla entonces de un concepto de parte que pertenece a un vetusto modelo clásico, privatista, individualista, derivado del Código Civil Napoleónico. Con la nueva concepción de Estado Social de Derecho, hoy día sí tenemos que hablar de un interés público, pero general, común, un **interés difuso**; y este concepto jurídico se torna más extrajurídico de lo que parece, "por eso las vicisitudes sociales, políticas y económicas vienen a constituir su principal fuente de producción de estos intereses, enmarcados dentro de la órbita general del interés simple, porque éste no sólo comprende los intereses desde el punto de vista individual, sino desde el punto de vista colecti-

---

6 Corte Constitucional Sentencia C-105 de marzo de 1993, M.P. Dr. José Gregorio Hernández y enfatiza la Corte "*respecto de los cuales -tomando en cuenta la trascendencia de su materia- la Constitución Política ha querido establecer parcialmente disposiciones que son pautas obligatorias del proceso, como la indispensable intervención del Procurador General de la Nación, la caducidad de la acción pública en tratándose de vicios formales, la oportunidad de participación ciudadana (artículo 241), la comunicación al Gobierno o al Congreso acerca de la iniciación del proceso (artículo 244) y los términos dentro de los cuales deben producirse el concepto fiscal y la decisión de la Corte (artículo 242, numerales 4 y 5).*

vo"[7]; teniendo en cuenta que la sociedad actual atraviesa por múltiples conflictos que se originan por factores de diversa índole se impone hacer un alto en el camino y reflexionar, si ¿las estructuras jurídicas tradicionales dan respuestas a dichos conflictos?; ¿acaso el modelo "derecho subjetivo tradicional" no es quizás una expresión jurídica debilitada por el igualitarismo formal?; ¿existe una correlación inmediata entre las respuestas normativas de los sistemas jurídicos estructurados en torno a las figuras tradicionales de derecho subjetivo, interés individual, público, legítimo, con los grandes avances de la sociedad actual?

Se trata entonces, de derechos e intereses que a todos competen y que para defenderlos no se tiene qué demostrar interés individual alguno, hay que apartarse de los esquemas procesales tradicionales que se han venido manejando para tramitar y decidir controversias de carácter individual; hay que romper con las barreras propias de los procesalistas a ultranza, que impedían el ejercicio de muchos derechos. Ahora bien: si de interés general, colectivo o difuso se trata, se debe pensar en mecanismos supraindividuales para la defensa del mismo; aún más, se cree que todas estas acciones son desarrollo de lo establecido en las siguientes disposiciones de la Carta Política: artículo 1°, artículo 95 y artículo 229[8] .

En conclusión, se tiene que en el proceso de control abstracto de constitucionalidad sí hay partes: una, que demanda la constitucionalidad de una norma y, otra, que no quiere que se declare la inconstitucionalidad de esa norma; en otras palabras, habrá unas personas que atacan una ley por considerarla inconstitucional y otras que se aprestan a defenderla; pero todos movidos por un interés general, común, difuso, en donde opera una legitimación en la causa extensiva, amplia, para interponer la acción. Adicionalmente, el artículo 7°, inciso 3° del decreto 2067 de 1991, legitima al Defensor del Pueblo, para que a nombre de cualquier persona y por

---

7 Si el lector desea ampliar sobre este tema se recomienda el trabajo de investigación realizado por el profesor de Derecho Constitucional, Pisciotti Cubillos, Doménico, quien en su libro *Los Derechos de Tercera Generación*, Ediciones Universidad Externado de Colombia, Bogotá, 2001, presenta un panorama de los aludidos derechos e intereses difusos o colectivos, así como sus modos de protección.

8 El artículo 1° que señala que uno de los fundamentos del estado social de derecho es la solidaridad; el artículo 95 que es de donde en verdad surge dicha legitimación; el artículo 229 que señala *"Se garantiza el derecho de toda persona para acceder a la administración de justicia. La ley señalará en qué casos podrá hacerlo sin la representación de abogado"*.

solicitud de ésta, demande, impugne, o defienda ante la Corte normas directamente relacionadas con los derechos constitucionales.

Desde un punto de vista histórico y si se remonta al Derecho Romano, en lo tocante a la legitimación popular procesal romana, la siguiente consideración, tal vez puede convencer a los aún escépticos: "En las diversas etapas de la evolución histórica de Roma, se advierte una profunda ligazón del *populus* con el individuo que lo integra, de tal manera que cuando se lesionaban o dañaban los intereses del *populus* o comunidad organizada, se lesionaban o dañaban al mismo tiempo los intereses de todos y cada uno de los miembros integrantes de dicho *populus*. Y cada quien al sentirse lesionado estaba legitimado para solicitar la protección o reparación del derecho colectivo, no como representante de su familia o comunidad organizada sino como ciudadano afectado en sus propios intereses"[9].

## 1.2 *Objeto*

Definitivamente al hablar de este elemento del proceso hay que referirse a la "pretensión procesal"; en la medida que se acepta -de igual manera como la mayor parte de la Doctrina- que el objeto del proceso en general es lo que se conoce con el nombre de "pretensión procesal", por cuanto no es posible que pueda existir un proceso sin objeto. Pero no se puede desconocer que existen otras tesis relacionadas con la pretensión y que la presentan, bien como el núcleo central del proceso o como sustituto de la acción y de la demanda; de tal manera que cuando se plantea la pretensión como objeto del proceso, se esboza la tesis defendida por el ilustre maestro español Jaime Guasp, sin restarle importancia a las otras tesis de también ilustres procesalistas, tales como: el mexicano Humberto Briceño Sierra, el uruguayo Enrique Véscovi, el panameño Jorge Fábrega, el colombiano Carlos Ramírez Arcila[10] , entre otros. Pero, ¿cuál es esa pretensión procesal en el proceso de control abstracto? De hecho, en principio se puede pensar que eventualmente sólo es: declarar la inconstitucionalidad o

9 Pisciotti Cubillos, Doménico, *Ob. cit*. p. 91

10 Por considerarlo ilustrativo se transcribe lo que el profesor Arcila Ramírez, Carlos, *Ob. cit.*, p. 239, sobre el particular señala. "*De la pretensión en general, o sea, de la simple pretensión, se puede decir que es la que se tiene por el solo acto de pretender, de solicitar, de pedir. Pretensión, según el diccionario de la lengua, es "solicitación, empeño en conseguir algo. Derecho que uno cree tener sobre una cosa". Así de sencilla, así de simple, podrá decirse que es la pretensión*"...

no de una norma; pero también se puede pedir la inconstitucionalidad de una interpretación o una constitucionalidad condicionada.

## 1.3. *Actividad procesal*

Aun el proceso de control abstracto de constitucionalidad debe someterse al postulado del debido proceso, consagrado en el artículo 29 de la Constitución Política.

La Corte Constitucional sobre el particular ha expresado:

> ..."*En su acepción jurídica, el debido proceso es el conjunto de garantías establecidas como medios obligatorios necesarios y esenciales para que el ejercicio de la función jurisdiccional se materialice, si se tiene en cuenta que es imposible aplicar el derecho por parte de los órganos del Estado, sin que la actuación de éstos se haya ajustado a los procedimientos institucionalizados para el fiel cumplimiento de su misión de administrar justicia. Significa esto que todos los actos que el Juez y las partes ejecutan, en la iniciación, impulso procesal, desarrollo y extinción del mismo, tienen carácter jurídico porque están previamente señalados por la ley instrumental. Es una actividad reglada y garantizadora que se desarrolla por etapas, entrelazadas o unidas por un objetivo común, como es el de obtener la aplicación del derecho positivo a un caso concreto, sometido a la actividad jurisdiccional del Estado*"[11].

Significa lo anterior que siendo el proceso un conjunto de actos coordinados, ligados entre sí, esas fases o períodos, a pesar de conservar su individualidad, deben tener una conexión en la unidad de efectos jurídicos y por tanto, tiene que existir un hilo conductor en su relación de causalidad. Aunado a lo anterior, debemos tener en cuenta el Decreto 2067 de septiembre 4 de 1991, el cual reglamenta o regula el Régimen procedimental de los juicios y actuaciones que deban surtirse ante la Corte Constitucional.

Para un mejor entendimiento y en lo que hace al proceso de control abstracto de constitucionalidad, se despejará cada uno de los siguientes interrogantes pretendiendo mostrar cómo se surte esa actividad procesal; para el efecto, se estudiarán en primer lugar, los procesos que requieren demanda de parte y, luego, se hará sucintamente, el mismo análisis, para aquellos que no requieren demanda de parte.

---

[11] Corte Constitucional. Sentencia N° 442. Julio 3 de 1992. Magistrado Ponente: Dr. Simón Rodríguez Rodríguez.

## 1.3.1 *Procesos que requieren demanda*

### 1.3.1.1 *Nacimiento: ¿Cómo ingresa el asunto a la Corte Constitucional?*

Lo primero que se debe tener presente es, que de los procesos ordinarios que se surten ante la Corte Constitucional, algunos son iniciados en virtud de demanda de inconstitucionalidad presentada por ciudadanos y, otros, se inician de manera oficiosa. Así se encuentra:

Procesos que Requieren demanda

- Actos refomatorios de la C.P.
- Convocatoria referendum o Asamblea Constituyente
- Constitucionalidad de los Referendos sobre leyes
- Consultas Populares y Plesbicitos
- Demanda sobre inconstitutucionalidad de las leyes
- Demanda contra los decretos con fuerza de ley: arts. 150 y 341 C.P.

### 1.3.1.2 *Desarrollo: ¿Cómo asume la Corte Constitucional el conocimiento del asunto?*

Por supuesto que aquí se hace referencia a los procesos que se inician con demanda; para tal efecto el artículo 2° del Decreto 2067/91 señala los requisitos mínimos que debe contener toda demanda en los procesos de inconstitucionalidad[12], siendo necesario además que se presenten por escrito y por duplicado:

---

12 No obstante, la Corte Constitucional ha sido reiterativa al señalar que si bien el control constitucional en Colombia no exige un formalismo o una técnica especial que deba ser estrictamente cumplida por el demandante, ha establecido la necesidad de cumplir con todos y cada uno de estos requerimientos, sin que se entienda la consagración de estos requisitos mínimos como una limitación a los derechos políticos del ciudadano, pues lo que se persigue al identificar el contenido de la demanda de inconstitucionalidad es fijar unos elementos que informen adecuadamente al juez para poder proferir un pronunciamiento de fondo, evitando un fallo inhibitorio que torne inocuo el ejercicio de este derecho político reconocido por el propio Ordenamiento Superior (artículo 40 C.P.) sino que,

1. El señalamiento de las normas acusadas como inconstitucionales, su trascripción literal por cualquier medio o un ejemplar de la publicación oficial de las mismas;

2. El señalamiento de las normas constitucionales que se consideren infringidas;

3. Las razones por las cuales dichos textos se estiman violados;

4. Cuando fuere el caso, el señalamiento del trámite impuesto por la Constitución para la expedición del acto demandado y la forma en que fue quebrantado; y

5. La razón por la cual la Corte es competente para conocer de la demanda.

A juicio de la Corte Constitucional tres (3) son los elementos que debe contener la acción pública de inconstitucionalidad contra una norma determinada: i.- debe referir con precisión el objeto demandado, ii- el concepto de la violación; y, iii.- la razón por la cual la Corte es competente para conocer del asunto. Considera que estos son los tres elementos, desarrollados en el texto del aludido artículo 2 del Decreto 2067 de 1991 y son los que hacen posible el pronunciamiento de fondo por parte de este Tribunal.

Ahora bien, como la Corte Constitucional a través de Acuerdos ha adoptado su Reglamento Interno[14], éste señala –en concordancia con el

---

además, centra el debate jurídico en argumentos constitucionalmente relevantes. Véanse en ese sentido las siguientes sentencias: C-131 de 1993 M.P. Dr. Alejandro Martínez Caballero; C-447 de 1997 M.P. Dr. Alejandro Martínez Caballero; C-1294 de 2001. M.P. Dr. Marco Gerardo Monroy Cabra; C-041 de 2002 M.P. Dr. Marco Gerardo Monroy Cabra.

13 En Sentencia C-1052 de 2001, M. P. Dr. Manuel José Cepeda Espinosa, La Corte Constitucional analizó los requisitos de procedibilidad de la acción pública de inconstitucionalidad. A nuestro juicio hablar ya de "requisitos de procedibilidad" impone que el tema sólo sea manejado por quiénes posean conocimientos propio de expertos y letrados, que escapan al ciudadano del común, desvirtuando el carácter público de la acción para convertirla en privada, pues adicionalmente el particular afectado por una norma expedida por el Congreso, acude a una acción pública, so pretexto de "salvaguardar los intereses de la Constitución", cuando en realidad está defendiendo son sus propios intereses.

14 El Reglamento Interno de la Corte Constitucional, fue adoptado por el Acuerdo 01 de 1992; adicionado por los Acuerdos 03 y 04 de 1992 y codificado nuevamente por el Acuerdo 05 de 1992; este último adicionado por los Acuerdos 01/95, 01/96, 01/97, 01/99, 01/00 y 01/01.

Decreto 2067/91- que presentada la demanda, le corresponde al Presidente de la Corte Constitucional repartirla para su sustanciación; es así como el Acuerdo 05 de 1992 en su capítulo X desarrolla "El programa de trabajo y reparto" que además es público, en la medida en que debe permanecer para consulta de los ciudadanos, debidamente actualizado, en la Secretaría General.

Repartida la demanda, el magistrado sustanciador tiene diez (10) días para decidir; fallo que puede ser: admisión, inadmisión o rechazo; si la demanda fuere inadmitida porque no cumplió con algunos de los requisitos ya señalados, se le concede al demandante un término de tres (3) días para que proceda a corregirla, vencidos los cuales, si no lo ha hecho, se rechazará. Contra el auto de rechazo procede el Recurso de Súplica ante la Corte Constitucional, para que lo confirme o revoque, y cuyo trámite está señalado en el capítulo XII del Reglamento Interno, artículo 48 del Acuerdo 03/92. La demanda, también puede ser rechazada cuando recaiga sobre normas amparadas por una sentencia que hubiere hecho tránsito a cosa juzgada absoluta o respecto de la cual sea manifiestamente incompetente la Corte; no obstante, estas decisiones también podrán adoptarse en la sentencia.

En esta clase de procesos es imperativo para la Corte, la acumulación de demandas respecto de las cuales exista una coincidencia total o parcial de las normas acusadas, en la medida que se incluya en el respectivo programa mensual de trabajo y reparto. Contra la decisión tomada por la Sala Plena sobre acumulación, no procederá ningún Recurso[15] .

Admitida la demanda por el sustanciador, o vencido el término probatorio cuando éste fuere procedente[16] , se ordenará correr traslado al Procurador General de la Nación, por un término de treinta (30) días, para que emita concepto que, como se sabe, no obliga a la Corte Constitucional; pero, si se ha dispuesto la práctica de pruebas, se ha de esperar el recibo de las mismas, antes del envío de las copias al Procurador con el propósito que el Jefe del Ministerio Público tenga un conocimiento adecuado del

---

15 En el caso de la reelección inmediata, aunque se trataba de la misma norma acusada, la Corte Constitucional decidió no acumular las demandas por considerar que todas observaban aspectos diferentes del acto reformatorio, por lo que del mismo proyecto se obtendrían 19 sentencias.

16 Por tratarse del tema central del presente libro, se estudiará este punto con detenimiento en la parte correspondiente, para lo cual se le ha asignado un capítulo especial.

asunto a tratar[17]. Asimismo, en el auto admisorio de la demanda se ordenará fijar en lista las normas acusadas por el término de diez (10) días para que, por duplicado, cualquier ciudadano las impugne o defienda[18]. Este término corre simultáneamente con el del Procurador.

Vencido el término para que el Procurador rinda concepto, el magistrado sustanciador debe presentar el proyecto de sentencia a la Corte, que no es otra cosa que elaborar la ponencia, para lo cual se le iniciará el cómputo de treinta (30) días; vencidos los cuales comenzarán a correr los sesenta (60) días de que dispone la Corte para que tome su decisión.

Lo anteriormente planteado, es lo que común u ordinariamente, suele presentarse en esta clase de procesos; pues en ocasiones pueden surgir "variables", en razón de: **a)** la complejidad y naturaleza del asunto; **b)** en materia de impedimentos y recusaciones, cuyo trámite en los asuntos de constitucionalidad, está consagrado en el capítulo V del Decreto 2067/91; **c)** cuando se impone la necesidad de practicar pruebas para mejor proveer; **d)** cuando se convoque a una audiencia para que quien hubiere dictado la norma o participado en su elaboración, por sí o por intermedio de apoderado, y el demandante, concurran a responder preguntas para aclarar hechos relevantes para la toma de decisión; en tales audiencias podrá participar el Procurador General cuando lo considere pertinente, después de que haya rendido concepto.

*1.3.1.3 Terminación*: ¿Cómo concluye normalmente esta clase de proceso Constitucional? Como ocurre en cualquier proceso judicial, el que se analiza termina normalmente con la sentencia. Se habla de "terminación normal" porque la llamada "terminación anormal del proceso", entiéndase: desistimiento, allanamiento, transacción, inactividad de las partes, no son de recibo aquí, como es lógico suponer. En la sentencia, la Corte resuelve si la norma examinada se aviene a la Constitución o si la contradice o desobedece; en el primer caso, el Tribunal Constitucional declara que es constitucional y, en el segundo caso mencionado, expresa que es inconstitucional. Es importante no confundir los conceptos consti-

---

17 En el entendido que el traslado que se surte al Ministerio Público no es en condición de "contraparte", sino de proteger el ordenamiento jurídico, función que la Constitución misma le asigna.

18 Si se pregunta ¿contra quién se dirige la demanda sobre una norma jurídica que fue expedida por un organismo público?, la respuesta es que no es contra persona determinada, sino que puede serlo cualquier ciudadano u organismo, que pueda tener interés, con el alcance ya estudiado, en la constitucionalidad e inconstitucionalidad de la norma.

tucionalidad y/o inconstitucionalidad, con los de exequibilidad y/o inexequibilidad, pues en algunas sentencias la Corte Constitucional ha declarado la inconstitucionalidad de la norma, pero ha dispuesto que la inexequibilidad (entiéndase el retiro de la norma del ordenamiento jurídico) de la misma se produzca meses después.

Ahora bien, para que la sentencia proferida por el Tribunal Constitucional produzca efectos, debe cumplir con algunos requisitos, y si bien el Decreto 2067/91 no da los parámetros para las formalidades de la sentencia, las mismas se pueden inferir del contenido de sus normas:

**a)** Las sentencias de la Corte Constitucional se pronunciarán "en nombre del pueblo y por mandato de la Constitución";

**b)** Del artículo 14 ibídem se deduce que la sentencia debe tener una parte motiva y resolutiva; y en tal sentido señala: "Las decisiones sobre la parte resolutiva de la sentencia deberán ser adoptadas por la mayoría de los miembros de la Corte Constitucional. Los considerandos de la sentencia podrán ser aprobados por la mayoría de los asistentes (...)"; por mayoría se entiende cualquier número entero de votos superior a la mitad del número de magistrados que integran la Corte o de los asistentes a la correspondiente sesión, según el caso;

**c)** Los magistrados que no estén de acuerdo con la ponencia acogida por la mayoría deberán "aclarar" o "salvar" el voto, mediante escrito que depositarán en la Secretaría de la Corte;

**d)** La parte resolutiva de la sentencia no podrá ser divulgada sino con los considerandos y las aclaraciones y los salvamentos de voto correspondientes, debidamente suscritos por los magistrados y el Secretario de la Corte; lo aquí expresado está previsto por el artículo 16 del Decreto 2067/91 y, como bien lo señalan destacados constitucionalistas, no debe confundirse el "divulgar la parte resolutiva sin las demás partes de la sentencia" con "la posibilidad de informar el contenido y alcance de las decisiones".

**e)** La sentencia se notificará por edicto con los considerandos, las aclaraciones y los salvamentos de voto correspondientes, debidamente suscritos por los magistrados y el Secretario de la Corte, dentro de los seis (6) días siguientes a la decisión. Copia de la sentencia se enviará inmediatamente a la Presidencia de la República y al Congreso de la República.

**f)** En lo que hace al principio procesal de congruencia, desde el punto de vista del Proceso Constitucional, en Colombia corresponde al Tribunal Constitucional hacer el cotejo entre la Constitución y las Leyes impugnadas no sólo para aquellos casos alegados en la demanda, sino que debe actuar de oficio en aplicación del Derecho Constitucional decidiendo incluso sobre supuestos que no fueron objeto del proceso; pero, ¿Cómo avoca entonces la Corte Constitucional el conocimiento de tales normas, sin que medie requerimiento de parte y/o disposición constitucional?

A través de lo que se denomina "unidad normativa o de materia"; así lo ordena el inciso tercero del artículo 6° del decreto 2067 de 1991, que regula la unidad normativa, al señalar:

"(…) *El magistrado sustanciador tampoco admitirá la demanda cuando considere que ésta no incluye las normas que deberían ser demandadas para que el fallo en sí mismo no sea inocuo, y ordenará cumplir el trámite previsto en el inciso segundo de este artículo. La Corte se pronunciará de fondo sobre todas las normas demandadas y* ***podrá señalar en la sentencia las que, a su juicio, conforman unidad normativa con aquellas otras que declara inconstitucionales*** (Subrayado y negrilla fuera de texto).

**g)** Las sentencias serán publicadas con los salvamentos y aclaraciones en la Gaceta de la Corte Constitucional. Las deliberaciones de la Corte Constitucional tendrán carácter reservado; los proyectos de fallo serán públicos después de cinco años de proferida la sentencia.

**h)** Contra las sentencias de la Corte Constitucional no procede recurso alguno; en materia de **nulidad** de los procesos ante la Corte Constitucional, sólo podrá ser alegada antes de proferir el fallo; ha dicho la Corte que si no se invoca en esa oportunidad, las partes pierden legitimación para hacerla una vez proferida la sentencia. Si la nulidad consiste en una irregularidad que implique violación al debido proceso podrá servir de base para que el Pleno de la Corte anule el proceso[19] ; ahora bien, no obstante lo dispuesto por el artículo bajo estudio, lo cierto es que la Corte Constitucional ha admitido que es posible anular la sentencia, siempre y cuando en ésta también se vulnere el artículo 29 de la Carta Política[20] .

---

19 El artículo 49 del decreto 2067 de 1991, preceptúa: "*Contra las sentencias de la Corte Constitucional no procede recurso alguno. La nulidad de los procesos ante la Corte Constitucional sólo podrá ser alegada antes de proferido el fallo. Sólo las irregularidades que impliquen violación del debido proceso podrán servir de base para que el pleno de la Corte anule el proceso*".

20 En Auto 166 de 2003, precisó la Corte: "(…) *A la luz de esta disposición (artículo 49 del Decreto 2067 de 1991) es posible concluir: a) La Sala Plena es competente para declarar nulo todo el proceso o parte de él. Pues, según el principio procesal universalmente aceptado, la nulidad de un proceso, sólo comprende lo*

En cuestión de nulidad ha dicho la Corte Constitucional: "(…) La nulidad no es un medio idóneo para reabrir el debate probatorio, o para revisar la sentencia ya que ello no está establecido en la ley, ni constituye una nueva instancia, ni tiene la naturaleza de recurso"[21]

**¿Cuáles son los efectos jurídicos de las sentencias proferidas por la Corte Constitucional**?

Sea lo primero decir que las sentencias de constitucionalidad derivadas del control abstracto de constitucionalidad, son de carácter vinculante y en consecuencia tienen efectos *erga omnes*[22].

La jurisprudencia de la Corte Constitucional ha entendido que las decisiones de constitucionalidad tienen efectos a partir del día siguiente de su adopción; considera el máximo Tribunal que el artículo 16 del Decreto 2067/91 fue derogado parcialmente por los artículos 56 y 64 de la Ley Estatutaria de la Administración de Justicia.[23]

Amén de lo anterior, la sentencia hace tránsito a cosa juzgada constitucional, afirmación que tiene su fundamento en el artículo 243 de la Carta Política; significa que, sobre el punto ya definido no puede haber posteriores determinaciones aunque provinieran de la misma Corporación, así

---

*actuado con posterioridad al momento en que se presentó la causal que la origina. b) Como la violación del procedimiento, es decir, del debido proceso, sólo se presentó en la sentencia al dictar ésta, la nulidad, comprende solamente la misma sentencia. Y, por lo mismo, únicamente podía ser alegada con posterioridad a ésta, como ocurrió. Nadie podría sostener lógicamente que la nulidad de la sentencia por hechos ocurridos en ésta, pudiera alegarse antes de dictarla* (…)".

21 Corte Constitucional; Auto A010A de 2002, M.P. Dr. Marco Gerardo Monroy Cabra

22 Este punto de los efectos de la sentencia (*erga-omnes*, inter-partes e inter-pares), fue estudiado ampliamente dentro del subtema Control Constitucional, así que al mismo se remite al lector.

23 En Sentencia C-973/04, la Corte Constitucional señaló, "*…una sentencia de constitucionalidad produce efectos a partir del día siguiente a la fecha en que la corte ejerció la jurisdicción de que está investida, esto es, a partir del día siguiente al que se adoptó la decisión sobre la exequibilidad o no de la norma objeto de control, bajo la condición de haber sido divulgada a través de los medios ordinarios reconocidos por esta corporación. Se entiende que es a partir del "día siguiente", pues en la fecha en que se profiere la decisión, el expediente se encuentra al despacho y, por lo mismo, dicho fallo no puede aún proferir efecto alguno*".

como que la disposición declarada inexequible, no puede ser reproducida ni aplicada por ninguna autoridad de la República[24] .

De lo anterior se colige que la cosa juzgada tiene como función negativa, prohibir a los funcionarios judiciales conocer, tramitar y fallar sobre lo resuelto, y como función positiva, dotar de seguridad a las relaciones jurídicas y al ordenamiento jurídico.

Reiteradamente la Corte Constitucional ha señalado, que si bien las sentencias por ella proferidas hacen tránsito a cosa juzgada constitucional, éste fenómeno no siempre tiene el mismo alcance ni iguales efectos; por ello se distingue entre:

Cosa juzgada absoluta, que se presenta "*cuando el pronunciamiento de constitucionalidad de una disposición, a través del control abstracto, no se encuentra limitado por la propia sentencia, es decir, se entiende que la norma es exequible o inexequible en su totalidad y frente a todo el texto Constitucional*"[25] .

Cosa juzgada relativa, que se presenta de dos maneras:

Explícita, cuando en la parte resolutiva de la sentencia, la propia Corte limita el alcance de la cosa juzgada de la norma;

Implícita, cuando la Corte restringe en la parte motiva de la sentencia el alcance de la cosa juzgada, aunque en la parte resolutiva no indique tal limitación; sin que por ello se entienda que exista una contradicción entre las partes resolutiva y motiva, pues la Corte declara la exequibilidad de la norma, bajo el postulado que sólo ha analizado algunos cargos.

---

24 Sobre el particular, en Sentencia C- 774/01, M.P. Dr. Rodrigo Escobar Gil, manifestó la Corte: "La cosa juzgada es una institución jurídico procesal mediante la cual se otorga a las decisiones plasmadas en una sentencia y en algunas otras providencias, el carácter de inmutables, vinculantes y definitivas. Los citados efectos se conciben por disposición expresa del ordenamiento jurídico para lograr la terminación definitiva de controversias y alcanzar un estado de seguridad jurídica. De esta definición se derivan dos consecuencias importantes. En primer lugar, los efectos de la cosa juzgada se imponen por mandamiento constitucional o legal derivado de la voluntad del Estado, impidiendo al juez su libre determinación, y en segundo lugar, el objeto de la cosa juzgada consiste en dotar de un valor definitivo e inmutable a las providencias que determine el ordenamiento jurídico. Es decir, se prohíbe a los funcionarios judiciales, a las partes y eventualmente a la comunidad, volver a entablar el mismo litigio".

25 *Idem*

Igualmente opera la cosa juzgada relativa, bien cuando la Corte se limita a cotejar la norma frente algunas normas constitucionales sin que el examen se extienda a la totalidad de la Constitución; o cuando evalúa un único aspecto de constitucionalidad sin referencia a otros que pueden ser importantes para concluir si la Constitución fue o no vulnerada[26].

Ahora bien, si en la declaratoria de constitucionalidad de una norma, la Corte no motiva o expresa los argumentos del por qué de tal decisión en el cuerpo de la providencia, se entiende que dicha decisión no puede imponerse como obligatoria en los casos posteriores en los cuales se vuelva a plantear el asunto[27]. Es decir, que en este caso es posible concluir que en realidad no existe cosa juzgada y se permite una nueva demanda frente a la disposición anteriormente declarada exequible y frente a la cual la Corte debe proceder a "(...) a resolver de fondo sobre los asuntos que en anterior proceso no fueron materia de su examen y en torno de los cuales cabe indudablemente la acción ciudadana o la unidad normativa, en guarda de la integridad y supremacía de la Constitución (...)"[28].

### 1.3.2 *¿Pero, cómo se surte el Proceso de Control abstracto de Constitucionalidad cuando no requiere de demanda?*

Concretamente estamos haciendo referencia a procesos especiales cuyo conocimiento le ha sido asignado por la Carta a la Corte Constitucional, como consecuencia de un deber constitucional. En este sentido tenemos:

Procesos que no requiere demanda

- Objeciones formuladas por el Presidente de la República a los proyectos de ley
- Decretos legislativos que dicte el gobierno co fundamento en los arts. 212, 213 y 215 C.P.
- Proyectos de ley objetados por el gobierno como inconstitucionales, y proyectos e leyes estatutarias
- Revisión de tratados internacionales y leyes que los aprueban

---

[26] *Idem*

[27] *Idem*

[28] *Idem*

1) Las objeciones que por razones de inconstitucionalidad formule el Presidente de la República a los proyectos de ley (artículo 241 -8 C.P.).

En este sentido, el capítulo VI del Decreto 2067/91–artículos 32, 33, 34 y 35- señalan el trámite a seguir[29].

2) Los Procesos de Revisión de los decretos legislativos que dicte el gobierno con fundamento en los artículos 212, 213 y 215 (artículo 241-7 C.P.). Las normas señaladas hacen referencia a los llamados "estados de excepción", entiéndase circunstancias extraordinarias que imponen la declaratoria de estado de guerra exterior, estado de conmoción interior y estado de emergencia económica. La ley estatutaria 137 de 1994 regula los estados de excepción en Colombia; concretamente su artículo 55 prevé: "La Corte Constitucional ejercerá el control jurisdiccional de los decretos legislativos dictados durante los estados de excepción, de manera automática (...)". A su turno, los artículos 36, 37 y 38 de Decreto 2067/91 muestran el trámite a seguir[30].

3) Los Procesos de Revisión de los proyectos de leyes estatutarias, tanto por su contenido material como por vicios de procedimiento en su formación, que tienen un control previo de constitucionalidad a tenor de lo dispuesto por los artículos 153 y 241-8 de la Carta, pero que además, la

---

29 "El Presidente del Congreso registrará inmediatamente en la Secretaría de la Corte el proyecto de ley, las objeciones y un escrito en el cual expongan las razones por las cuales las Cámaras decidieron insistir en que fuera sancionado. Simultáneamente enviará copia al Procurador General de la Nación. Si fuere convocada audiencia, no podrán intervenir sino los representantes del Presidente de la República y del Congreso y el magistrado sustanciador dispondrá de seis días contados a partir del vencimiento del término del Procurador para rendir concepto"... "...La Corte decidirá dentro de los seis días siguientes a la presentación de la ponencia del magistrado sustanciador " "...La sentencia que declare constitucional un proyecto de ley objetado, surtirá efectos de cosa juzgada respecto de las normas invocadas formalmente por el gobierno y consideradas por la Corte, y obliga al Presidente de la República a sancionarlo".

30 El Gobierno Nacional enviará a la Corte, al día siguiente de su expedición, copia auténtica del texto de los decretos legislativos que dicte en ejercicio de las facultades que le conceden los artículos 212, 213 y 215 de la constitución, para que aquélla decida definitivamente sobre la constitucionalidad de ellos". "...el magistrado sustanciador ordenará que se fije en lista en la Secretaría de la Corte por el término de cinco días, durante los cuales, cualquier ciudadano, podrá intervenir por escrito para defender o impugnar la constitucionalidad del decreto"... "...presentado el concepto del Procurador, comenzará a corre el lapso de siete días para la presentación del proyecto de fallo, vencido el cual, se iniciará el de 20 días para que la Corte adopte su decisión".

Corte ha reiterado, que es un control jurisdiccional, automático, integral, definitivo y participativo. Los artículos 39, 40, 41 y 42 del Decreto 2067/91 indican el procedimiento a seguir.[31]

4) Los Procesos de Revisión de los Tratados Internacionales y de las leyes que los aprueben, al tenor de lo señalado en el artículo 241-10 de la Lex Superior, se trata de un control previo y automático, con el objeto de saber si es o no acorde con ésta, de forma tal que si el tratado no esta acorde con la Constitución, la Corte se pronuncia en el sentido en que para poderlo ratificar por parte del Presidente será necesario hacer la respectiva reserva. El artículo 44 del Decreto 2067/91 señala que en lo atinente a este tipo de procesos, se aplicará, en lo pertinente, lo dispuesto para el control de proyectos de leyes estatutarias. Para efectos de que se ejerza el control por parte de la Corte Constitucional, el Gobierno deberá remitir a la Corte los tratados internacionales y las leyes que los aprueben, dentro de los seis días siguientes a la sanción de la ley. Si la Corte los declara constitucionales, el gobierno podrá efectuar el canje de notas, de lo contrario, el tratado no será ratificado; ahora bien, si la inconstitucionalidad es parcial, el Presidente de la República sólo puede manifestar el consentimiento formulando la correspondiente reserva.

Se ha tratado de hacer una síntesis muy apretada del **Esquema Procesal dentro del Proceso de Control abstracto de Constitucionalida**d, planteando por supuesto la diferencia entre los llamados procesos ordinarios y procesos especiales, entendiendo por tales los que se inician con demanda y de manera oficiosa, ante y por la Corte. Se ha querido sentar la posición de que se trata de verdaderos "procesos" y no de meros "trámites", de ahí que se hubiesen traspolado los elementos del proceso que de siempre ha aceptado la doctrina tradicional de Derecho Procesal –sujeto, objeto y actividad procesal-, a esta clase de Proceso de Control abstracto de Constitucionalidad, para ver su alcance y operatividad con base en la

31 "El Presidente del Congreso enviará a la Corte Constitucional copia auténtica de los proyectos de leyes estatutarias inmediatamente después de haber sido aprobados en segundo debate. Si faltare a dicho deber, el presidente de la Corte solicitará copia auténtica del mismo a la secretaría de la Cámara donde se hubiere surtido el segundo debate". (...) "Si el proyecto fuere constitucional, el Presidente de la Corte lo enviará al Presidente de la República para su sanción. Si el proyecto fuere total o parcialmente inconstitucional, el Presidente de la Corte enviará el proyecto de ley al Presidente de la Cámara de origen con el correspondiente fallo. Si la inconstitucionalidad fuere parcial se aplicará lo dispuesto en el artículo 33, siempre y cuando no haya terminado la legislatura correspondiente"...

Doctrina, la Jurisprudencia y en el Decreto 2067/91 que reglamenta el procedimiento constitucional.

Con todo, esta visión tradicional del Derecho Procesal ha mostrado falencias, lo que ha impuesto cambios y posiciones doctrinarias interesantes[32] ; dentro de estas disciplinas jurídicas nuevas encontramos el Derecho Procesal Constitucional con el surgimiento de una moderna ciencia del proceso, como es el Proceso de Control Constitucional, tanto abstracto como concreto, que se define como un "proceso atípico" –según decir de Peyrano- en la medida que se aparta de los modelos tradicionales ya conocidos; en efecto, en lo atinente al proceso de control constitucional abstracto: **i.**- Es un proceso con partes; no obstante que aquí la "parte" intervenga sin que la mueva un interés particular o individual, en otras palabras, interviene aun cuando no cuenta con razón para promover un proceso en la medida en que no disfrutará del derecho material que invoca, aspecto que atrás quedó suficientemente expuesto; **ii.**- Es un proceso con única pretensión, entendida ésta como algo más que un derecho; un simple acto de voluntad que se exterioriza mediante la presentación de la demanda de inconstitucionalidad y por cuyo mérito se le solicita a la Corte Constitucional satisfaga un interés general, común y difuso, como lo es garantizar la primacía de la Constitución; **iii.**- Es un proceso orientado por el principio de "informalidad", o de "elasticidad" –según decir de los peruanos- entre otros, por cuanto está exento de formalismos innecesarios y del cumplimiento de requisitos procesales que no tienen relación directa con él; **iiii.**- Es un proceso, que no obstante la carencia de ritos procesales manifiestos, debe seguir un trámite; de hecho el Decreto 2067 de 1991 regula el régimen procedimental a que se contraen los juicios y actuaciones que se surtan ante la Corte Constitucional: se trata de IX capítulos y 53 artículos que, a juicio de especialistas, equivale a un "pequeño Código Procesal Constitucional"[33] , en la medida que consagra desde los requisi-

---

32 El profesor argentino Peyrano, Jorge Walter, reconoce la variación que ha sufrido la exposición tradicional de los elementos estructurales del Derecho Procesal, a tal punto que ese nuevo "eje procesal" lo desarrolla en su texto *El Proceso Atípico,* Editorial Universidad, Buenos Aires, 1993. De una manera clara nos expone lo atípico en materia de: atribuciones judiciales, de medidas cautelares, etapa de constitución de la litis, en materia probatoria y por supuesto lo atípico del pensamiento procesal.

33 Mediante Ley 28237 publicada en el diario oficial "El Peruano" el 31 de mayo de 2004, quedó aprobado el Código Procesal Constitucional del Perú, mismo que entró en vigencia el 1° de diciembre de 2004. Este código tiene la virtud de ser el primero, tanto en el Perú como en el mundo hispánico (el Código Procesal Constitucional de la provincia argentina de Tucumán es de menos proyección y de al-

tos mínimos que debe contener la demanda en las acciones públicas de inconstitucionalidad, las razones de su inadmisión o rechazo, lo referido a las pruebas, a los impedimentos y recusaciones, lo pertinente a la sentencia, etc.

## II. PROCESO DE CONTROL CONCRETO DE CONSTITUCIONALIDAD

En este apartado, se estudiará sólo la institución de la **TUTELA**, pues interesa abordar cómo se entrelaza dicha acción con la Institucionalidad Constitucional colombiana en la medida que constituye otro de los instrumentos de supremacía constitucional. La tutela es un mecanismo constitucional que siempre ha sido centro de debate en Colombia, por académicos y juristas expertos en el tema; así como algunos abogan por simples ajustes, otros aplauden su desmonte y otros definitivamente defienden su intangibilidad. Lo que sí es innegable, es que la acción de tutela constituye el cambio más significativo que se introdujo a la Carta Política de 1991 en la medida que se erige como el mecanismo de garantía y protección de los Derechos fundamentales.

### 1. *Acción de tutela como recurso constitucional*

Se afirma que la acción de tutela legitima el régimen jurídico en la medida que es garante de las libertades y de los derechos fundamentales; en el modelo constitucional colombiano se le ha encomendado a todos los jueces de la República tramitar este recurso o instrumento constitucional, cuyo fundamento fue precisamente el control de excepción por inconstitucionalidad que desde 1910 se había definido como judicial y difuso[34].

En efecto, ante la instauración de una acción de tutela, el juez tiene el deber de delimitarla conceptualmente, para decidir si está o no en presencia de un debate que deba darse en Sede constitucional o si por el contrario se difiere a la justicia ordinaria; para hacer efectivo lo anterior, el juez utiliza como herramientas tanto los requisitos esenciales como las características de la tutela; elementos definidos en la propia Constitución, pues

---

cance geográfico limitado); se rescata igualmente, que el nuevo código es el resultado del trabajo de un grupo de profesores universitarios que se autoconvocaron para el efecto desde el año de 1994.

34 Pérez Restrepo, Bernardita, *La Acción de Tutela,* Consejo Superior de la Judicatura –Sala Administrativa- Escuela Judicial Rodrigo Lara Bonilla, Editorial Universidad Nacional de Colombia, Bogotá, 2003, p. 33

el constituyente expresamente dispuso que la normatividad de la tutela fuera de rango constitucional y complementariamente, de Ley Estatutaria. En este sentido en materia de los Derechos fundamentales, se aplica esencialmente el artículo 86 de la C. P. y la Ley Estatutaria de tutela, o sea el Decreto 2591 de 1991, ya que precisamente este Decreto lo expidió el Presidente de la República revestido de facultades extraordinarias otorgadas por el literal b) del artículo 5° transitorio de la Constitución de 1991; Decreto que, si bien formalmente es un "Decreto autónomo o reglamento constitucional", materialmente es una Ley Estatutaria, como bien lo señala el artículo 152, inciso a), de la C. P.[35]; posteriormente, el Presidente de la República expidió el Decreto 306 de 1992 "Reglamentario de la Acción de Tutela"[36].

Finalmente, como desarrollo legal de la acción de tutela, se deben mencionar los Decretos 1382 de 2000, "Por el cual se establecen reglas para el reparto de la acción de tutela", y el Decreto N° 404 de 2001, "por el cual se suspendió la vigencia del decreto 1382 de 2000".

Se observa que si bien la acción de tutela no quedó consagrada en el capítulo constitucional de la jurisdicción constitucional, sí hace parte del cúmulo de acciones garantes de dicha supremacía a tal punto que integra el bloque de "la proposición jurídica completa de la jurisdicción constitucional", según decir de los constitucionalistas. Se colige una relación entre la justicia ordinaria y la justicia constitucional; sin embargo, es importante –para la protección de la institución de la tutela- tener bien definido el ámbito de competencia de los dos; en lo pertinente, la Corte Constitucional ha señalado:

---

35 El artículo 152 de la C. P. señala: "*Mediante las leyes estatutarias, el Congreso de la República regulará las siguientes materias: a) Derechos y deberes fundamentales de las personas y los procedimientos y recursos para su protección*"...

36 "Esta normatividad fue demandada ante el Consejo de Estado por considerarse que el Presidente no podía reglamentar unas disposiciones de carácter estatutario. El Consejo de Estado consideró en aquél momento (sentencia de junio de 1993) que el Decreto 2591 de 1991 era un "decreto ley" y que por ello, el Presidente de la República conforme al artículo 189 numeral 11, tenía plena potestad para reglamentarlo. La Corte Constitucional consideró que el decreto en cuestión violaba la Constitución, pero en virtud del artículo 237 numeral 1 de la Constitución, que dice que el juez competente para decidir definitivamente sobre la constitucionalidad o no de esta categoría de normas es el Consejo de Estado, la decisión quedó en firme" Pérez Restrepo, Bernardita; *Ob. cit.* p. 44.

*"Así, la asignación de competencia al juez de tutela difiere en el ordenamiento colombiano de la del juez ordinario, en un punto neural: al último de ellos le asigna competencia la ley para conocer sólo de ciertos y determinados asuntos, y no puede adoptar decisión alguna sobre el fondo de la controversia si el proceso es de la competencia de otro funcionario, no importa qué tan grosero o evidente sea el abuso del derecho o la vía de hecho que encuentre acreditada en el libelo y sus anexos, ni qué tan grave pueda ser el daño que con actuaciones contrarias a derecho se venga causando al demandante, o qué tan inminente sea la realización del riesgo al que injustamente se le tiene sometido; en cambio, la existencia de otro mecanismo judicial para la defensa de los derechos fundamentales violados o gravemente amenazados y, por tanto, la previa asignación de competencia para conocer del asunto a un juez ordinario, no excluye necesariamente la competencia del juez de tutela para conocer de la controversia; el juez de amparo debe analizar si el otro mecanismo es al menos tan efectivo como la tutela para restablecer el imperio de los derechos fundamentales vulnerados, pues de otra manera debe tramitar el amparo de manera preferente; además, si el juez de tutela encuentra que se está produciendo o se amenaza producir un perjuicio irremediable, debe ordenar, como mecanismo transitorio de protección, lo que resulte conducente para hacer que inmediatamente cese el daño o la amenaza, y limitar tal protección provisional con la orden de que el interesado acuda a la vía ordinaria, cuya iniciación condiciona la permanencia de la medida transitoria".*[37]

Se tiene entonces que la acción de tutela: i.- es un Recurso a la constitucionalidad, por cuanto es una forma de hacer valer la Constitución; ii.- es garantía de la supremacía constitucional, en tanto que es otro instituto del control de constitucionalidad. En consecuencia, siendo la Tutela de naturaleza constitucional, es una acción estrictamente judicial, en la medida en que si bien el juez de tutela actúa en Sede constitucional, cotidianamente es un juez de la jurisdicción ordinaria.

[37] Véanse al respecto, entre otras, las sentencias T-100, T-119 y T-279 de 1997, T-047, T-048, T-080, SU-250, T-449 y T-654 de 1998.

2. *Esquema procesal en esta clase de proceso*

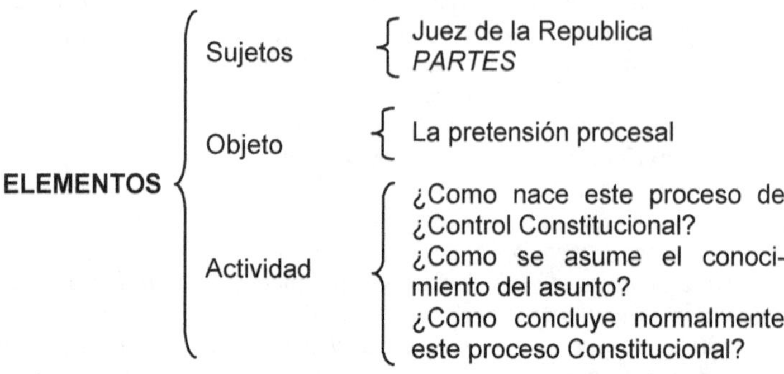


De la simple lectura del artículo 86 de la C. P., se infiere que la Acción de tutela, constituye un medio insustituible para todos los ciudadanos, en la medida en que es un mecanismo de alta efectividad jurídica-práctica para quienes lo ejerciten, pretendiendo esencialmente hacer valer y respetar sus derechos fundamentales. En primer lugar y muy sucintamente se abordarán, las características de la Acción de Tutela como fundamentos de la "atipicidad" de esta clase de proceso de control concreto de constitucionalidad:

***Informalidad***, por cuanto no requiere ni para su presentación ni para su trámite y decisión, formalismos o "formas sacramentales", ni siquiera un escrito, ya que puede ser presentada de manera verbal, amén de no exigirse ninguna calidad del individuo que la impreca, sólo la de ser persona que se le ha vulnerado o amenazado sus derechos fundamentales;

***Autonomía***, porque la acción de tutela subsiste y se tramita por sí misma, sin necesidad de acudir a otro mecanismo jurídico-procesal;

***Inmediatez,*** el procedimiento aplicable al trámite de la solicitud de Tutela es inmediato, preferente y sumario, pues lo que interesa es la decisión material sobre si se concede o no la protección impetrada;

***Subsidiaria y Preventiva***, ya que no se trata de una vía expedita para la resolución de un conflicto o para la obtención de un determinado resultado, pues la Tutela respeta los medios de defensa judicial de carácter ordinario; sin embargo, el juez de tutela puede obviar la subsidiariedad cuando se puede presentar un perjuicio irremediable.

***Sumaria y preferente***, el trámite de la Tutela debe surtirse sin ninguna dilación de los términos establecidos para ello, sin excepción alguna, pues de lo que se trata es de asegurar la inmediata protección del derecho conculcado o amenazado. Además el procedimiento del amparo debe tener una prelación absoluta frente a los otros asuntos judiciales que se estén tramitando paralelamente en el Despacho correspondiente;

***Permanente***, no hay caducidad para interponer la acción que le haga perder su efecto y vigor, pues se puede reclamar ante los jueces en todo momento y lugar;

***Efectos Interpartes***, ya que la incidencia del fallo de la Acción de Tutela sólo regirá para las partes actuantes en ella, es decir, Accionante y Accionado, pues se trata de una situación particular, con unos actores plenamente establecidos que actúan en nombre propio en defensa de sus derechos.

No obstante estar sujeta la Acción de Tutela a un trámite judicial breve y sumario, se deben observar en esta actividad, las normas y principios que rigen el debido proceso para todas las actuaciones judiciales, extrajudiciales, administrativas y de cualquier otra naturaleza, con el fin de evitar actuaciones ambiguas, confusas o irregulares, que pongan en entredicho el accionar del andamiaje judicial.

A continuación se especifica cada uno de los elementos que proveen este proceso:

## 2.1. *Sujetos*

Se relaciona este elemento con los entes de derecho que deben intervenir en el proceso de control concreto de constitucionalidad;

### 2.1.1. *Juez de la República*

La acción de tutela se puede impetrar en todos los campos judiciales, ya sea de orden civil, penal, administrativo, de familia, comercial y en cualquiera otra modalidad en que se produzca la violación y/o amenaza del derecho fundamental[38] .

### 2.1.2. *Partes*

En la acción de tutela intervienen siempre dos partes plenamente identificadas que pueden ser únicas o plurales, según sea el caso, personas naturales o jurídicas, extranjeros, que según el artículo 100 de la C. P. "...disfrutan en Colombia de los mismos derechos civiles que se conceden

---

38 En este punto se remite al lector a lo tratado en el Subtema "La acción de tutela como Recurso Constitucional".

a los colombianos"... y aun menores de edad, los cuales pueden comparecer por intermedio de sus representantes legales. Sobre este particular, ha expresado la Corte Constitucional: "La Acción de Tutela, según resulta del artículo 86 de la Constitución, tiene un sujeto activo, la persona de cuyos Derechos Fundamentales se trata, o quien obra a nombre de ella, y uno pasivo, entidad o autoridad pública o persona particular contra la cual se dirige, que es precisamente quien, según aquella, causa daño o amenaza a los Derechos Fundamentales invocados, merced a su conducta activa u omisiva[39] (...)"

## 2.2. *Objeto*

La pretensión procesal en estos asuntos, está encaminada a la protección de los Derechos Constitucionales Fundamentales cuando éstos resulten vulnerados o amenazados por la acción o la omisión de cualquier autoridad pública o de particulares, ya sean éstos personas naturales o jurídicas, encargados de la prestación de un servicio público o cuya conducta afecte grave y directamente el interés colectivo o respecto de quienes el solicitante se halle en estado de subordinación o indefensión. La vulneración o violación contiene el concepto de daño o perjuicio y éste se presenta cuando el bien jurídico que representa es lesionado; en tanto que constituye amenaza de ese derecho cuando ese mismo bien jurídico, sin ser destruido, puede sufrir mengua, es decir, la amenaza es una violación potencial que se presenta como inminente o próxima.

## 2.3. *Actividad procesal*

Es cierto que, como regla general, la demanda de tutela carece de tecnicismos y formalismos; sin embargo, deberá contener por lo menos el nombre y la dirección de la persona solicitante del amparo, una relación de los hechos que son motivo de la tutela, del derecho o derechos que se consideran violados o amenazados de vulneración, el nombre de la persona natural o autoridad que están causando la violencia o amenaza de trasgresión del derecho, las pruebas que certifican sus afirmaciones y la auto-

---

39 Corte Constitucional, Sentencia T-578 de 1997; M. P. Dr. José Gregorio Hernández Galindo. Concordantemente los artículos 46 y 47 del decreto 2591 de 1991 que legitiman al Defensor del Pueblo, para que en nombre de cualquier persona que así lo solicite o se encuentre en situación notoria de desamparo o indefensión, interponga la acción; y el 16 *ibídem* expresa que tal acción deberá dirigirse contra la autoridad pública o el representante del órgano que presuntamente violó o amenazó el derecho fundamental.

ridad a la cual va dirigida. Una vez recibida la tutela por el operador judicial a quien correspondió por reparto, se analiza la procedencia o no de la misma, de lo cual se pronuncia mediante auto; en caso de proceder la acción y en desarrollo del debido proceso se debe notificar a la parte accionada para que ejerza su derecho de defensa y, como en todo proceso, pueda efectuar una contestación en la que se allane o acceda a las pretensiones del accionante. Surtida la notificación, el funcionario judicial procede a analizar tanto los hechos presentados como los sustentos probatorios[40] para determinar el alcance de la violación o la amenaza de vulneración al derecho o derechos de los cuales se pide amparo. Si las pruebas son suficientes, el juez de tutela categoriza el agravio causado y formula la medida, que de acuerdo con la situación planteada, sea la que ponga fin a la trasgresión o amenaza del derecho amparado, profiriendo la sentencia que corresponda al caso sujeto a juicio, fallo que deberá proferirse dentro de los 10 días posteriores a la presentación de la acción[41], según lo señala el artículo 29 de Decreto 2591 de 1991, norma que además de enunciar qué debe contener el fallo[42], establece que el mismo no podrá ser inhibitorio. Se establece igualmente que el término para el cumplimiento de la sentencia dictada no excederá las 48 horas.

Vencido el término concedido en la sentencia sin que el accionado cumpliere con las acciones o suspensión de las mismas con el fin de cesar en la trasgresión o amenaza amparada, el juez de tutela podrá exigir el

---

40 La actividad probatoria en la Acción de tutela, se estudiará en el capítulo correspondiente, para ilustrar, comparativamente, cómo se surte tal actividad en los procesos de control constitucional abstracto y concreto, de acuerdo con el esquema que inicialmente se planteó.

41 Sobre este respecto, la Corte en Sentencia T-465 de 1994, M. P. Dr. José Gregorio Hernández, señaló "...Es entendido que se trata de días hábiles, es decir, aquellos durante los cuales se ejerce la función judicial en el Despacho correspondiente, pero también resulta indudable que el término señalado por la Constitución Política es perentorio e inexcusable. Dicho plazo para decidir corresponde a una garantía a favor de los asociados en el sentido que, si acude ante los jueces para hacer realidad el orden justo al que aspira la carta, pueden tener la certidumbre de que obtendrán resolución oportuna y eficaz"...

42 De acuerdo con esta disposición, el fallo de tutela deberá contener: a) la identificación tanto del solicitante, como del sujeto vulnerador o amenazante del Derecho; b) la determinación del derecho que efectivamente se tutela; c) la determinación de las acciones que se requieren del accionado; d) la fijación del plazo, perentorio de 48 horas para el cumplimiento de lo fallado; e) eventualmente ordenar la inaplicación de una norma, cuando la violación o amenaza de trasgresión se derive de esa norma.

cumplimiento de la sentencia ante el Superior Jerárquico del accionado para que éste emplace al responsable a cumplir lo ordenado en virtud de sus facultades disciplinarias, o tramitar el desacato del fallo que se diligencia como un incidente procesal y faculta al juez de tutela a imponer arresto hasta por seis meses según la gravedad de lo desatendido y una multa hasta por 20 salarios mínimos mensuales, además de las sanciones penales a que hubiere lugar por la conducta omisiva del accionado. Esta determinación deberá consultarla el juez a su superior jerárquico, quien decidirá dentro de los tres días siguientes, si tal sanción procede o se revoca según lo señala el artículo 25 de Decreto 2591 de 1991. Lo anterior, sin perjuicio de que el fallo de tutela fuere impugnado, en observancia del debido proceso y como garantía del derecho de defensa (arts. 31 y 32 *ibídem*).

## III. REVISIÓN DE LAS ACCIONES DE TUTELA

La revisión de las Acciones de Tutela son realizadas por la Corte Constitucional; tal instrumento se instituyó para asegurar la unificación de la doctrina de los derechos fundamentales y como garantía del derecho de igualdad en la aplicación de la doctrina constitucional. Revisión que es "eventual" por cuanto la voluntad del constituyente fue la de no convertir tal figura en una instancia judicial sino que, discrecionalmente, la Corte eligiera revisar o no, según la importancia, naturaleza e impacto del tema a tratar. La revisión ante la Corte Constitucional se concede en el efecto devolutivo, lo que significa, que el fallo sometido a revisión, se cumple mientras se surte tal mecanismo a menos que la Corte decida ordenar una suspensión provisional en prevención.

Dicha revisión puede darse en los siguientes eventos: i.- Si vencidos los tres días de haberse proferido el fallo de tutela éste no fuere impugnado por ninguna de las personas acreditadas para este fin, el juez de primera instancia remite al día siguiente el expediente a la Corte Constitucional; ii.- Si el fallo fuere impugnado, una vez que el juez de segunda instancia lo ha proferido –sea que lo revoque o confirme– dentro de los 10 días siguientes a la ejecutoria del fallo de segunda instancia, se remitirá el expediente a la Corte Constitucional; iii.- Por petición expresa de cualquier magistrado de la Corte Constitucional o del Defensor del Pueblo cuando, según ellos, exista la necesidad de aclarar el alcance de uno o varios de los derechos tutelados o con el fin de evitar un perjuicio grave. En cualquiera de los eventos anteriores, luego de que la sentencia que concede o niegue la tutela ha pasado el control de las salas de revisión, se entiende que existe cosa juzgada sobre los aspectos de la tutela.

¿Cuál es el valor jurídico de la Doctrina de la Corte Constitucional en materia de Tutelas?

Es éste un problema jurídico que ha dado lugar a enconados debates, particularmente si se tiene en cuenta el modelo mixto de justicia constitucional, diseñado por la Constitución de 1991. No obstante, hoy día existe línea jurisprudencial de la Corte Constitucional[43] en esta materia y del seguimiento a la misma, pretendiendo responder el interrogante formulado, se puede concluir: "(...) **i.**- La doctrina de la Corte Constitucional que define el alcance, contenido, núcleo esencial y eficacia directa de una derecho constitucional fundamental, obliga como doctrina integradora que es. **ii.**- La doctrina de la Corte Constitucional que revisa la constitucionalidad de una ley y define el alcance, contenido, núcleo esencial y eficacia directa de un derecho constitucional fundamental, obliga como doctrina integradora que es. **iii.**- La doctrina de la Corte Constitucional sobre derechos fundamentales obliga tanto en la que se profiere en los fallos de revisión como en los de control de constitucionalidad, siempre que haga parte de la *ratio decidendi*. **iv.**- La doctrina de la Corte Suprema de Justicia, actuando como jurisdicción ordinaria, y que defina el alcance, contenido, núcleo esencial y eficacia directa de un derecho fundamental, obliga a todos los jueces de esa jurisdicción, si y sólo si, la Corte Constitucional no ha sentado doctrina sobre ese tema. **v.**- Los jueces pueden separarse de la doctrina que los obliga, siempre que justifiquen de manera suficiente y adecuada los motivos que los lleva a hacerlo. **vi.**- Si los jueces se separan de la doctrina constitucional de la Corte Constitucional sin explicar y ar-

---

[43] A) En Sentencia C-131 de 1993, M. P. Dr. Alejandro Martínez Caballero se declaró la inconstitucionalidad del término "obligatorio" del art. 23 del decreto 2067/91. B) Mediante Sentencia T-260/95 M.P. Dr. José Gregorio Hernández, la Corte sostuvo que cuando los jueces se apartan o contrarían la doctrina de la Corte Constitucional, violan la Constitución. C) En la sentencia C-037/96 M.P. Dr. Vladimiro naranjo Mesa, la Corte Constitucional reitera la tesis del carácter vinculante de la doctrina constitucional y en materia de sentencias de revisión en que se precise el contenido y alcance de los derechos constitucionales, sostuvo que servirán como criterio auxiliar de la actividad de los jueces y si éstos deciden apartarse de la línea jurisprudencial trazada deben justificarlo de manera suficiente y adecuada. D) Posteriormente en Sentencia SU-640/98 M.P. Dr. Eduardo Cifuentes Muñoz reitera la Corte el valor jurídico de sus decisiones, indicando que si los jueces se separan de su doctrina, sin fundamentar las razones de su desconocimiento, incurren en vía de hecho, si se cumplen los demás requisitos de la tutela. E) Sentencia C-836 de 2001 M.P. Dr. Rodrigo Escobar Gil, por la cual se declaró la exequibilidad del art. 4 de la ley 169 de 1896 precisando el alcance de la doctrina probable del juez de Casación.

gumentar expresamente las razones que los conducen a ello, se produce una vía de hecho por violentar el derecho de igualdad.(…)"[44].

## IV. TUTELA CONTRA PROVIDENCIAS JUDICIALES. VÍA DE HECHO

La acción de tutela contra sentencias judiciales es **una especie dentro del control concreto de constitucionalidad** sobre los actos de las autoridades públicas en ejercicio de sus funciones. Armoniza no sólo con los principios, derechos y garantías consagrados en la Carta, sino también con los instrumentos internacionales de derechos humanos ratificados por Colombia, en especial con el Pacto de San José de Costa Rica[45] y el Pacto Internacional de Derechos Civiles y Políticos[46].

La abundante jurisprudencia sobre el tema, constituye un precedente ineludible para todos los jueces de tutela, pues de acuerdo con el artículo 241 Superior, la Corte Constitucional es el máximo tribunal de la jurisdicción constitucional. Por tanto, la *ratio decidendi* de sus fallos es igualmente obligatoria, sin excepción, para todas las autoridades judiciales cuando actúan como jueces constitucionales. En la sentencia C-543 de 1992 con la ponencia del Dr. José Gregorio Hernández, la Corte incorpora la teoría de la vía de hecho; dicha teoría fue tomada del derecho administrativo

---

44 Pérez Restrepo, Bernardita, *Ob. cit.* p. 103. Se ha trascrito textualmente este aparte por considerar que del "estado del arte" en el tema de la Tutela, este libro la aborda de manera particular, en la medida, en que su autora, a través de la andragogía como metodología unificada de enseñanza empleada por el Consejo Superior de la Judicatura, contó con la participación activa de los funcionarios de los Distritos judiciales de Bogotá y Cundinamarca, estructurando así los temas que conformaron el contenido del texto, de acuerdo con las necesidades y problemática encontrados en la praxis sobre el tema.

45 Art. 25 Inciso 1. "Toda persona tiene derecho a un recurso sencillo y rápido o a cualquier otro recurso efectivo ante los jueces o tribunales competentes, que le ampare contra actos que violen sus derechos fundamentales reconocidos por la constitución, la ley o la presente convención, aún cuando tal violación sea cometida por personas que actúen en ejercicio de sus funciones oficiales". .2. "Los estados partes se comprometen: a) a garantizar que la autoridad competente prevista por el sistema legal del estado decidirá sobre los derechos de toda persona que interponga tal recurso. b) a desarrollar las posibilidades del recurso judicial, y c) a garantizar el cumplimiento, por las autoridades competentes, de toda decisión en que se haya estimado procedente el recurso".

46 Art. 8 "Toda persona tiene derecho a un recurso efectivo, ante los tribunales nacionales competentes, que le ampare contra actos que violen sus derechos fundamentales reconocidos por la Constitución o por la ley".

francés e indica que un acto administrativo que desconoce flagrantemente sus requisitos esenciales, deja de ser acto para devenir en vía de hecho.

Ahora bien ¿qué es la **vía de hecho**?, en palabras del profesor Penagos "es un error grosero y brutal"[47], es una oposición al concepto de vía de derecho; otra acepción -producto del desarrollo jurisprudencial-[48] lo define como la vulneración o amenaza de un derecho fundamental por la acción u omisión de parte de la autoridad judicial cuando quiera que con su decisión se menoscaben dichos derechos; es decir, cuando el juez actúa caprichosamente sin ningún fundamento objetivo y apartándose de los principios de legalidad y seguridad jurídica. En estos casos es de recibo acudir a la acción de tutela[49] , como el único medio disponible para retornar las cosas a la normalidad bajo los parámetros constitucionales siempre y cuando no exista ningún otro medio judicial del cual pueda hacerse uso para garantizar el derecho trasgredido o que existiéndolo no sea el idóneo para evitar un perjuicio mayor, de ello se desprende su carácter subsidiario y temporal.

**Requisitos para que proceda la vía de hecho**:

- **Que la conducta del agente carezca de fundamento legal**. Dado que la ley es el principio de toda actuación que realice cualquier autoridad pública, ésta no puede, por ende, extralimitarse en el ejercicio de sus funciones.[50]

- **Que la acción obedezca a la voluntad subjetiva de quien desempeña la autoridad judicial.** La Corte ha dicho que en el sistema jurídico colombiano, la determinación subjetiva del juez no produce efectos jurídicos, sino que debe obedecer a la objetividad legal para que su acto esté totalmente legitimado. Lo anterior no quiere decir que el Juez no cuente con la potestad de interpretar las normas adecuándolas a las circunstancias reales y concretas. Sin embargo, "lo que nunca puede hacer es producir efectos jurídicos con base en su voluntad particular, ya que sólo la voluntad general determina el **deber ser** en el seno de la comunidad, donde prima el **interés general**."[51]

---

47 Penagos, Gustavo: *El acto administrativo.* Tomo I. Parte General, Librería del Profesional. 6ta Edición, Bogotá, 1996, p. 159.

48 Corte Constitucional, Sentencia T-079 de 1993; M.P. Eduardo Cifuentes Muñoz.

49 Art. 86 Constitución Política de Colombia.

50 Corte Constitucional Sentencia T-327 de 1994, MP: Vladimiro Naranjo Mesa.

51 Corte Constitucional Sentencia T-327 de 1994, MP: Vladimiro Naranjo Mesa.

- **Que tenga como consecuencia la vulneración de los derechos fundamentales, de manera grave e inminente**. La actitud ilícita del juez debe violar los derechos y el orden legal grave e inminentemente, para de esta manera justificar la acción inmediata por parte del Estado para que no se produzca el efecto ilícito. La inminencia debe entenderse como "la evidente probabilidad de una consecuencia negativa e ilícita producida por la actuación judicial."[52]

- **Que no exista otra vía de defensa judicial**, o que, existiendo, se interponga la acción como mecanismo transitorio para evitar un perjuicio irremediable, o que el examen particular que realice el juez de tutela verifique que la otra vía, en cuanto a su eficacia, no es la más adecuada para la protección inmediata del derecho fundamental violado o amenazado.

La vía de hecho se configura bajo la doctrina de los defectos[53] , que son hipótesis en los cuales puede incurrir el funcionario judicial al momento de adoptar la decisión atacada; esto sin perjuicio de ser excluidos cuando en un caso concurran varios de ellos. Tales defectos inicialmente fueron llamados: sustantivos, fáctico, orgánico y procedimental.

Sin embargo, más adelante, la Corte empieza a redefinir dogmáticamente el concepto de procedibilidad de la acción de tutela contra providencias judiciales; y reemplaza el uso conceptual de la expresión "vía de hecho" por la de "causales genéricas de procediblidad".

Sobre este particular el Ente Superior puntualiza: "(…) la necesidad de estas redefiniciones dogmáticas, tiene como base una interpretación armónica de la función de la acción de tutela, con los principios, derechos y garantías consagrados en la Constitución, especialmente los establecidos en el artículo 2 Superior (…)". Estos criterios de procedibilidad de la acción de tutela contra sentencias judiciales vienen sistematizándose y racionalizándose a lo largo de las decisiones de constitucionalidad en casos concretos; es así como hoy, se establecen nuevos criterios que pueden ser empleados para determinar cuándo el juez de tutela se encuentra ante una vía de hecho susceptible de ser corregida mediante acción de tutela. Son estas hipótesis[54] :

---

52 *Ibídem.*

53 Quinche Ramírez, Manuel Fernando, *Vías de Hecho-Acción de tutela contra providencias,* Grupo Editorial Huella de Ley Ltda., Bogotá, 2001, p. 121-122.

54 Corte Constitucional Sentencia T-200 de 2004 M.P. Dra. Clara Inés Vargas

**Error inducido o por consecuencia**: El juez es inducido en ese error por un órgano estatal[55].

**Decisión sin motivación**: Cuando la autoridad judicial profiere su decisión sin argumentarla debidamente o los motivos para dictar la sentencia no son relevantes en el caso concreto[56].

**Desconocimiento del precedente**: El juez toma una decisión apartándose del precedente jurisprudencial de tal forma que si se hubiera ajustado al precedente la decisión habría sido diferente[57].

**Vulneración directa de la Constitución**: El juez desconoce el contenido de los derechos fundamentales de alguna de las partes, realiza interpretaciones inconstitucionales o no utiliza la excepción de inconstitucionalidad ante vulneraciones protuberantes de la Carta; exige solicitud expresa al respecto[58].

Por articularse con la materia en concreto que se estudia, es de especial relevancia el **defecto fáctico**, que refiere al sustento probatorio de un proceso.

Frente al tema, la Corte ha identificado este defecto en dos (2) dimensiones:

**i.**- La dimensión negativa que ocurre "cuando el juez niega o valora la prueba de manera arbitraria, irracional y caprichosa u omite su valoración y sin razón valedera da por no probado el hecho o la circunstancia que de la misma emerge clara y objetivamente. Esta dimensión compren-

---

55 Al respecto, las Sentencias SU.014/01, T-407/01, T-759/01, T-1180/01, T-49/02, T-852/02, T-705/02

56 Sobre defecto sustantivo, pueden consultarse las sentencias: T-260/99, T-814/99, T-784/00, T-1334/01, SU.159/02, T-405/02, T-408/02, T-546/02, T-868/02, T-901/02.

57 En la sentencia T–123 de 1995, esta Corporación señaló: *"Es razonable exigir, en aras del principio de igualdad en la aplicación de la ley, que los jueces y funcionarios que consideren autónomamente que deben apartarse de la línea jurisprudencial trazada por las altas cortes, que lo hagan, pero siempre que justifiquen de manera suficiente y adecuada su decisión, pues, de lo contrario, estarían infringiendo el principio de igualdad (CP art. 13). A través de los recursos que se contemplan en cada jurisdicción, normalmente puede ventilarse este evento de infracción a la Constitución".* Sobre este tema, también la sentencia T–949 de 2003.

58 Sentencias T–522 de 2001, M.P. Manuel José Cepeda; y T–462 de 2003, M.P. Eduardo Montealegre Lynett.

de las omisiones en la valoración de pruebas determinantes para identificar la veracidad de los hechos analizados por el juez; **ii**.- La dimensión positiva, que se presenta "cuando el juez aprecia pruebas esenciales y determinantes de lo resuelto en la providencia cuestionada que no ha debido admitir ni valorar porque, por ejemplo, fueron indebidamente recaudadas (artículo 29 C. P.) y al hacerlo el juez desconoce la Constitución"[59].

Ahora bien, la Corte Constitucional en un esfuerzo de presentar con mayor claridad el defecto fáctico, ha creado una subclasificación refiriéndose a ella de la siguiente manera:

**a.** Defecto fáctico por la omisión en el decreto y la práctica de pruebas: El juez le da solución al asunto debatido desatendiendo el principio de necesidad de la prueba, basado en que "toda decisión judicial debe basarse en pruebas regular y oportunamente allegadas al proceso"[60].

**b.** Defecto fáctico por la no valoración del acervo probatorio: En esta eventualidad, las pruebas sí fueron decretadas y practicadas, pero al momento de proferir su fallo, el juez omite valorarlas; omisión que puede ser explícita o implícita, olvidando con ello que la motivación debe orientarse a hacer de la sentencia un documento autosuficiente, que permita a un lector externo entender lo qué ha pasado en el proceso.

**c.** Defecto fáctico por valoración defectuosa del material probatorio: En este caso, si bien la prueba es decretada, practicada y valorada por el juez, hay una mala o incorrecta valoración; ya sea, porque decide a su arbitrio- apartándose de la evidencia probatoria-; o, porque basa su decisión en una prueba ilícita.

Finalmente, se reitera que, las anteriores causales o criterios para que proceda la acción de tutela contra providencias judiciales, son de carácter excepcional, previstas para ser ejercidas indistintamente por una persona natural o jurídica en aquellos eventos en los cuales se tipifica uno de esos precisos sucesos. Se hace necesario afirmar que la acción de tutela no procede contra otras sentencias de tutela, en otras palabras no hay tutela contra tutela, así la tutela que haya proferido el juez sea "Grosera o absurda".

Para concluir se afirma que la "atipicidad" del Proceso de Control Constitucional, abstracto y concreto, también se extiende a la materia

---

59 Sentencia T-902 de 2005, M. P. Dr. Marco Gerardo Monroy Cabra.

60 Artículo 174 del Código de Procedimiento Civil.

probatoria, a diferencia de lo que ocurría en el campo del derecho privado en el que la actividad probatoria no era más que una fase o etapa dentro del proceso, necesaria eso sí y por supuesto definitiva; en los procesos de marras, la actividad probatoria se surte de una manera que se dará en llamar "particular", en la que el "nuevo rostro de la prueba" –expresión del profesor argentino Morello– se hace más evidente.

El siguiente mapa conceptual muestra el dinamismo que han sufrido las causales genéricas de procedibilidad y de manera específica el defecto fáctico.

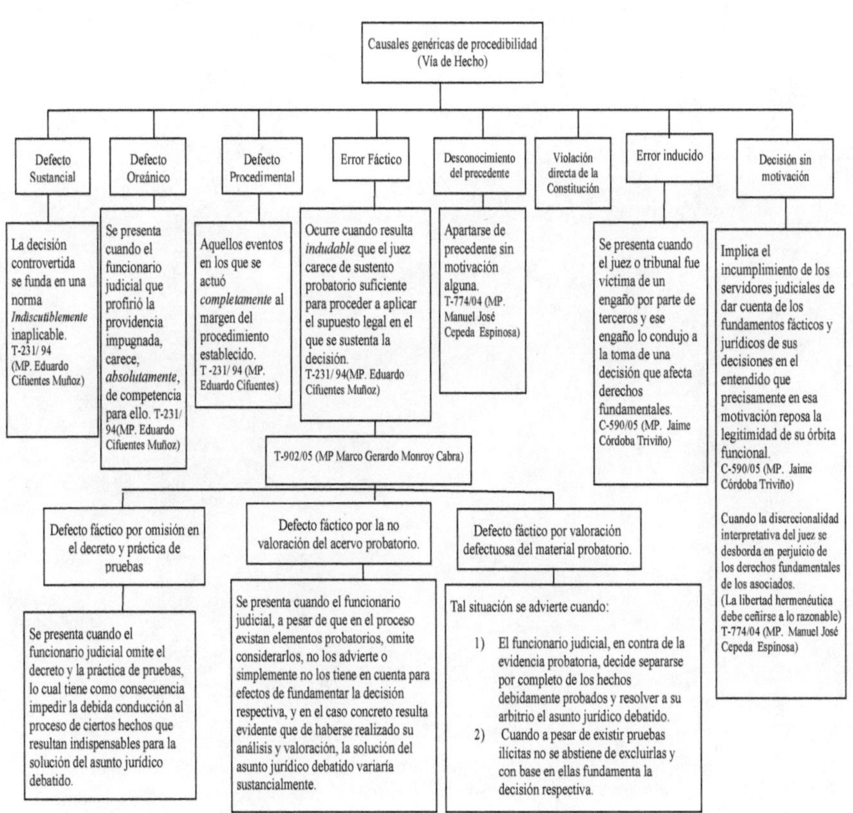

## CAPÍTULO III
## LA PRUEBA EN LOS PROCESOS DE CONTROL DE CONSTITUCIONALIDAD

Toda persona que tenga una aspiración tiene derecho a alcanzarla. Y si para ello ha de demostrar una afirmación, tiene derecho a probarla a fin de convencer a quien corresponda de la certeza de su afirmación. Es un Derecho implícito en el desarrollo de su personalidad. El derecho a probar es indiscutiblemente fundamental en torno al Derecho sustancial cuando se discute en el proceso o actuación judicial o administrativa, por la muy elemental razón de que toda decisión tiene que fundarse en la aportación oportuna y por los ritos preestablecidos de los medios que conduzcan a la convicción de certeza de los hechos que dan nacimiento, extinción o modificación al derecho reclamado o a la imposición de la pena. Desde este punto de vista, el derecho a probar es, ni más ni menos, *"un aspecto del derecho de acción y del de contradicción"*, sin que sea dable deferir si es derecho de acción civil o es *ius puniendi,* toda vez que la función de los medios de prueba es idéntica: llevar a la mente del funcionario la convicción o la certeza de la ocurrencia o no, del hecho, que tenga la prueba del supuesto y aplique la consecuencia jurídica.

El profesor Gozaíni, expresa en lo que respecta al Derecho a Probar:

> *"Acompañando la prueba en su misión de verificar y esclarecer para llegar a la verdad, existe un derecho constitucional de la prueba. Por su carácter esencial, fundante del derecho al debido proceso (toda vez que es parte vital del derecho de defensa), eleva sus premisas sobre las solemnidades del procedimiento para consagrar un "derecho a la prueba (...)"*

> *"El derecho a probar es una parte del debido proceso, tal como lo ha subrayado la jurisprudencia de nuestra Corte Suprema de Justicia de la Nación. Ello importa abandonar la idea probatoria como un acto del proceso, para encolumnarlo tras las garantías del derecho de defensa, y, como tal, un "resguardo del debido proceso adjetivo (...)"*

*Si la prueba sigue vista como un proceso de acreditación de afirmaciones a cargo exclusivamente de las partes, es posible que el acierto logrado en los hechos personifique un absurdo, porque el juez estará ausente en la aclaración"*[1]

## I. ACTIVIDAD PROBATORIA DENTRO DE LOS PROCESOS DE CONTROL CONSTITUCIONAL

Los criterios fundamentales de derecho probatorio que venían manejando en Colombia, tanto el legislador como el funcionario público, están consagrados en la Constitución Política de 1991 como derechos fundamentales o como instrumentos de garantía de derechos fundamentales; se estructura de esa manera un verdadero **Derecho Probatorio Constitucional**, cuyas prescripciones conforman los fundamentos constitucionales de la prueba, imponiéndose al legislador y por supuesto al intérprete. El artículo 29 superior, impone la observancia del debido proceso como insoslayable en toda actuación judicial y administrativa, no sólo para el funcionario en ejercicio de sus actividades, sino también para quienes intervienen en dicha actuación. Como reiteradamente lo ha explicado la Corte Constitucional, el debido proceso comprende el conjunto de garantías mínimas que buscan asegurar en toda actividad oficial ciertos derechos fundamentales y uno de ellos es el llamado "Derecho a la Prueba"; entiéndase: presentar pruebas y controvertir las que se alleguen en su contra. Al respecto el profesor Morello señala que: *"(...) Es que el debido proceso lo integran, además de la audiencia, entre otros datos insorteables la posibilidad cierta y real de poder probar (...)"*[2]

Mención especial merece el inciso final del artículo 29 de la Constitución donde se establece: *"Es nula de pleno derecho la prueba obtenida con violación al debido proceso"*. A este inciso final de la norma se le conoce doctrinal y jurisprudencialmente como LA REGLA CONSTITUCIONAL DE EXCLUSIÓN[3] ; para el Alto Tribunal Constitucional, los elementos que configuran la regla de exclusión son básicamente dos: las

---

1 Gozaini, Osvaldo, *Derecho Procesal Constitucional*, Editorial de Belgrano Tomo I, Buenos Aires, 1999 p. 171.

2 Morello, Augusto M. *La Prueba: Tendencias Modernas*, Librería Editora Platense, Buenos Aires, 2001.

3 Corte Constitucional, Sentencia SU-159 de 2002, M. P. Dr. Manuel José Cepeda Espinosa. Este pronunciamiento resulta importante, pues en él se unifican las posiciones jurisprudenciales alrededor de la Regla Constitucional de Exclusión, cuyo desarrollo legal es prácticamente inexistente.

fuentes jurídicas de exclusión y la sanción. Cuando se habla de "fuentes jurídicas de exclusión" se refiere a la razón por la cual se aplica la sanción; es decir, la fuente de exclusión activa el segundo elemento de la regla: la sanción. Según la Corte, existen dos grandes fuentes jurídicas de exclusión: la prueba inconstitucional y la prueba ilícita; ahora bien, según el artículo 29 de la Carta, la prueba así obtenida será **nula de pleno derecho**. Como no se explica ni se menciona, cómo debe realizarse desde el punto de vista material la exclusión de la prueba ilícita, no sobra hacer un llamado al legislador para que haciendo uso de su potestad legislativa reglamente, de conformidad con la Constitución, la regla constitucional de exclusión contenida en el artículo 29, tanto por la importancia que para el debido proceso tiene la aplicación de la regla, como porque su inactividad en este tema genera vacíos; de hecho han surgido dos (2) tesis sobre el particular: la primera comparte lo expuesto por la Corte Constitucional en el sentido de que la declaratoria de nulidad debe ser expresa; y la otra, que está de acuerdo en que basta que en la sentencia se diga que no se valora la prueba por ser ilícita, por supuesto, explicando con claridad las razones de dicha ilicitud[4].

Se tiene entonces que del contexto del artículo 29 superior, se desprenden cardinalmente unos principios probatorios constitucionales que obligan tanto al legislador a programar cualquier actuación como al oficio público a desarrollarlos; se destacan el principio de publicidad, de contradicción, de adecuada defensa, el deber del funcionario de no estimar medios probatorios aducidos a la actuación sin la observancia del rito procedimental, así como no tener en cuenta hechos que no hayan sido llevados a la actuación por medios probatorios legítimos, uniéndoseles otros muchos conocidos como tradicionales, tales como Principio de necesidad de la prueba, Principio de eficacia jurídica, Principio de unidad de la prueba, Principio de comunidad de la prueba de interés público de la función de la prueba, Principio de lealtad y probidad o veracidad de la prueba, Principio de libertad de prueba.

En conclusión, los principios generales de la prueba en los procesos ordinarios orientan la actividad probatoria en los procesos de control constitucionales, seguramente con algunas pequeñas adaptaciones que para nada alteran el ordenamiento jurídico, en la medida que son orientaciones de índole filosófica reconocidas por la Carta Política, que se erigen

---

4 Giacomette Ferrer, Ana, Módulo Teoría General de la Prueba Judicial; Consejo Superior de la Judicatura – Escuela Judicial Rodrigo Lara Bonilla, Imprenta Nacional de Colombia, Bogotá, 2003. p. 58 y ss.

como normas imperativas que guían el desarrollo del Proceso de Control Constitucional y la actuación de los sujetos que en él intervienen.

Para mejor comprensión, el estudio de dicha actividad probatoria se analiza como sigue:

1. *Procesos de control abstracto*

El artículo 10 del Decreto 2067 de 1991, dentro de la litis que se surte en el proceso de control abstracto de constitucionalidad contempla la viabilidad de decretar y practicar pruebas[5]; pero, nada dice sobre la actividad probatoria en dichos procesos, de ahí que este tema se aborde a través de un ejercicio hermenéutico y acudiendo a las normas generales sobre la materia. Por considerarlo de interés, se compara el artículo 10 del aludido Decreto, con lo que sobre el particular dispone el Código Procesal Constitucional del Perú; en efecto: el Título I del Código, referido a "Disposiciones Generales de los Procesos de Hábeas Corpus, Amparo, Hábeas Data y Cumplimiento", señala en su artículo 9.- *Ausencia de etapa probatoria*: *"En los procesos constitucionales no existe etapa probatoria. Sólo son procedentes los medios probatorios que no requieren actuación, lo que no impide la realización de las actuaciones probatorias que el juez considere indispensables, sin afectar la duración del proceso. En este último caso no se requerirá notificación previa"*. Más adelante, el Código en cuestión, en su Título VIII, estudia el Proceso de Inconstitucionalidad (artículos 98 a 108 ibídem) y para nada menciona aspectos relacionados con la actividad probatoria en esta clase de procesos.

Se infiere entonces que la prueba es una etapa facultativa en los procesos de *hábeas corpus*, hábeas data, amparo y cumplimiento, que se desprende claramente del contenido de la norma arriba transcrita; la inexistencia de etapa probatoria significa simplemente que, con carácter general, en los procesos constitucionales a los que se refiere el Título I del Código Procesal Constitucional Peruano no se pueden ofrecer pruebas que deban actuarse; basta que demandante y demandado las incluyan con sus respectivos escritos de demanda o de contestación de demanda, sin que por ello

---

[5] Decreto 2067/91 Artículo 10. "Siempre que para la decisión sea menester el conocimiento de los trámites que antecedieron al acto sometido al juicio constitucional de la Corte o de hechos relevantes para adoptar la decisión, el magistrado sustanciador podrá decretar en el auto admisorio de la demanda las pruebas que estime conducentes, las cuales se practicarán en el término de diez días.

"La práctica de la prueba podrá ser delegada en un magistrado"

se anule la facultad del juez de realizar actuaciones probatorias si considera que son indispensables para la solución del conflicto; en otras palabras, puede de oficio, decretar pruebas teniendo en cuenta la limitación temporal que le plantea la ley, cual es no dilatar los plazos o términos procesales previstos para los procesos constitucionales[6] .

Surge la pregunta de si ¿esta disposición del Título I es extensiva a lo que el nuevo Código Procesal Constitucional del Perú, llama Procesos de Inconstitucionalidad que estudia el Título VIII? El cuestionamiento es válido si se tiene en cuenta que en el procedimiento señalado para esta clase de procesos, nada dice la normatividad en materia probatoria. Ahora bien, si la respuesta fuere negativa, ¿se acudiría al artículo IX del Título Preliminar del Código que indica la aplicación supletoria e integración?[7] ; resulta preocupante que en dichos procesos el juez constitucional profiera su fallo basado sólo en el principio "verdad sabida y buena fe guardada", en buena hora ya superado. Se debe concluir que el *"pequeño Código Procesal Constitucional Colombiano"* –Decreto 2067 de 1991- es más explícito en el tema, desarrollado por abundante jurisprudencia sobre el particular, otorga, de esta manera, una de las herramientas más preciadas para la realización del principio de democracia participativa que anima la Constitución (artículo 1 C.P.), permitiendo a todos los ciudadanos, a través de la acción pública de inconstitucionalidad, ejercer su derecho político y actuar como control real del poder que ejerce el legislador cuando expide una ley.

## 1.1. *Teoría General de la Prueba. Problemas Jurídicos a responder*

Tratando de encontrar un orden lógico y metodológico en la enseñanza de la parte general del Derecho probatorio, en este trabajo se han seguido de cerca los "problemas generales" del Derecho en cuestión, planteados por Eduardo J. Couture, antes insinuados por Eduardo Bonnier y

---

6 El lector puede ampliar estos aspectos en la jurisprudencia sobre Proceso de Hábeas Corpus del Tribunal Constitucional del Perú: Expediente 0729-2002-HC/TC, de 21 de junio de 2002, fundamento jurídico 2.

7 Artículo IX. Aplicación Supletoria e Integración. "En caso de vacío o defecto de la presente ley, serán de aplicación supletoria los Códigos Procesales afines a la materia discutida, siempre que no contradigan los fines de los procesos constitucionales y los ayuden a su mejor desarrollo.

"En defecto de las normas supletorias citadas, el Juez podrá recurrir a la jurisprudencia, a los principios generales del derecho Procesal y a la Doctrina".

Carlos Lessona. El mismo orden se seguirá al hablar de la Prueba en esta categoría de Proceso de Control Constitucional. Mediante el presente gráfico se esbozan los problemas jurídicos a responder:

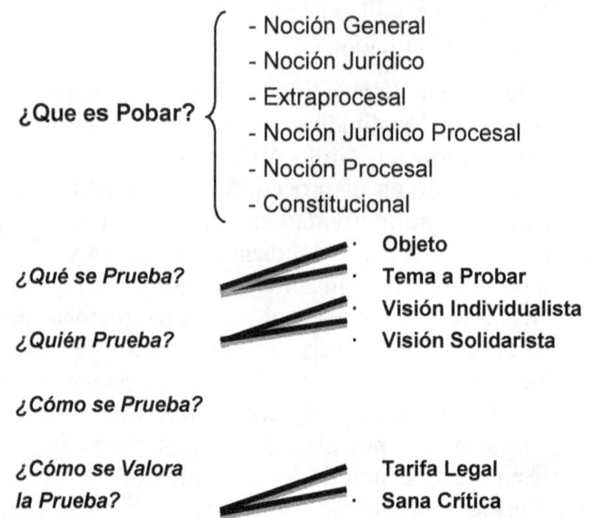


A continuación se despejan cada uno de estos interrogantes:

### 1.1.1 *¿Qué es probar?*

No es de todo sencillo responder a este interrogante en la medida en que hay que mirar la acepción de prueba a partir de diversos sentidos o puntos de vista: general y extrajurídico, jurídico (procesal y extraprocesal) y que desde luego incluye el sentido procesal constitucional.

**Noción de prueba en sentido general y extrajurídico**: Según una de las acepciones en el Diccionario de la Lengua, Prueba, es acción y efecto de probar.

**Probar**, conforme al mismo diccionario, es justificar, manifestar y hacer patente LA CERTEZA de un hecho o la verdad de una cosa con razones, instrumentos o testigos.

En este sentido, todos prueban según su actividad: el economista, el ingeniero, el ama de casa, el estudiante, el abogado litigante; todos, con los instrumentos, con los argumentos, con las operaciones, con las razones, con los testimonios, muestran, hacen patente la verdad o falsedad. Esta demostración es la acción y el efecto de probar, es la prueba; nótese como la prueba es el efecto de una razón, de un argumento, de un instrumento, de un medio.

En cada disciplina hay unas reglas que gobiernan la utilización de los medios, normas que establecen requisitos y condiciones para que los órganos de conocimiento puedan tener por cierto lo afirmado. A los órganos de conocimiento los rige la psicología: la forma de utilizar los medios, la lógica y las reglas de experiencia; lo que varía entonces, son las reglas que rigen las operaciones de utilización de los medios y la verdad o certeza en cada actividad. Las pruebas entonces trascienden el ámbito jurídico, tienen un vastísimo campo de acción que no se limita al Derecho.

**Noción de prueba en sentido jurídico**: Desde este punto de vista, la prueba se presenta en dos sentidos: i.- El jurídico extraprocesal, donde lo que se pretende es cumplir con la solemnidad que la ley exige para la existencia y validez del acto jurídico, como sucede por ejemplo, con los actos dispositivos de derechos reales en bienes raíces, darle seguridad y garantía a los derechos subjetivos o simplemente para crear, modificar o extinguir situaciones derivadas de los hechos, actos y providencias que la ley califica como idóneos; ii.- En sentido jurídico procesal la prueba es la razón, el argumento, el instrumento o el medio con el que se pretende demostrar o hacer presente al funcionario competente la verdad o falsedad de algo, para que aplique determinada consecuencia jurídica. Esta última acepción, determina la relación ineludible de la prueba con el derecho procesal; se configura así la trilogía: norma sustancial –hipótesis-; prueba -la razón de la convicción-; y la forma de llevarle al funcionario esa razón, o de adquirirla oficiosamente. Esta forma la gobierna el derecho procesal: determina el medio o los medios, la admisibilidad y oportunidad, el modo y el sistema de valoración.

Noción de prueba en el Derecho Procesal Constitucional: Siendo el Derecho Procesal Constitucional, una disciplina reciente, todavía en proceso de formación, se propone la siguiente noción de prueba al respecto: *Son las razones, los argumentos, los instrumentos o los medios, de naturaleza predominantemente procesal, dirigida a verificar el cumplimiento o no de la Constitución.* Cuando el control de constitucionalidad es abstracto, es importante determinar el vicio de inconstitucionalidad, por cuanto si es de *contenido material o sustancial*, el examen que realiza el juez es de puro Derecho, en consecuencia, -como regla general- no requiere la práctica de pruebas y por tanto, el período probatorio es irrelevante; en efecto, es un cotejo entre la norma demandada y la Constitución para ver si existe contrariedad de materias, conflicto de fondo. Pero, si el vicio es de *contenido formal o de procedimiento*, es importante acudir a los medios de prueba pertinentes, para determinarlos; se recuerda que, siendo el procedimiento legislativo un tanto complejo, regularmente surgen (tales vicios) durante el proceso de formación de los proyectos de ley o de actos legislativos o de un decreto, ya sea por violación de las reglas procedimentales previstas en la Constitución o en la ley orgánica del reglamento interno del Congreso.

### 1.1.2. *¿Qué se prueba dentro del proceso?*

Para responder a este interrogante, la doctrina plantea que el tema se debe estudiar desde dos ángulos, a saber: i.- *Desde el punto de vista del objeto,* puede decirse que el derecho nace del hecho o del acto jurídico al cual la norma sustancial le atribuye un efecto jurídico. En consecuencia, lo que debe probarse o demostrarse es el hecho o acto jurídico generador del derecho; vale la pena señalar que la referencia es a una *noción objetiva y abstracta*, por cuanto y en tanto, que se refiere a los hechos que pueden ser probados dentro del proceso. ii.- *Desde el punto de vista del thema probandum,* en el que en cada asunto la materia de prueba es singular, convirtiéndose en el *tema de prueba,* es decir, los hechos y actos jurídicos que específicamente forman la necesidad de la prueba; se habla entonces, de una *noción objetiva y concreta*, por cuanto y en tanto, se refiere a los hechos que de manera individual y concreta deben ser probados o en otras palabras, los hechos relevantes dentro de cada clase de proceso: sustancial civil, sustancial de familia, de derecho laboral o administrativo y por supuesto, en el proceso constitucional. A veces, el objeto de prueba se identifica con el tema a probar, en la medida en que todos los hechos jurídicos planteados interesan al proceso y en consecuencia deben probarse.

Respecto al *proceso de control abstracto de constitucionalidad*, si el objeto de prueba son los hechos generadores de los vicios de inconstitucionalidad, ¿este objeto es de contenido material o formal, quizás de mero procedimiento o una cláusula general de competencia? Habiendo precisado que el vicio es formal o de procedimiento, lo que constituye el tema a probar es poder establecer en dónde se presentaron dichos vicios, ¿si durante el trámite de formación de la ley o a través de hechos que fueron relevantes al tomar la decisión? lo que se infiere del mismo artículo 10 del Decreto 2067/91 al señalar que es necesario el conocimiento de los trámites que antecedieron al acto sometido al juicio constitucional de la Corte, así como los hechos relevantes, en la medida en que sean necesarios para que el Tribunal adopte su decisión. En materia de trámites, el profesor Rey Cantor menciona a manera de hipótesis de vicios en el procedimiento de expedición de la ley; *"(...) que entre el primero y el segundo debate no transcurra un lapso mayor de ocho días; la introducción de nuevos artículos en los últimos debates; que la aprobación del texto no se adopte por la mayoría de los votos requeridos reglamentariamente. En tratándose de proyectos de actos legislativos, que no se presente informe de ponencia en la comisión encargada de tramitarlo en primer debate; debatir en la segunda vuelta iniciativas no presentadas en la primera; que en la segunda vuelta no se apruebe el proyecto con el voto de la mayoría de los miembros de las comisiones o de las plenarias de las cámaras. En el caso de los decretos con fuerza de ley, que el Gobierno Nacional no esté conformado por el Presidente de la República y los correspondientes ministros y/o directores de departamentos administrativos"*[8]. En lo tocante a los hechos generadores, el constitucionalista Luís Carlos Sáchica, indica "*La Corte puede ordenar que se demuestren o comprueben las situaciones de tensión o conflicto que dan lugar a implantar los estados de excepción, esto es, el estallido o la invasión que provocó la guerra, el desorden público que generó la conmoción interior, la situación imprevista que suscitó una emergencia social o económica"*[9] .

### 1.1.3. *¿A quién le corresponde la carga de la prueba?*

**Definición del '*Onus Probandi*'**: es el tema que tiende a definir qué parte concreta del proceso debe (o debería, si el análisis se hace en la sentencia) probar el hecho dudoso; sirve para determinar en quién han de recaer las consecuencias negativas de la inactividad o ineficacia probatoria.[10]

El Código de Procedimiento Civil, en su artículo 177-1, acoge la noción tradicional de carga de la prueba; norma, que debe estudiarse en concordancia con el artículo 1757 del Código Civil colombiano, que en nada discrepa con el artículo 129 del Código Procesal Civil Modelo para Iberoamérica; según los cuales, le corresponde probar a quien afirma o niega un hecho, salvo cuando se trate de hechos exentos de prueba, como los hechos notorios, los presumidos o los indefinidos, casos en los cuales le corresponderá a la contraparte aportar las pruebas que acrediten el hecho contrario concreto. En otras palabras, según la noción tradicional, la distribución de la carga de la prueba le corresponde a las partes, atendiendo a la posición en que se encuentran respecto de la norma jurídica cuyas con-

---

8 Rey Cantor, Ernesto, *Ob. cit.* p. 78

9 El profesor Ernesto Rey Cantor cita al eminente constitucionalista, *Ob. cit.* p. 73.

10 *Diccionario Jurídico Espasa*, *Lex*, Editorial Espasa Calpe, S.A., Madrid, 2001, p. 277.

secuencias jurídicas les son favorables en el caso concreto. Nos referimos entonces, a una *"visión Individualista"* de la carga de la prueba cuyo polo referencial es el interés de las partes; visión soportada en una concepción privatística del quehacer judicial, propia del principio dispositivo. La aplicación a ultranza del principio del artículo 177 ha conducido a fallos cuya justicia es dudosa. Ya el eminente filósofo y jurista Jeremías Bentham, según recuerda Carlos Lessona, había dicho que *"la obligación de probar debía ser impuesta a la parte que pudiera satisfacerla con menores inconvenientes; con menor pérdida de tiempo o con menor incomodidad"*[11]. La dificultad, observa el maestro italiano, está en saber cuál es esa parte; por eso el legislador opta por imponerle la carga a la parte que pretende la consecuencia, pero, ya quería decirse que no forzosamente corresponde a la que pretende.

Se reconoce una evolución de tal visión individualista de parte de la doctrina y la jurisprudencia, en la que se rescatan otros valores que le permiten a la distribución de la carga de la prueba un matiz diferente; es el *principio de solidaridad* (la carga de la prueba debe recaer sobre aquella parte que se encuentra en mejores condiciones de suministrar la prueba), que desemboca en el *principio de cooperación* y a su vez, ambos lo hacen en el de *buena fe*. Esta es la nueva tendencia en materia de carga de la prueba, su *visión solidarista;* el profesor Morello señala sobre el particular *"...Creemos que es así como se privilegia una de las ideas –fuerza dominantes de nuestro tiempo, la de la solidaridad, que también brinda obviamente una explicación racional, más convincente y justa a los fenómenos jurídicos de mayor gravitación"*[12]...

La noción tradicional de carga de la prueba es que le corresponde probar a quien alega, pero en ocasiones dentro del proceso y dada cierta complejidad y naturaleza del mismo, tal carga recae en aquella parte que tiene posibilidades reales de actuación; se observa entonces que las dos nociones no se excluyen, por el contrario, se complementan; aún más, para que el juez falle en justicia, cabe también la posibilidad que deba decretar y practicar pruebas de oficio, ejerciendo su condición de director del proceso, comportándose como actor social ayudando a esclarecer los hechos, y no cruzarse de brazos, cuando hagan falta elementos que lo lleven a la certeza. Se puede afirmar entonces, que contrario a lo que algunos piensan, la visión solidarista de la carga de la prueba, no significa

---

11 Lessona, Carlos, *Teoría General de la Prueba en Derecho Civil,* Reus, Tomo I, Madrid 1983, p. 122.

12 Morello, Augusto. *Ob. cit.* p. 89.

un supuesto debilitamiento del deber que tiene el juez de decretar pruebas de oficio; en otras palabras, no se opone al cumplimiento del deber que tienen los jueces de proveer oficiosamente sobre las pruebas.

Pero, ¿qué ocurre en el campo del proceso de control abstracto?

Si bien es cierto, que el artículo 2° del Decreto 2067/91 señala los requisitos mínimos que deben contener las demandas en las acciones públicas de inconstitucionalidad, también lo es, que de manera expresa no indica que la parte demandante, con la demanda, "acompañe las pruebas que pretenda hacer valer"; sin embargo, el numeral 3 del mencionado artículo preceptúa que la demanda debe contener *"Las razones por las cuales dichos textos se estiman violados"*. Es importante definir qué alcance otorgarle a la expresión razones de que habla el numeral del artículo en cuestión para saber si: i.- ¿Basta una simple inferencia del demandante dentro de un esquema de hipótesis? ii.- ¿Son suficientes los planteamientos generales e imprecisos del actor? iii.- ¿Se deben entender como argumentos "las razones" en las que el demandante funda los motivos de inconstitucionalidad de la norma para deducir su violación?

La respuesta a cada uno de los planteamientos es NEGATIVA; la Corte Constitucional de manera enfática ha señalado reiteradamente: que para la efectividad del derecho político ejercido, las razones presentadas por el actor deben ser: *claras, ciertas*, *específicas*, *pertinentes* y *suficientes*; justamente con respecto al requisito de *suficiencia* que se predica de las razones de la demanda de inconstitucionalidad, la Corte reconoce que debe guardar relación con los elementos **argumentativos y probatorios** necesarios para iniciar el estudio de constitucionalidad[13] . Asimismo, la suficiencia del razonamiento va encaminada a despertar en el magistrado una duda mínima sobre la constitucionalidad de la norma, si con la presentación de los argumentos no se alcanza a lograr su convencimiento acerca de su inconstitucionalidad, con lo cual el proceso se orienta a desvirtuar la presunción de constitucionalidad de dicha norma e impone un pronunciamiento de la alta Corporación. (La negrillas fuera de texto).

---

[13] La Corte Constitucional, en Sentencia C-1052 de 2001; M. P. Dr. Manuel José Cepeda Espinosa señala: "así, por ejemplo, cuando se estime que el trámite impuesto por la Constitución para la expedición del acto demandado ha sido quebrantado, se tendrá que referir de qué procedimiento se trata y en qué consistió su vulneración (artículo 2 numeral 4 del Decreto 2067 de 1991), circunstancia que supone una referencia mínima a los hechos que ilustre a la Corte sobre la fundamentación de tales asertos, así no se aporten todas las pruebas y éstas sean tan sólo pedidas por el demandante". (Subrayado fuera de texto).

De igual manera la Corte ha señalado:

"*El juicio de constitucionalidad de una norma requiere como condición irredimible la de determinar, mediante la exposición razonada y ponderada del concepto de la violación, si existe una oposición objetiva entre el contenido de la disposición enjuiciada y lo que dispone sobre ese particular la Constitución Política.*

*Es como resultado de esa confrontación que el juez constitucional puede establecer si la norma acusada se somete o no al ordenamiento supralegal que se dice desconocido*"[14].

En conclusión, la expresión "razones" constituye ni más ni menos que las PRUEBAS con las que el actor pretende demostrar el vicio formal de inconstitucionalidad[15].

En el estudio de las partes dentro del proceso de control abstracto de constitucionalidad, se indicó que así como hay un ciudadano demandante interesado en que se declare la inconstitucionalidad de una norma por vicios de forma, existe otro u otros interesados en desvirtuar tales vicios; de ahí lo que señala el artículo 11 de Decreto 2067/91 que estudiado armónicamente con el artículo 244 de la Carta, está diciendo que, una vez que la Corte Constitucional comunique al Presidente de la República o al Presidente del Congreso, según el caso, la iniciación de cualquier proceso que tenga por objeto el examen de constitucionalidad de normas dictadas por ellos, éstos pueden presentar por escrito las razones que justifican la constitucionalidad de las normas sometidas a control; con ello se habla

---

14 Corte Constitucional, Sentencia C-353/98 M. P. Dr. Antonio Barrera Carbonell. En el mismo sentido las Sentencias C-434/92 y C-403/98 del M. P. Dr. Fabio Morón Díaz; Sentencia C-236/97 M. P. Dr. Antonio Barrera Carbonell, entre otras.

15 Así se expuso en la ensayada acepción de prueba desde el punto de vista Procesal Constitucional: razones, argumentos, instrumentos, medios, en una palabra PRUEBAS, como el efecto de esa razón, de ese argumento, de ese instrumento, de ese medio. Las razones, argumentos, instrumentos, son los medios de prueba: ellos llevan a la mente la verdad; con esta otra expresión "verdad", el tema se agudiza porque ¿qué tipo de verdad se quiere dentro de un proceso?, no se quiere abrir este otro debate por cuanto que se aparta sustancialmente en el tema que se avoca: se tendría que hablar entonces de la gnoseología o teoría del conocimiento, de las fases o estados de persuasión del juez para llegar al convencimiento judicial, de la certeza como persuasión de la verdad, etc. y, este –se repite- no es el espacio.

igualmente de pruebas que tiendan a demostrar la constitucionalidad de la norma.

Finalmente y a la pregunta de si en la actividad probatoria del proceso de control abstracto tiene cabida la visión solidarista de la carga de prueba, la respuesta es afirmativa pues justamente ella hace parte de los postulados modernos de la ciencia procesal, que, basada en presupuestos de solidaridad, coloca la carga de aportar la prueba en cabeza de la parte a quien le quede más fácil hacerlo. Es aplicable en situaciones en las que la adquisición de la prueba es difícil o imposible para quien alega los hechos; habida cuenta que el Derecho Procesal Constitucional, es una disciplina reciente, en formación y construcción, es bueno que, en esta clase de procesos, la solidaridad y la cooperación activa sean los protagonistas en la conducta de las partes, en la medida en que como ya está suficientemente explicado, el interés que aquí se debate es general, común, difuso. Por lo tanto, no es dable pensar que quien no prueba –en esta clase de procesos– tenga que sufrir las consecuencias jurídicas de su inactividad; lo que se pretende es la guarda e integridad de la Constitución.

En el proceso judicial, el juez *distante e invisible*, según el decir del profesor Morello, pasó a la historia; por ello, en el proceso constitucional, un juez espectador no se concibe; de ahí que en la gestión probatoria, en esta clase de procesos, pueda hacer uso de la oficiosidad como de hecho así ocurre: *"La Corte no puede ignorar la presencia de ese vicio en la formación de la disposición acusada, incluso si éste no fue señalado por el actor ni por ninguno de los intervinientes, por cuanto el control constitucional de las leyes no es rogado sino integral, ya que corresponde a esta Corporación estudiar las normas impugnadas frente a la totalidad de los preceptos de la Constitución, y no únicamente en relación con las disposiciones constitucionales señaladas por el actor. Por ello, si la Corte encuentra que el acto impugnado adolece de vicios de procedimiento, debe entrar a estudiarlos, aun cuando el demandante no los haya considerado"*[16].

---

16 Corte Constitucional, Sentencia C-497/98 M. P. Dr. Alejandro Martínez Caballero. Conviene para reafirmar lo expuesto transcribir las PRUEBAS DECRETADAS POR LA CORTE, en la Sentencia C-160/99 M. P. Dr. Antonio Barrera Carbonell: "1. Con el fin de acopiar suficientes elementos de juicio, acerca de las ventajas y desventajas de la conciliación prejudicial en materia laboral, desde el punto de vista fáctico y jurídico, mediante providencia del 26 de agosto de 1996, el Magistrado Sustanciador dispuso oficiar a las entidades que seguidamente se señalan, con diferentes propósitos así:

### 1.1.4. *¿Cómo se prueba?*

Para probar se impone el cumplimiento de un *procedimiento*; doctrinariamente se distinguen criterios acerca de las etapas probatorias y los sujetos que interactúan en ellas, con el fin de colaborar con la eficiencia y agilidad del proceso. Esas fases o etapas son: *solicitud, decreto, práctica y valoración* de la prueba; ahora bien, son fases o instancias que deben cumplir un orden lógico y coordinado, de tal manera que no es dable hablar de decreto de una prueba sin que haya sido solicitada a menos que se trate de su decreto oficioso; así como no es posible que el juez valore una prueba sin que ella se practique, previo decreto de la misma. La importancia del procedimiento para probar radica precisamente que en él se aplican no sólo los principios probatorios, sino que además, el juez despliega sus conocimiento y experiencia jurídicas, sus capacidades, su cultura general, en otras palabras, es aquí en donde trasciende la "silueta" del juez director del proceso como operador decisivo del mismo. Sin embargo esa etapa del procedimiento para probar es rigurosa en los procesos judicial: civil, penal, contencioso administrativo, laboral, de familia, etc; y aún más, se distinguen normas generales de procedimiento probatorio y normas especiales, por cuanto, cada medio probatorio tiene su propio "rito procesal", que siendo de orden público, obliga a las partes y al Juez.

Este problema jurídico se grafica:

1) *Etapa de Ofrecimiento de Pruebas:* Irrelevante en la legislación Procesal Colombiana

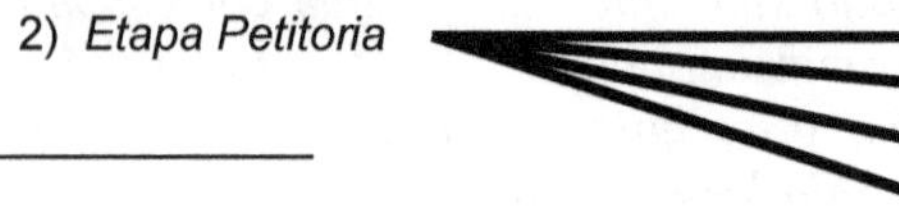


1. ¿Cómo se piden?
2. ¿A quién se piden?
3. ¿Cuándo se piden?
4. ¿Quién las pide?

---

- Al Ministerio del Trabajo y Seguridad Social, con el fin de que informara el número de inspecciones del trabajo que funcionan en el país y el lugar de su ubicación, su estructura y organización funcional, y su capacidad operativa, con la finalidad de atender y dar trámite a las peticiones de conciliación laboral.

- Al Ministerio de Justicia y del Derecho, con el fin de que se remitiera copia de los actos administrativos en virtud de los cuales se regula lo relativo a la estructura y funcionamiento de los Centros de Conciliación a que aluden las leyes 23 de 1991 y 446 de 1998.

- A los señores Decanos de las Facultades de Derecho de las Universidades Libre y de los Andes, para que informaran en relación con la estructura y funcionamiento de los centros de conciliación que han sido organizados en dichas facultades, así como sobre la capacidad operativa de dichos centros para dar respuesta a las peticiones de conciliación prejudicial a que aluden las mencionadas leyes.

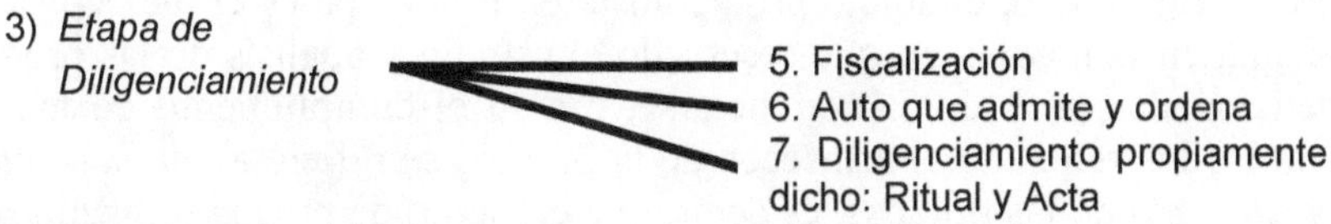


*¿Cuál es ese procedimiento para probar dentro del proceso de control Abstracto de constitucionalidad*?

De la lectura del artículo 10 del Decreto 2067/91 en concordancia con los artículos 56, 57 y 58 del Reglamento Interno de la Corte Constitucional (Acuerdo 004 de 1992), se infiere que dentro de esta clase de proceso tiene que surtirse igualmente un procedimiento, por supuesto menos riguroso y exigente que en el proceso judicial, en otra palabras un tanto "informal", en tanto que en esta clase de procesos el Juez Constitucional es un verdadero director y no entra en ciertas "honduras" por lo que si, *mutatis mutandis*, en este tipo de procesos lo que se hace es un juicio a un acto jurídico para la salvaguarda e integridad de la Constitución, se debe llegar a una sola verdad: es o no constitucional la norma demandada; por esta razón las pruebas en este tipo de procesos tienen unos condicionamientos derivados de la finalidad y objetivo buscados:

### 1.1.4.1 *Etapa petitoria*

Concepto bastante amplio, en la medida, en que no sólo implica solicitar lo que se quiere que el juez constitucional tenga como fundamento, sino también incorporar, allegar las pruebas que se pretendan hacer valer. Estas pruebas las piden y/o incorporan las partes: por un lado, el ciudadano que demanda la inconstitucionalidad de la norma; por el otro, la Presidencia de la República o el Congreso de la República, o cualquier otra entidad del Estado que hubiere participado en la elaboración o expedición de la norma, quienes pretenderán probar la constitucionalidad de la norma sometida a control. Por supuesto que el destinatario de las pruebas es el Juez constitucional y la manera como se solicitan es por escrito.

### 1.1.4.2 *Etapa del decreto*

*"Admitida la demanda, el magistrado sustanciador podrá decretar, en el auto admisorio de la demanda las pruebas que estime conducentes"*[17]. En verdad, el sujeto protagonista en esta etapa es el juez constitucional, en la medida en que efectuado el estudio y análisis de las pruebas peticionadas procede a pronunciarse, previo el cumplimiento de los denominados requisitos intrínsecos de la prueba; se refiere a *conducencia* y *pertinencia* de las pruebas, es decir, que el medio de prueba utilizado para demostrar el vicio formal de inconstitucionalidad debe ser el idóneo, amén que el hecho a probar debe correlacionarse con el *thema probandum*; requisitos tan importantes que se han elevado a la categoría de *principios* y que de no cumplirse resultan *inadmisibles,* por razones de economía procesal; *verbi gratia*, en la demanda de inconstitucionalidad de la Ley 796/03, *"Por el cual se convoca a un Referendo"*, en la que uno de los muchos cargos era el relacionado con el tema de la exigencia de una mayoría calificada en el sentido que el Congreso debe aprobar el proyecto de referendo, no por la mayoría simple de los asistentes que es la regla general de decisión en las corporaciones, sino por la mayoría absoluta de los miembros de ambas cámaras. Como bien lo expresó la Corte Constitucional: "*El problema en este punto es puramente probatorio, y por ende la Corte deberá verificar si los distintos textos del proyecto de reforma incorporado en la ley fueron aprobados por esa mayoría calificada"*[18].

En este caso, la prueba conducente y pertinente, era la documental, concretamente el acta de la sesión celebrada de manera extraordinaria el 20 de diciembre de 2002, que aparece en la Gaceta N° 43 del miércoles 5 de febrero de 2003, aprobada unánimemente por la Cámara de Representantes y suscrita en ejercicio de sus funciones por el Presidente, el Primer Vicepresidente, el Segundo Vicepresidente, el Secretario General y el Subsecretario General de esa Corporación (Gaceta del Congreso citada, página 88, columna primera); por ende no queda ninguna duda de un hecho rotundamente cierto: *la votación del acta de conciliación sobre la ley que convoca a un referendo y a la que correspondió el número 796 de 2003, no obtuvo sino 82 votos, cuando para aprobarla se requerían 84 votos.* Es terminante la consideración del salvamento de voto de los magistrados Alfredo Beltrán Sierra y Clara Inés Vargas: "Es incuestionable que así se quiera ocultar o se acuda a supuestos criterios interpretativos de la prueba documental para confundir, lo que es transparente no puede

---

17 Decreto 2067/91, artículo 10

18 Corte Constitucional, Sentencia C-551/03, M. P. Dr. Eduardo Montealegre Lynett

presentarse como dudoso, ni oscurecer lo que es claro, ni pretextarse ambigüedad cuando ésta no existe. *Si para no violar el artículo 378 de la Carta se requerían 84 votos y sólo se obtuvieron 82, la consecuencia no puede ser sino una sola: la ley no se aprobó como lo exige la Constitución y ha debido declararse inexequible, lo que no se hizo*".[19]

En esta clase de procesos, el Juez constitucional hace una **fiscalización** de las pruebas solicitadas, para ver si ellas reúnen los requisitos de ley; de no cumplirlos, el magistrado procede a su **rechazo** como se aprecia en los siguientes ejemplos:

En el caso presentado en el Expediente D-3163, en el cual, en ejercicio de la acción pública de inconstitucionalidad, el ciudadano Carlos Alberto Maya Restrepo demandó los artículos 20 y 33 (parciales) de la Ley 9 de 1991 *"por la cual se dictan normas generales a las que deberá sujetarse el Gobierno Nacional para regular los cambios internacionales y se adoptan medidas complementarias"*, el artículo 4 de la Ley 66 de 1942 "*sobre protección a la industria cafetera"*, el artículo 2 de la Ley 11 de 1972 *"por la cual se deroga el impuesto a la exportación del café y se dictan otras disposiciones"* y el artículo 10 del Decreto 2078 de 1940 *"por el cual se dictan disposiciones relacionadas con la industria del café"*. La Corte admitió la demanda y decretó las pruebas que consideró pertinentes, absteniéndose de decretar otras, por no considerarlas oportunas ni conducentes.

Cabe aquí preguntarse si *contra el auto que decreta o niega las pruebas solicitadas dentro de un proceso de control abstracto procede el recurso de Súplica.*

En el caso en examen, inconforme el peticionario con la decisión de no haberse decretado la totalidad de las pruebas solicitadas, interpuso recurso de súplica, el cual fue resuelto por medio de auto de la Sala Plena de esta Corporación que confirmó la decisión recurrida en los siguientes términos:

> "*En cuanto a la inconformidad del actor por no haberse decretado la práctica de la totalidad de las pruebas solicitadas en la demanda, observa la Corte que algunas de ellas versan sobre aspectos concernientes a investigaciones penales, y al envío de algunas publicaciones o editoriales sobre la Federación Nacional de Cafeteros,* ***que el magistrado sustanciador se abs-***

---

[19] *Ibídem*, Salvamento de voto

***tuvo de decretar por no considerarlas pertinentes ni conducentes***"[20]. (Las negrillas son nuestras).

Y puntualizó la alta Corporación: *"No prevé el decreto 2067/91 que contra el auto que decreta o niega la práctica de pruebas se pueda interponer recurso de súplica" En tal virtud, la Sala Plena de la Corte carece de competencia para conocer acerca de la impugnación que hace el actor respecto del numeral 2 del auto de septiembre 11 del año en curso, proferido por el magistrado sustanciador. En consecuencia, le corresponde a éste pronunciarse, sobre dicha impugnación".* Infortunadamente fue imposible conocer cuál fue el pronunciamiento del funcionario en este caso, por demás excepcional, pues la sentencia referida al expediente D-3163 no hace alusión a este punto[21] .

De igual manera, dentro del Expediente N° CRF-001, para la revisión de constitucionalidad de la Ley 796 de 2003, *"Por el cual se convoca un referendo y se somete a consideración del pueblo un proyecto de Reforma Constitucional"*, ante la solicitud de pruebas presentada por los ciudadanos Francisco José Trujillo y José Cipriano León, el Magistrado sustanciador Dr. Eduardo Montealegre Lynett, en AUTO de marzo 20 de 2003, resolvió: "**Primero**.- Rechazar por improcedente la solicitud de decreto y práctica de pruebas, presentada por los ciudadanos Francisco José Trujillo y José Cipriano León"[22] ...

Así las cosas, es facultativo del sustanciador, decretar las pruebas que, según su criterio, conduzcan a proporcionar los elementos de juicio necesarios para adelantar el análisis de constitucionalidad de las normas que sean objeto de acusación.

Ahora bien: cuando se trate de revisión de decretos legislativos relacionados con los estados de excepción (artículos 212, 213 y 215 de la Carta) dictados por el Gobierno nacional, el artículo 56 del Reglamento Interno (Acuerdo 04 de 1992), dispone que si a criterio del magistrado sustanciador es necesario *decretar* pruebas en dichos procesos, sólo se ordenará la fijación en lista del negocio, en la Secretaría de la Corte, cuando el término probatorio haya vencido.

---

[20] Corte Constitucional, Auto A.092/00, Magistrado sustanciador: Dr. Antonio Barrera Carbonell

[21] Corte Constitucional, Sentencia C-543/01, M.P. Dr. Álvaro Tafur Galvis.

[22] Corte Constitucional, Auto marzo 20/03, M. P. Dr. Eduardo Montealegre Lynett

#### 1.1.4.3 *Etapa de la práctica*

Conviene recordar que la práctica de las pruebas varía dependiendo del medio de prueba del que se trate y en consecuencia, el llamado "rito probatorio" también cambia; por fortuna el Juez constitucional es un verdadero director del proceso activo, ágil, dinámico, conoce realmente su causa y prepara la audiencia cuando ella es necesaria; se puede afirmar entonces que no siempre el debate de la Corte es de puro derecho en abstracto, es decir, de simple confrontación literal entre normas.

Como regla general, el término para practicar pruebas en el proceso de control abstracto es de diez (10) días[23] ; término que el magistrado sustanciador podrá ampliar, cuando vencido el mismo, no se hubieren recaudado las pruebas decretadas y a su juicio, fueren necesarias para determinar el vicio formal de inconstitucionalidad; es tan cierto esto, que en ocasiones la Sala se ha abstenido de decidir hasta que la prueba decretada no quede incorporada al expediente. Como en esta clase de procesos, no hay cabida a dilaciones innecesarias e injustificadas, cuando ellas se sucedan por la demora en el aporte de las pruebas, previa conminación al destinatario, si insiste en su renuencia, se hará acreedor a las sanciones de ley. Pero también el término se podrá ampliar, cuando vencido, se requiera la intervención de expertos, para que, dada la complejidad y naturaleza del asunto que se controvierte, den mayor ilustración.

De igual manera en esta clase de procesos, si bien es cierto que el *principio de inmediación* es la regla general en la medida en que evidencia y justifica la presencia del juez constitucional, pues es quien directamente aprehende el conocimiento proporcionado por las pruebas, también es dable que el magistrado sustanciador, para efectos de la práctica de las mismas, comisione a jueces y magistrados con jurisdicción en el lugar.[24]

### 1.1.5. *¿Cómo valora el Juez constitucional la prueba?*

El siguiente es el último de los problemas jurídicos que se han planteado en este trabajo; después de haber recolectado todas las pruebas, el Juez determina qué valor, le debe dar a cada una, y a todas en conjunto, para proferir su fallo: es o no constitucional la norma acusada.

---

[23] Decreto 2067/91 artículo 10.

[24] Decreto 2067/91 artículo 10-2 en concordancia con el artículo 58-3 del Reglamento Interno (Acuerdo 04/92)

Para tal efecto, en el sistema probatorio colombiano, opera la *"Sana Crítica*", como sistema de valoración probatoria por la cual, el Legislador faculta al juzgador para establecer su convencimiento a través de la certeza inferida de la masa de pruebas, de acuerdo a su libre criterio, regulado tan sólo por la sana razón, las formas procesales, el objeto y tema de la prueba y exigiéndole la motivación de sus providencias. Esta valoración se da gracias al convencimiento del juez, al sentimiento de certeza que logre al haber adquirido todo el conocimiento sobre el caso. De lo anterior, se desprenden como características de la sana crítica, entre otras:

**i.** La libre apreciación debe ser razonada, no arbitraria;

**ii.** El resultado de la apreciación razonada de la prueba debe ser explicado en el fallo, en su motivación;

**iii.** Las formalidades exigidas para los actos procesales probatorios y en general para el proceso, no constituyen limitación a la sana crítica;

**iiii.** Tiene como fin la búsqueda de la verdad;

*iiiii.* Requiere de la iniciativa oficiosa del juez en la producción de la prueba.

Hay entonces, libertad de apreciación para el sujeto protagonista de esta etapa –Juez- lo que genera un fallo basado en su íntima convicción y demanda una gran preparación de su parte, pues a diferencia de la tarifa legal, el juez no tiene parámetros rígidos determinados por el legislador que le otorgan valor a cada prueba.

Pero, *¿qué se entiende por valoración probatoria?*

*"Valoración: acción y efecto de valorar.*

*Valorar: asignarle a una cosa el valor que corresponde a su estimación. Este significado lo podemos implementar en la función que hace el juez en lo que tiene que ver con las pruebas: apreciar, evaluar, estimar, darle un precio y con base en ellas tomar una decisión, emitir un fallo"*[25]

¿Qué ocurre en el campo del proceso de control abstracto?

El Decreto 2067/91, nada dice sobre el particular, por ello el ejercicio hermenéutico propuesto, implica acudir a las normas generales que tratan el tema: la *Sana crítica*, es el sistema de valoración que se impone

---

25 Decreto 2067/91 artículo 10-2 en concordancia con el artículo 58-3 del Reglamento Interno (Acuerdo 04/92)

en la legislación procesal colombiana, si bien es cierto que tenemos que reconocer que aún quedan rezagos de tarifa legal en algunas normas procesales.

Ahora bien, como desde la perspectiva constitucional, la obligación de motivar abarca la decisión jurídica y probatoria, ello ha originado el surgimiento de las llamadas "taras" para no motivar la prueba; dichas fallas pueden obedecer: i.- a la técnica o estilo de motivación empleada; en este sentido se tiende más a la técnica *globalizadora* o del relato o narración -que enfáticamente debe ser rechazada, porque presupone la verdad de los enunciados que lo componen- que a la técnica o estilo *analítico* que implica una valoración individual y ordenada de la prueba; definitivamente, el estilo globalizador debe ser reemplazado por el analítico; ii.- a, un desconocimiento de las exigencias de la motivación de la prueba y se produce una "relajación" de la misma, *verbi gratia* que la motivación no sea explícita sino implícita, o que no sea exhaustiva, sino parcial, etc. olvidándose que se trata de adoptar una justificación que siga rigurosos cánones de constitucionalidad.

En efecto, el juez constitucional profiere su fallo una vez decretada, recaudada y practicada la prueba –cuando ella fuere necesaria- en una situación que es lo usual; pero lo que sí es una novedad es que en el ejercicio de ese control constitucional en abstracto, los denominados *"elementos empíricos"* jueguen un papel fundamental en la valoración y por tanto en la decisión.

Antes de la vigencia de la Constitución de 1991, la doctrina y la jurisprudencia tendieron a considerar que el control constitucional era puramente abstracto y normativo. Los *elementos empíricos* referidos a la realidad del país no sólo eran calificados como innecesarios para ejercer ese control sino que incluso eran considerados ilegítimos, ya que contradecían la naturaleza puramente jurídica del juicio de constitucionalidad, pues en estos casos la labor de la Corte debería limitarse a comparar el contenido de la disposición acusada con lo preceptuado por la Carta.

Para la Corte, es claro que el control constitucional de las leyes, cuando éstas son acusadas por los ciudadanos, o cuando la revisión es oficiosa, es en principio abstracto, por cuanto se trata de determinar, con fuerza *erga omnes*, si un determinado contenido normativo legal se ajusta o no a la Constitución. Por ello no es propio de los juicios de constitucionalidad analizar ciertas vicisitudes concretas de las normas, como por ejemplo su indebida aplicación, pues para tal efecto existen otras instancias y mecanismos judiciales. La Corte sobre el particular ha señalado:

"*No se puede pretender que se declare la inconstitucionalidad de una disposición que se ajusta a la Carta, simplemente porque algunos particulares no la cumplen, pues es deber de todas las personas y de las autoridades acatar la Constitución y las leyes (CP art. 4º). Por ello la Corte, cuando estudia la constitucionalidad de una determinada disposición, efectúa su análisis bajo el supuesto de que ella será interpretada en forma razonable y que, además, será acatada y cumplida, pues mal podría esta Corporación suponer que las normas son promulgadas para no ser observadas o para ser aplicadas en forma arbitraria*[26]".

Como el juez constitucional no puede ignorar el contexto histórico y la realidad social en las que toma sus decisiones, el juicio de constitucionalidad no le lleva a excluir ninguna consideración empírica; se entienden los elementos empíricos como medios que emplea el juez constitucional fundado en su experiencia, tomando como base el mundo social, político, económico y cultural, que lo rodea. Elementos, que en muchas ocasiones han jugado un papel determinante en el sentido de la decisión. Por considerarlo ilustrativo para el tema que se aborda, se resaltan apartes de la Sentencia C-1489/00[27] , que de manera determinante señala los alcances de los elementos empíricos, en los juicios de constitucionalidad.

---

26 Ver sentencia C-081 de 1996. Fundamento Jurídico N° 8.

27 Corte Constitucional, M. P. Dr. Alejandro Martínez Caballero: "*Así, en determinados casos, la propia Constitución obliga directamente a tomar en cuenta elementos empíricos para poder adelantar adecuadamente el juicio de constitucionalidad. El ejemplo más claro es el estudio de la constitucionalidad de la declaratoria de los estados de excepción, ya que la única posibilidad que existe para que la Corte ejerza sobre esos decretos el control material que la Carta ordena, es que esta Corporación examine si en realidad los hechos invocados por el Presidente de la República en el decreto declaratorio existen y tienen la gravedad suficiente para legitimar el recurso a la Conmoción Interior, o al Estado de Emergencia, según sea el caso. Por ello, en todos estos casos, la Corte, y de manera invariable, ha adelantado el control constitucional de estos decretos con un estudio empírico muy detallado de la realidad del país*".

"*El anterior, si bien es el más importante, no es el único caso en que la Carta exige una confrontación empírica para poder determinar la exequibilidad de una disposición. Así, la Constitución utiliza en algunas de sus disposiciones conceptos técnicos, por lo cual, resulta en ocasiones ineludible verificar, con elementos científicos y empíricos, la norma estudiada. Un ejemplo claro fue la sentencia C-221 de 1997, MP Alejandro Martínez Caballero, en donde la Corte tuvo que estudiar si la arena de los ríos debía o no estar sujeta a regalías. Y para responder a ese interrogante era necesario determinar si la arena constituía o no un recurso renovable, elemento empírico y técnico que tuvo una incidencia indiscutible en la decisión*".

Ciertamente la Constitución no le ordena a la Corte tener en cuenta los elementos empíricos para la toma de sus decisiones, pero el papel determinante que ellos han ejercido en las discusiones constitucionales, ha conducido a que una misma norma se declare exequible dentro de un contexto histórico, pero inexequible dentro de otro; la Sentencia C-1489/00, ya anunciada, relaciona algunos ejemplos significativos[28] . Lo dicho ha

---

28 *"Así, la Corte, en la sentencia C-126 de 1995. MP Hernando Herrera Vergara, estudió la constitucionalidad del aumento de la edad de jubilación de hombres y mujeres, y para ello tuvo en cuenta la evolución histórica y las proyecciones sobre esperanza de vida. Ese análisis empírico le permitió concluir que el aumento en dos años previsto por la disposición acusada era razonable, "toda vez que encuentra fundamento en el crecimiento con respecto a la expectativa de vida de los colombianos, lo que hace permisible el aumento con relación a la capacidad laboral de la persona". Por su parte, la sentencia C-410 de 1994, MP Carlos Gaviria Díaz, discutió si violaba o no el principio de igualdad que la Ley 100 de 1993 previera una edad de jubilación menor para las mujeres que para los hombres. La Corte concluyó, con base en elementos empíricos, que esa diferencia de trato no era discriminatoria, por cuanto las mujeres en Colombia realizaban, en general, una doble jornada laboral, por lo cual, "la previsión de una edad diferente, menor en la mujer, para acceder a la pensión de vejez y a la pensión sanción, así como para otros efectos pensionales, es una medida que precisamente, toma en consideración fenómenos sociales anómalos con un indudable propósito corrector o compensador que se acomoda muy bien a la normativa constitucional que lejos de ser contrariada resulta realizada". En ese mismo contexto, la sentencia C-371 de 2000, MP Carlos Gaviria Díaz, revisó la constitucionalidad de la ley estatutaria que pretendía, por un sistema de cuotas, favorecer la participación de la mujer en los niveles decisorios del Estado. La información empírica sobre los niveles educativos actuales de las mujeres y su participación en las instancias directivas del Estado jugó un papel esencial en el examen de constitucionalidad de la legitimidad de esas formas de acción afirmativa. Igualmente, la sentencia C-160 de 1999, MP Antonio Barrera Carbonell, declaró la inconstitucionalidad de los artículos 68 y 82 de la ley 446 de 1998, que establecían que el intento de conciliación era un requisito de procedibilidad para acudir ante la jurisdicción laboral. La Corte considero que si bien esas normas perseguían finalidades legítimas, que tienen apoyo constitucional, sin embargo debían ser retiradas del ordenamiento, entre otras cosas, por un factor empírico que era el siguiente: en la práctica el Ministerio del Trabajo y Seguridad Social no contaba con los elementos físicos y personales para atender en forma pronta, oportuna, eficaz y eficiente las funciones que en materia de conciliación le habían sido asignadas a los inspectores del trabajo, con lo cual la exigencia de intentar la conciliación como requisito de procedibilidad se convertía en un obstáculo inconstitucional para acceder a la justicia. Dijo entonces esta Corporación:*

*"La Corte en esta oportunidad no se ha limitado exclusivamente a la confrontación de las normas acusadas con los textos de la Constitución, pues, aparte de la comparación que es de rigor en los procesos de constitucionalidad consideró*

impulsado a la Corporación para que por vía jurisprudencial corrija su doctrina anterior, cuando las variaciones en el contexto de vida o en las creencias sociales, por ejemplo, le obligan evaluar nuevamente la misma norma y declarar inconstitucional hoy lo que ayer estimó conforme a la Constitución. Pero estos problemas no son exclusividad de Colombia; otros países con un modelo de control constitucional similar, en donde las vías de superación de los mismos pueden ser de índole constitucional o legal afrontan dificultades similares; *verbi gratia,* la Ley de Jurisdicción Constitucional 7135 de Costa Rica, en su artículo 13 facilita los cambios

---

*que, con el fin de asegurar la vigencia y efectividad del derecho fundamental de acceso a la justicia y la prevalencia de lo sustancial sobre lo formal, debía penetrar en el mundo fáctico dentro del cual las normas referentes a la conciliación prejudicial debían ser aplicadas, y de ahí dedujo que se afectaba el núcleo esencial del referido derecho ante la ausencia de los instrumentos materiales y personales requeridos para asegurar la operatividad de esta modalidad de conciliación."*

*"Es más, una regulación legal, que en abstracto parece constitucional, podría tornarse inexequible, si ciertos desarrollos del sistema regulado por la ley provocan el advenimiento, en la práctica, de situaciones verdaderamente inconstitucionales. Tal sucedió, en gran medida, con el régimen legal del sistema UPAC, declarado inexequible por esta Corte. En efecto, si bien en teoría, y dadas ciertas condiciones macroeconómicas, la capitalización de intereses y la vinculación de la corrección monetaria a la tasa de interés pueden funcionar como un sistema adecuado de financiación a largo plazo de vivienda, en la práctica, en 1999, ese sistema se había tornado inconstitucional, pues había desbordado ampliamente la capacidad de pago de los deudores hipotecarios. La Corte tuvo razón entonces en retirarlo del ordenamiento, a pesar de que teóricamente ese mecanismo puede funcionar en otros contextos y con ciertos ajustes normativos e institucionales"*

*"Es pues posible que una regulación que en abstracto parece ajustarse a la Carta, pueda tornarse inconstitucional por sus efectos prácticos. Sin embargo, para que ello ocurra, es necesario que esos desarrollos prácticos inconstitucionales no provengan de una indebida aplicación de las regulaciones legales pues, como se dijo, para solucionar los problemas de desconocimiento de los preceptos legales, o de inadecuada aplicación de los mismos, el ordenamiento prevé otros mecanismos judiciales distintos a la acción de inconstitucionalidad. Por ello, para que una regulación legal, que en apariencia y en abstracto se ajusta a la Carta, pueda ser declarada inexequible, debido a consideraciones empíricas, es necesario establecer que las situaciones inconstitucionales derivan de los diseños institucionales y de las regulaciones establecidas en la ley. Por ende, en tales eventos es necesario demostrar que el sistema previsto por la ley puede hipotéticamente funcionar pero que, en la práctica, y por factores que eventualmente los redactores de la ley no previeron adecuadamente, el sistema ha dejado de tener un desarrollo satisfactorio, y esa evolución afecta derechos constitucionales y es por consiguiente contraria a la Carta"...*

mencionados al disponer que la jurisprudencia y los precedentes de la jurisdicción constitucional *"son vinculantes erga omnes, salvo para sí misma"*. Aún más, se ha desarrollado lo que se denomina *Doctrina de la posibilidad de rediscusión*, conforme a la cual, "Si el Tribunal constitucional reputa a una norma inconstitucional, la elimina del ordenamiento jurídico; pero si la considera constitucional, ello no impide evaluar nuevamente otra objeción de inconstitucionalidad sobre la misma norma, sea dejando un lapso de intervalo, sea de inmediato"[29].

Los procesos de control abstracto se pueden graficar como sigue:

Aspectos Procesal y Probatorio en el Proceso de Control Abstracto de Constitucionalidad

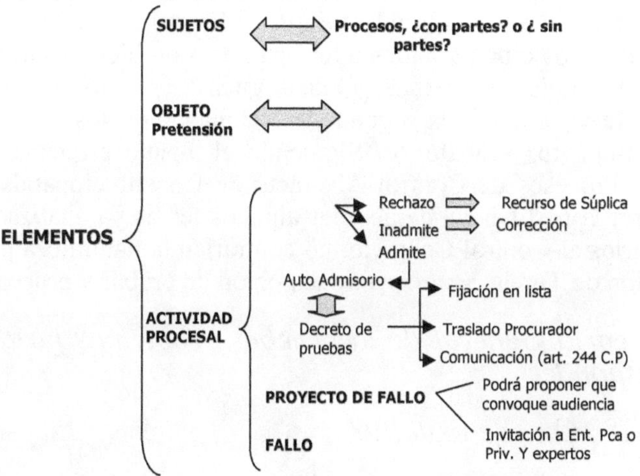


## 2. *Proceso de control concreto*

Sobre este tema particular, el estudio se circunscribe a la prueba en la Acción de tutela y se precisa que, si bien el procedimiento de tal acción constitucional es *sui generis*, el que se trate de un término breve y sumario, no pretermite la etapa probatoria que en tales procesos debe surtirse; de hecho, en todo este accionar se tienen que cumplir las normas y principios que rigen el Debido Proceso y que a partir de la Carta Política de 1991, se han erigido en *Principios Probatorios Constitucionales,* de acuerdo al artículo 29 de la Constitución y que, por supuesto son de apli-

[29] Sagües, Néstor Pedro, *La interpretación judicial de la Constitución.* Ediciones Depalma, Buenos Aires 1998, p. 230.

cabilidad en los procesos de Acción de Tutela: publicidad de la prueba, contradicción de la prueba, necesidad de la prueba, comunidad de la prueba, unidad de la prueba, inmediación; sólo por mencionar algunos, por cuanto que conforme al artículo 4 del Decreto 306 de 1992 *"los principios aplicables para interpretar el procedimiento previsto en el Decreto 2591/91 (reglamentario de la acción de tutela), serán los principios generales del C. de P. C., en todo aquello que no sea contrario a dicho decreto"*. Los artículos 18 a 22 y 32 del Decreto 2591/91 puntualizan las disposiciones relacionadas con la actividad probatoria en esta clase de procesos, que no obstante la precaria normatividad, se cumple una actividad probatoria muy particular, y es lo que justifica abordar su inmediato estudio.

Es necesario recordar que el estudio del Derecho Probatorio comprende la Teoría General de la Prueba y la Parte Especial de la misma; la primera, referida a los cinco grandes interrogantes o problemas jurídicos: ¿Qué es probar? ¿Qué se prueba? ¿Quién prueba? ¿Cómo se prueba? ¿Cómo se valora la prueba?; la segunda, relacionada con los medios de pruebas o instrumentos probatorios. Siguiendo el mismo esquema estudiado para los Procesos de Control Abstracto de Constitucionalidad, se hace innecesaria la pertinencia de abordar algunos temas ya analizados y que al traspolarlos al Control Concreto, no contrarían la naturaleza jurídica[30] de la Acción de Tutela; *verbi gratia,* la noción de probar y prueba.

## 2.1. *Teoría General de la prueba. Problemas jurídicos a responder*

### 2.1.1. *¿Qué se prueba?*

Lo que constituye el *thema probandum* dentro de la acción de tutela, son los hechos relacionados con la acción u omisión que ponga en peligro el derecho fundamental del accionante, ya sea porque se generó el daño o porque se produjo la amenaza; esto se desprende del artículo 18 del decreto 2591/91 que indica:

> *"El juez que conozca de la solicitud podrá tutelar el derecho, prescindiendo de cualquier consideración formal y sin ninguna averiguación previa, siem-*

[30] Tobo Rodríguez. Javier, *Ob. cit*. p. 250, sobre este punto expresa el autor: "...Su naturaleza jurídica, dentro del marco del estado social de derecho, es la de servir de medio para que la autoridad competente dé aplicación al texto constitucional, haciendo prevalecer la justicia material sobre la formal, dando mayor importancia al derecho sustancial sobre los formalismos legales"...

*pre y cuando el fallo se funde en un medio de prueba del cual se pueda deducir una grave e inminente violación o amenaza del derecho*" (negrillas y cursivas fuera de texto), *en consecuencia, no se trata de simples afirmaciones realizadas por el accionante.*

### 2.1.2. *¿Quién prueba?*

En lo atinente a la Carga de la Prueba u *Onus Probandi*, se entiende que la misma se encuentra, en primer lugar, en cabeza del peticionario o accionante de la Tutela; pero que el accionado también puede aportar las instrumentos que de acuerdo a criterio favorezcan sus intereses y sean procedentes para coadyuvar sus afirmaciones y posiciones frente a la acción que se desata en su contra. No obstante, si a juicio del juez las pruebas aportadas por las partes son insuficientes, éste puede decretar oficiosamente aquellas que según su criterio le proporcionen la debida claridad y los fundamentos suficientes para producir su fallo. Entonces dentro de la acción de tutela es deber del accionante acreditar fehacientemente que la acción u omisión pone en peligro sus derechos fundamentales, ya que si los hechos que se alegan no son probados de manera clara y convincente, el juez debe negarla motivado en su carencia de justificación.[31] Ahora bien; cuando se trata de pluralidad de partes y si con la decisión que se va a tomar en el fallo de tutela se pueden ver afectadas personas diferentes al demandado, corresponde al juez integrar el litisconsorcio necesario y citarlas para que comparezcan al proceso en defensa de sus intereses con miras a no violar el Debido Proceso en el trámite de la Acción de Tutela. Se trata de la intervención de terceros, que al ser notificados de la solicitud de la tutela, pueden allegar las pruebas que consideren pertinentes y controvertir las que se presenten en su contra.[32]

---

[31] Sobre el particular la Corte Constitucional en Sentencia T-424 de 1996 M.P. Dr. Hernando Herrera Vergara señaló: "El aporte de la prueba que corresponda al actor respecto de la acción u omisión que, a su juicio pone en peligro los Derechos Fundamentales, en criterio de esta Sala es imprescindible proporcionarla"...

[32] Para el efecto ver: Auto N° 040 de octubre 16 de 1997 M.P. Dr. Antonio Barrera Carbonell; Sentencia T-056 del 6 de febrero de 1997. M.P. Dr. Antonio Barrera Carbonell. Sentencia T-289 del 5 de julio de 1995 M.P. Dr. Eduardo Cifuentes Muñoz.

### 2.1.3. *¿Cómo se prueba?*

En esta clase de procesos, también se cumple un procedimiento para probar, restringidísimo por cierto, en la medida en que el término para fallar, en primera instancia, es de diez (10) días. Así, los requisitos intrínsecos de la prueba – entiéndase conducencia, pertinencia, licitud, legalidad- se imponen en el contencioso constitucional para que no devenga en el rechazo de las pruebas y consecuencialmente carezcan de efecto demostrativo. Solicitadas la pruebas tanto por el accionante como por el accionado, el juez de la tutela FISCALIZA que las mismas cumplan con tales condiciones y si ello es así, procede a su decreto amén de las que profiera de oficio; establecidas, se procede a la práctica de las pruebas ordenadas.

Resulta importante rescatar el sentido del artículo 22 del decreto 2591/91, que a la letra dice: *"El juez, tan pronto llegue al convencimiento respecto de la situación litigiosa, podrá proferir el fallo, **sin necesidad de practicar las pruebas solicitadas**"* (Negrillas fuera de texto). ¿Cómo interpretar el alcance del artículo en cuestión?; pues hasta ahora está claro, que el fallo de tutela se debe basar en las pruebas de las cuales se pueda inferir la violación o amenaza del derecho fundamental –principio de necesidad de la prueba- a pesar de que la Corte Constitucional ha reiterado que "... *esta disposición no puede entenderse como una autorización legal para que el juez resuelva sin que los hechos alegados o relevantes, para conceder o negar la protección, hayan sido probados, en forma sumaria dadas las características de este procedimiento"*[33] ... preocupa la consagración de esta norma, pues el operador jurídico podría adoptar la decisión (de negar o aceptar la tutela) basado en sus prejuicios o prevenciones, sin verificar lo acreditado por las partes, por cuanto que bien distinto es: *proferir el fallo sin necesidad de practicar TODAS las pruebas solicitadas*, que *proferir el fallo sin necesidad de practicar las pruebas solicitadas* (que es el tenor literal de la norma); lo primero significa que el fallo definitivamente se basó en pruebas, cuáles? las que a juicio del juez eran suficientes para llegar a la certidumbre de la violación o amenaza del derecho fundamental, en otras palabras, se dejaron de practicar ALGUNAS de las pruebas ordenadas; en tanto que lo segundo, se entiende que sin probanzas llegó el juez a esa certeza, lo cual, se reitera, resulta peligroso en la medida en que el fallador puede omitir por completo la eva-

---

[33] Corte Constitucional Sentencia T-264 de 1993 M.P. Dr. José Gregorio Hernández.

luación de los hechos relatados en la demanda y/o eludir cualquier análisis del material aportado por el actor a manera de pruebas.

### 2.1.4. *¿Cómo se valora la prueba?*

Al igual que cualquier proceso contencioso, en el de tutela las pruebas se apreciarán y/o valorarán de acuerdo con las reglas de la sana crítica[34] , debiéndose someter para el efecto a las exigencias del ordenamiento procesal civil; teniendo claro que la apreciación de las pruebas que haga un juez al fallar un proceso, dentro de su competencia, pertenece al ámbito de su autonomía y no puede convertirse en causal de la acción de tutela, pues ella nada tiene que ver con la violación del principio del debido proceso. Excepto, naturalmente, cuando se desconozcan las pruebas válidamente practicadas, y ese desconocimiento implique la violación del derecho de defensa.

### 2.1.5. *Pruebas en segunda instancia*

Impugnado el fallo de tutela en primera instancia, el juez remitirá, dentro de los dos días siguientes, el expediente al superior jerárquico correspondiente, para que lo revoque o confirme. Para el efecto, el juez que conozca de la impugnación estudia el contenido de la misma y la coteja con el acervo probatorio y el fallo proferido. En lo tocante a nuestro estudio, puntualmente el artículo 32 del decreto 2591/91 señala: *"...El juez de oficio por sí mismo o a petición de parte, podrá solicitar informes y ordenar la práctica de pruebas y proferirá el fallo dentro de los 20 días siguientes a la recepción del expediente"*... (Cursivas fuera de texto).

### 2.1.6. *Pruebas en revisión de tutelas*

Ante una "eventual" revisión del fallo de tutela, el plazo para tal reconocimiento es de tres meses, al cabo de los cuales el resultado sólo tiene dos posibilidades: que se revoque o se modifique el fallo de revisión, debiendo estar en ambos casos motivado o justificado. Aquí también se contempla la posibilidad de decretar pruebas. El Reglamento Interno de la Corte Constitucional, capitulo XIV, artículo 57, indica que *"Con miras a la protección inmediata y efectiva del derecho fundamental vulnerado y*

---

34 En punto a la Sana Crítica, se remite al lector a las explicaciones otorgadas al tratar el mismo tema en el Proceso de Control Abstracto de Constitucionalidad, exceptuando, por supuesto, lo relacionado con los denominados "elementos empíricos".

*para allegar al proceso de revisión de tutela elementos de juicio relevantes, el magistrado sustanciador, si lo considera conveniente decretará pruebas. En este evento, la sala respectiva podrá ordenar que se suspendan los términos del proceso, cuando ellos fueren necesarios."*

## II. MEDIOS PROBATORIOS EN LOS PROCESOS DE CONTROL CONSTITUCIONAL

### 1. *Consideraciones generales*

Si el Derecho Probatorio se entiende como la ciencia que estudia las normas jurídicas que regulan todo lo relacionado con las pruebas, es lógico deducir que lo que se está planteando sea una relación de "continente" (Derecho Probatorio) y "contenido" (Pruebas); pero, en esencia esta acepción indica, que el estudio del Derecho Probatorio comprende: a) una "Teoría General de la Prueba", que siguiendo el esquema de Couture, se esboza en cinco grandes problemas jurídicos que ya se respondieron; y, b) una "Parte Especial de la Prueba", que contempla los llamados "medios de prueba" o "Instrumentos Probatorios", como lo denominan las nuevas tendencias.

Se inicia este capítulo planteando el interrogante acerca de *qué son medios de prueba,* seleccionando para el efecto algunas definiciones; de un lado, como un remate de la Teoría General de la Prueba –ya estudiada-, y de otro, como antesala para el análisis de las pruebas más recurrentes o utilizadas por la Corte Constitucional en los procesos de Control abstracto.

¿Qué son los Medios de Prueba?

La pregunta anterior se responde a través de una síntesis ilustrativa con el aporte doctrinario de connotados tratadistas.

Inician este recorrido las aportaciones del profesor Antonio Rocha Alvira[35] :

---

[35] Rocha Alvira, Antonio, sin duda alguna, ha dejado huella imborrable en cada una de las actividades que realizó: Rector Universitario, Tratadista, Magistrado de la Corte Suprema de Justicia, Ministro de Estado, Embajador. Con su excelente obra *"De la Prueba en Derecho"*, inicia la colección de "Clásicos Jurídicos Colombianos"; texto aún actual para estudio y consulta de estudiantes de Derecho y abogados (litigantes, jueces o simplemente estudiosos de estos temas); se afirma que a partir de las obras de Rocha Alvira, es que se siente en Colombia la

*"La noción de probar y la de medio probatorio han recibido incontables definiciones. Siendo todas variedades de la misma idea, seleccionamos algunas, inclusive de nuestra ley positiva:*

*"Las siete partidas definen la prueba tanto en materia civil como penal, así:*

*"Averiguamiento que se hace en juicio en razón de una cosa que es dudosa"*

*"Don Joaquín Escriche, comentándola, le agrega en su admirable diccionario la definición de medio probatorio.*

*"Aquél con que se muestra y hace patente la verdad o falsedad de alguna cosa".*

*"Digamos que se trata de saber quién dio muerte a Ticio, cuyo cadáver aparece hendido con arma punzante. En la investigación deponen varias personas, mayores y de toda excepción, sin tacha, contestes y concordes, así cuando el delito y sus circunstancias como en cuanto a la persona homicida, con relatos espontáneos, sin comunicarse entre sus imprecisiones, con palabras distintas y que coinciden en las circunstancias de lugar, tiempo y modo, tanto sobre la persona del homicida como respecto a las heridas y demás elementos integrantes del cuerpo del delito. Esta fue una actividad probatoria, el averiguamiento que se hizo en juicio en busca de la verdad de una cosa antes desconocida o dudosa. Y en este caso los testimonios habrían sido el medio probatorio principal, que, sumados a la inspección ocular hecha por el Juez, condujeron al descubrimiento de la verdad, la mostraron e hicieron patente"...*

*Carlos Lessona propone la siguiente definición: "Todo medio que pueda alcanzar el doble fin de hacer conocido del juez un hecho, es decir, de darle conocimiento claro y preciso de él, y juntamente darle certeza de la existencia de aquel hecho, es un medio de prueba"*[36].

---

presencia de un pensamiento jurídico del Derecho Probatorio. No sin razón el exconsejero de Estado Dr. Gustavo de Greiff Restrepo en la presentación del libro señaló: ...*"De una obra se puede decir que es clásica cuando trasciende su época y a ella se vuelve en busca de la verdad, cuando trata de tal forma un problema propio del hombre y lo resuelve con tanta precisión, con tan señala certeza, que se vuelve intemporal. Estas características las reúne el tratado escogido por quienes nos empeñamos en el rescate de lo que podríamos llamar la memoria jurídica de la patria"...*

36 Lessona, Carlos, *Teoría General de la Prueba Civil*, Editorial Reus – Centro de Enseñanza y Publicaciones, S.A., Madrid, 1983

Para Carnelutti, *"Probar indica una actividad del espíritu dirigida a la verificación de un juicio y prueba, como sustantivo de probar, es el procedimiento dirigido a tal verificación"*[37].

Framarino expresa:

"*Así como las facultades de la percepción son las fuentes subjetivas de la certeza, así las pruebas son el modo de manifestación de la fuente objetiva que es la verdad. La prueba es pues a este respecto, el medio objetivo por el cual la verdad llega al espíritu. Y como el espíritu puede, con relación a un objeto, llegar por la prueba al estado de simple credibilidad, o al de probabilidad, o bien al de certeza, hay pruebas de credibilidad, pruebas de probabilidad y pruebas de certeza. La prueba pues, en general, es la relación concreta entre la verdad y el espíritu humano en sus especiales determinaciones de credibilidad, de probabilidad y de certeza*".

El profesor español Jaime Guasp sobre el particular señala:

"*Medio de prueba es todo aquel elemento que sirve, de una u otra manera, para convencer al juez de la existencia o inexistencia de un dato procesal determinado. El medio es, pues, sea cual sea su naturaleza, un instrumento como su nombre lo indica: algo que se maneja para contribuir a obtener la finalidad específica de la prueba procesal. No debe confundirse con el sujeto, ni con la materia, ni con la fuente de la prueba, aunque consista en una persona, en una cosa o en una actividad. El concepto de medio de prueba es, por lo tanto, muy amplio, ya que encierra en sí una multitud compleja de fenómenos concretos*".[38]

Y siguiendo con esta misma línea de pensamiento de Guasp, el profesor colombiano Devis Echandía puntualiza que los medios de prueba pueden considerarse desde dos puntos de vista, a saber:

"*De conformidad con el primero, se entiende por medio de prueba la actividad del juez o de las partes, que suministra al primero el conocimiento de los hechos del proceso y, por tanto, las fuentes de donde se extraen los motivos o argumentos para lograr su convicción sobre los hechos del proceso, es decir, la confesión de la parte, la declaración del testigo, el dictamen del perito, la inspección o percepción del juez, la narración contenida del documento, la percepción e inducción en la prueba de indicios*"...

---

37 Carnelutti, Francisco, *Sistema de Derecho Procesal Civil*, Libro Segundo, Traducción de Niceto Alcalá Zamora, Uteha, Argentina, 1944.

38 Guasp, Jaime, *Derecho Procesal Civil,* p. 340 y 341.

*"Desde un segundo punto de vista se entiende por medio de prueba los instrumentos y órganos que suministran al juez ese conocimiento y esas fuentes de prueba (...) a saber: el testigo, el perito, la parte confesante, el documento, la cosa que sirve de indicio"...*[39]

Se concluye diciendo que, medios de prueba, son las diversas razones, argumentos, instrumentos de verificación o confrontación, de las que se vale la investigación de una certeza, tanto formal como real, para conocer que un hecho existió o existe, o que no ha existido. Es conveniente no confundir el medio de prueba, con la fuente de prueba ni con los motivos o argumentos de la misma; ejemplo: el testigo y el perito son los órganos de la prueba; el testimonio y el dictamen son los medios; los hechos narrados y explicados son las fuentes; y, lo que hace convincente esa prueba, son los motivos o argumentos.

El legislador colombiano establece los medios de prueba en los Códigos Procesales y la razón para ello es cerrar el camino de la arbitrariedad del Juez y de las partes; es tener la seguridad que los medios de pruebas solicitados por las partes o decretados oficiosamente por el Juez, son los que de antemano ha señalado el legislador y no los que juez y partes, en un momento dado, quisieran aducir o crear: basta recordar que probar es un derecho, el "Derecho a Probar" - anteriormente explicado-; por tanto, es la ley la que debe reconocer y regular el ejercicio del mismo. Para el establecimiento de los medios de prueba, *"el legislador atiende al criterio universal de los modos como el hombre puede obtener o adquirir en juicio la certeza; los fija, pues, fundándose en la manera general de ser la naturaleza humana, y en la constancia de las leyes físicas, previos los métodos de investigación científica e histórica, y sobre las bases del proceso lógico. De manera que los medios de prueba establecidos en la ley se fundan en todas las fuentes naturales de certeza"*[40].

*¿Cuáles son esos medios de pruebas, en la legislación Colombiana?*

El siguiente cuadro comparativo nos ilustra la respuesta:

| **C.P.C. Art. 175** | **C.G.P. Art. 165** | **C.P.A.C.A. Art. 211** | **S.P.I. Art. 233** | **S.P.A. Art. 382** |
|---|---|---|---|---|
| Declaración | Declaración de | No aplica | Confesión | No aplica |

[39] Devis Echandia, Hernando, *Teoría General de la Prueba Judicial*. Diké, 4ª ed., Medellín 1993, p. 550 a 552.

[40] Alzate Noreña, Luis, *Pruebas Judiciales*, Imprenta Departamental, Manizales, 1941, p. 64

| de parte | parte y la confesion | | | |
|---|---|---|---|---|
| Juramento estimatorio | Juramento estimatorio | Juramento estimatorio | No aplica | No aplica |
| Testimonio de terceros | Testimonio de terceros | Testimonio de terceros | Testimonio | Testimonial |
| Dictamen pericial | Dictamen pericial | Dictamen pericial mixta | Peritación | Pericial |
| | Informes | Informes | | |
| Inspección judicial | Inspección judicial | Inspección judicial | Inspección | Inspección |
| Documentos | Documentos | Documentos | Documentos | Documental |
| Indicios | Indicios | Indicios | Indicios | No aplica |
| Libertad probatoria | Libertad probatoria | Libertad probatoria | Libertad probatoria | Elementos materiales probatorios, evidencia física, o cualquier otro medio tecnico o cientifico, que no viole el ordenamiento jurídico |

Se observa entonces que tanto el Código de procedimiento Civil, el Código General del Proceso, como el Sistema Penal Acusatorio (SPA), no obstante mencionar los medios de pruebas tradicionales, advierten que también sirven como medios de prueba: i.- el C P C, expresa "*cualesquiera otros (...) que sea útiles para la formación del convencimiento del juez*" cuya práctica se realizará "*...de acuerdo con las disposiciones que regulen medios semejantes o según su prudente juicio*"; ii.- esta situación se puede predicar respecto del C G P, que si bien señala los medios de prueba, autoriza que "*cualesquiera otros medios que sean útiles para la formación del convencimiento del juez*" agregando "preservando los principios y garantías constitucionales"; iii.- en lo que hace al S P A, cuatro son los medios de prueba señalados (testimonio, pericial, documentos e inspección) pero ordena el empleo de "*cualquier otro medio técnico o científico*"...

Secuelas importantes de la intervención legislativa en la fijación de los medios de prueba, son la inadmisibilidad de los medios convencionales y la utilización del conocimiento privado del juez como medio de prueba; respecto del primer aspecto, conviene destacar que la potestad de señalar los medios de prueba procesalmente admisibles, lo mismo que su mérito o valor, le corresponde exclusivamente al legislador y al juez, pero a éste solamente en el caso de que esté autorizado por aquél; se trata de una materia de orden público, que forma parte de la actividad jurisdiccional del Estado y de la regulación del proceso y que está por lo tanto, fuera del alcance de la libertad contractual; y en cuanto atañe al segundo, cuando el legislador ha establecido los medios de prueba admisibles en el proceso implícitamente consagra la prohibición para el juez de basar sus decisiones en el conocimiento personal y extraprocesal que puede tener de los hechos. La misma prohibición existe en un sistema de libertad de medios de prueba, porque éste significa que el juez puede admitir los que considere útiles, pero no puede prescindir de ellos para basarse en su conocimiento privado, principio fundamental del derecho probatorio, en particular, y del procesal, en general, cuyo desconocimiento implica la violación de la imparcialidad necesaria en el funcionario, de la contradicción indispensable en la prueba y de la igualdad de oportunidades y derecho de las partes en el debate probatorio.

2. *Consideraciones especiales frente a los procesos de control de constitucionalidad*

## 2.1. *Control abstracto de constitucionalidad*

Dando por sentado que el nuevo "rostro" o "estatus" de la prueba muestra un derecho, más que una etapa, es que en el anterior ejercicio hermenéutico se han planteado aspectos relevantes en materia de "Teoría General de la Prueba en el Proceso de Control Abstracto de Constitucionalidad". Es válido, entonces, indagar acerca de cuáles son los medios de pruebas más relevantes en esta clase de procesos. Habiendo realizado un "barrido" en el estado del arte sobre el tema y ante la ausencia absoluta de material bibliográfico y doctrinario, para responder este interrogante y basarse en una realidad social y jurídica, se desarrolló un "trabajo de campo" consistente en una investigación de carácter exploratoria, para precisar la muestra ilustrativa a través de unos criterios determinados, sobre los cuales se realizaría efectivamente, el proceso indagatorio de recolección de datos. En este sentido, la *ficha técnica* para tener en cuenta es:

**Unidades básicas de análisis**: A través de una metodología aleatoria para evitar un sesgo en la información por recomendaciones o escogencia arbitraria, se precisaron siete expedientes como único grupo objetivo –escogidos con base en criterios objetivos, que se expondrán posteriormente- y que fueron fallados: tres (3) con declaratoria de inconstitucionalidad por vicios de trámite de actos jurídicos; uno (1) en que la Corte deniega la práctica de pruebas por tratarse de vicios de contenido; uno (1) con declaratoria de exequibilidad temporal; uno (1) en el que la Corte Constitucional se declaró inhibida; uno (1) con declaratoria de exequibilidad del Acto Legislativo. Los expedientes, más que las sentencias, muestran un espectro general y detallado de cómo se ha surtido el respectivo proceso; más aún, permitió detenerse, paso a paso, en cada una de las "etapas" de este particular proceso.

**Mecanismo Utilizado**: Se realizó un estudio inmediato y personal, basado en el contacto directo con los expedientes que se investigaron; lamentablemente, por la falta de recursos técnicos y humanos, solo se pudo revisar una muestra ilustrativa de los procesos de control abstracto de constitucionalidad que se presentan ante la Corte Constitucional.

**Criterios:** El principal obstáculo encontrado para ejecutar el "trabajo de campo" propuesto, fue el de escoger cuál (es) expediente (s) seleccionar, pues la Corte Constitucional, en guarda de la integridad y supremacía de la Constitución, ha sido prolífica en la declaratoria de inconstitucionalidad de normas legales y actos legislativos. Hay que aceptar que la carencia del estudio del Derecho Legislativo, incluso por miembros del Congreso, conlleva con frecuencia a fallas funestas de las mayorías del Congreso al tramitar las leyes y ello deviene en *vicios de procedimiento,* con todo el costo para la Nación, en presupuesto, tiempo y perjuicios que se causan a la sociedad. ¿Qué hacer entonces? Se establecieron, los siguientes *criterios* previos a la selección de los expedientes:

**Criterio de impacto social**, aquellas decisiones de la Corte Constitucional que protegieran intereses de carácter económico-financiero, fiscal, de orden público y político;

**Criterio de actualidad**, que las demandas presentadas, ocuparan la atención de los colombianos por la incidencia legislativa de las normas demandadas y por la expectativa jurisprudencial que se produjera con los fallos, en un momento histórico para las relaciones entre el Gobierno y los ciudadanos;

**Criterio de seguridad jurídica**, que los fallos ratificaran la preeminencia de la norma constitucional al declarar inexequibles los textos legales de origen parlamentario que le eran contrarios o violatorios; y consecuencialmente, afianzaran la estabilidad constitucional de los derechos económicos, fiscales, políticos, electorales y desarrollaran las garantías preventivas y represivas, personales y objetivas;

**Criterio de la globalización jurídica**, cuando la liberación de la economía ha impulsado el derecho internacional a tal punto que la legislación global es un hecho, que les impone a legisladores y jueces ceder espacio a las materias de orden público irrenunciables para los Estados y que se reflejan en sus políticas estatales de toda índole.

**Expedientes explorados**: Teniendo en cuenta los criterios antes señalados, se seleccionaron los siguientes expedientes:

-Estatuto Antiterrorista[41].

-Referendo Reformatorio de la Constitución[42].

-IVA a la canasta familiar[43].

-UPACS[44].

-Impuesto y regalías a los recursos naturales no renovables[45].

-Reelección Inmediata[46].

-Despenalización del aborto[47].

---

41 Corte Constitucional. Sentencia C-816 del 30 de agosto de 2004. M. P. Dres. Jaime Córdoba Triviño y Rodrigo Uprimny Yepes (Expediente N° D-5121 y Expediente N° D-5122 acumulados, demanda de inconstitucionalidad contra el Acto Legislativo N° 02 de 2003).

42 Corte Constitucional. Sentencia C-551 de 9 de julio de 2003. M. P. Dr. Eduardo Montealegre Lynett (Expediente N° CFR-001 Revisión de constitucionalidad de la Ley 796 de 2003).

43 Corte Constitucional. Sentencia C-1041 de noviembre 5 de 2003. M. P. Dr. Manuel José Cepeda (Expediente N° 4605, demanda de inconstitucionalidad de la Ley 788 de 2002).

44 Corte Constitucional. Sentencia C-700 de septiembre 16 de 1999. M.P. Dr. José Gregorio Hernández (Expediente D-2374, demanda de inconstitucionalidad contra normas del Decreto Extraordinario 663 de 1993 o Estatuto Orgánico del Sistema Financiero).

45 Corte Constitucional. Sentencia C-221 de 1997. M.P. Dr. Alejandro Martínez Caballero (Expediente N° D-1458, demanda de inconstitucionalidad contra al artículo 233 literal (a) del Decreto 1333 de 1986 y ley 97 de 1986).

46 Corte Constitucional. Sentencia C-1040 de octubre 19 de 2005. M. P. Drs. Manuel José Cepeda Espinosa, Rodrigo Escobar Gil, Marco Gerardo Monroy Cabra, Humberto Antonio Sierra Porto, Alvaro Tafur Galvis, Clara Inés Vargas Hernández (Expediente D-5645, demanda de inexequibilidad del Acto Legislativo N° 02 de 2004 "Por el cual se reforman algunos artículos de la Constitución Política y se dictan otras disposiciones").

47 Corte Constitucional. Sentencia C-355 de mayo 10 de 2006. M.P. Drs. Jaime Araujo Rentaría y Clara Inés Vargas (Expedientes D-6122, 6123 y 6124, demanda de inconstitucionalidad contra los artículos 122, 123 (parcial), 124, modificados por el art. 14 de la Ley 890 de 2004, y 32, numeral 7, de la ley 599 de 2000 Código Penal)

Fecha del trabajo de campo: junio y julio de 2005; lugar: Archivo Corte Constitucional; excepto en lo que tiene que ver con los expedientes sobre reelección

**Interrogante a responder**: *¿Cuáles son los medios de pruebas más utilizados en los procesos de control abstracto de constitucionalidad?*

"**Estatuto Antiterrorista**"

Analizados en su totalidad los expedientes Nos. 5121 y 5122 acumulados, se observó: **a)** con su demanda, el demandante incorporó pruebas y además solicitó el decreto y práctica sólo de DOCUMENTOS; a folios 122, 123 y 124 del cuaderno principal se aprecia que dichos documentos hacen referencia a: Gacetas del Congreso, Grabaciones magnetofónicas y Grabaciones en casete de video formato VHS, amén de la solicitud de oficiar a la Secretaría del Congreso para que aportara al proceso copia de todos los documentos que conformaban el archivo del acto legislativo 02 de 2003; **b)** en la misma forma, el Magistrado Sustanciador, en el auto que admite la demanda presentada, resuelve entre otros puntos, oficiar –por medio de la Secretaría General de la Corte Constitucional- a los secretarios generales tanto del Senado de la República como de la Cámara de Representantes para que remitieran documentos en original o copia auténtica de algunas Gacetas del Congreso en las que constaba parte del proceso de aprobación del Acto Legislativo 02 de 2003, así como certificaciones del quórum y desarrollo de las votaciones ( Folios 202 y 203 del Cuaderno Principal); **c)** A folios 208, 209, 210, 211, 212, 213, 214, 215, 216, 217, 218, 219 y 220 del cuaderno principal, se observa que tanto las secretarías de Senado de la República como de la Cámara de Representantes remiten por medio de la Secretaría de la Corte Constitucional, las pruebas documentales solicitadas; **d)** Por auto de fecha julio 30 de 2004, el Magistrado sustanciador, resuelve tener como pruebas los documentos solicitados por el accionante, además de ordenar correr traslado de las pruebas reseñadas a la ciudadanía en general y a los entonces Presidente y Vicepresidente de la Cámara de Representantes, para los fines legales pertinentes; ( folios 466 y 467 del cuaderno principal parte B).

"**Referendo reformatorio de la Constitución**"

Del análisis del expediente CRF-001, se precisa: **a)** Con fecha 13 de enero de 2003, el Presidente del Congreso de la República, mediante oficio, remitió al Presidente de la Corte Constitucional el proyecto de ley No. 47 de 2002 Senado – 57 de 2002 Cámara, por el cual se convocaba a un

---

inmediata y despenalización del aborto, que como es lógico pensar, el trabajo de campo se hizo en el 2006, atenidos a las fechas en que se pronunció la Corte Constitucional, sobre estos dos temas tan importantes y se pudo acceder a los respectivos expedientes.

Referendo; en proveído de enero 20 de 2003, el Presidente de la Corte Constitucional, resuelve devolver dicho proyecto de ley, para que una vez sancionada y promulgada la ley se envíe a la Corte y ésta pudiera ejercer el control constitucional; entre otras consideraciones y fundamentos tuvo en cuenta la disposición del artículo 42 del decreto 2067 de 1991, que regula que la Alta Corporación decide sobre una ley, y no sobre un proyecto[48] ( folios 466, 467 y 468 del cuaderno principal); **b)** Con fecha enero 23 de 2003 el secretario jurídico de la Presidencia de la República remite al Presidente de la Corte Constitucional, para su control, la trascripción de las sesiones en las que se debatió la ley 796/03, así como las grabaciones de las mismas; **c)** Con auto de fecha febrero 03/03 el Magistrado Ponente resuelve asumir el conocimiento de la ley 796/03 y decretar la práctica de pruebas, que entre otros, se concretaron en: ejemplares originales de la Gaceta del Congreso en donde se publicó la iniciativa presentada por el Gobierno, y los de cada una de las ponencias presentadas tanto en sesiones plenarias, como en las comisiones de cada Corporación; ejemplares de las Gacetas del Congreso en las que se publicó el texto en primer debate en sesión conjunta de las Comisiones de Senado y Cámara de Representantes; constancias del quórum deliberatorio y decisorio de cada uno de los debates surtidos por la ley, respecto a cada pregunta individualmente considerada; Actas de cada una de las sesiones llevadas a cabo dentro del trámite legislativo; certificaciones del tiempo transcurrido entre la terminación de los debates en las comisiones de las cámaras legislativas y la iniciación de las discusiones en las plenarias de cada Corporación, así como en cuál de las Corporaciones comenzó el debate de plenarias o si éste fue simultáneo; oficiar a los Presidentes tanto de Senado y Cámara para que remitieran a la Corte la siguiente información: ¿Cuáles fueron los criterios tenidos en cuenta para fomentar la participación de la ciudadanía en las audiencias realizadas en el Congreso? ¿Cómo se introdujeron cambios a la iniciativa gubernamental? ¿Quiénes propusieron cada uno de los cambios? (Folios 176, 177, 178, 179 y 180 del cuaderno principal); **d)** Con auto de fecha febrero 18/03 se incorporan al expediente las pruebas solicitadas y que fueron recibidas por la Secretaría de la Corte Constitucional (Folio 326 del cuaderno principal); **e)** Por la trascendencia del tema a tratar, la Sala Plena de la Corte Constitucional, con fundamento

---

[48] Artículo 42 Decreto 2067/91: "Cuando la Corte deba decidir sobre la constitucionalidad por vicios de forma de <u>una ley en que se convoque a un referendo para reformar la Constitución</u> o se disponga que el pueblo decida sí convoca a una Asamblea Constituyente se aplicará el procedimiento ordinario. ( Subrayado fuera de texto)

en los artículos 12 y 13 del Decreto 2067 de 1991, decidió convocar a audiencia pública en el proceso de marras, invitando a intervenir en la misma a funcionarios y ciudadanos, debiendo presentar -cada expositor- un resumen escrito de su intervención a la Secretaría General de la alta Corporación y limitándolos a resolver un temario, que en punto al trámite de la ley que convoca a un referendo reformatorio de la Constitución, las preguntas fueron[49]:

> ..."*a) ¿Qué tipo de ley es la ley por medio de la cual se convoca a un referendo reformatorio de la Constitución?, b) ¿La ley por medio de la cual se convoca a un referendo reformatorio de la Constitución está sujeta a un trámite especial o se la aplican las disposiciones ordinarias?, c) ¿Puede el Congreso de la República introducir modificaciones al texto presentado por el Gobierno Nacional?, d) ¿Presentado el Proyecto, puede el Gobierno Nacional introducir modificaciones al mismo?, e) Habida consideración de la iniciativa gubernamental en la materia, ¿los cambios que introduzca el Congreso de la República al proyecto de ley, deben ser aprobados por el Gobierno Nacional?, f) ¿Satisface la publicación de la ponencia para primer debate el requisito constitucional de publicidad en el trámite de los proyectos de ley o, por el contrario, debe publicarse toda modificación al proyecto, propuesta por el Gobierno Nacional, previa la publicación de la ponencia para primer debate?, g) ¿Resulta válido dar trámite de urgencia a las leyes que convocan a referendo reformatorio de la Constitución?, h) ¿Resulta válido que se cite al Congreso de la República a sesiones extraordinarias para tramitar un proyecto de ley que convoca a un referendo reformatorio de la Constitución?, i) En materia de leyes que convocan a un referendo reformatorio de la Constitución, ¿se aplica el principio de unidad de materia?, j) ¿Cuál es el alcance de las competencias y facultades de las comisiones de conciliación cuando un aparte del texto del proyecto de ley es aprobado en la plenaria de una de las cámaras legislativas y en la otra es negado?, k) En punto a leyes que convocan a un referendo reformatorio de la Constitución, ¿cuáles vicios de procedimiento serían subsanables por parte del Congreso de la República?"... (Folios 769, 770, 771, 772 y 773 del cuaderno principal); f) Por auto de fecha seis de junio de 2003, la Secretaría General de la Corte Constitucional, envía al Magistrado Ponente la grabación de la audiencia pública realizada, contenida en 7 cassetes, así como otros escritos que soportan las intervenciones, en la tal audiencia, de algunos ciudadanos, (Folio 884 del cuaderno principal).*

---

49 Para quien escribe este libro, es indispensable transcribir textualmente las preguntas, para más adelante, pretendiendo responder el interrogante planteado, poder calificar de qué medio de prueba se trata.

## Unidad de Poder Adquisitivo Constante "UPAC"

Del estudio del Expediente D-2374, se señala: a) Por auto de mayo 12 de 1999, el Magistrado Ponente decretó pruebas que se centraron en[50]:

"*1. Ofíciese a la Superintendencia Bancaria y a los presidentes de la Asociación Bancaria, del Instituto Colombiano de Ahorro y Vivienda, ICAVI, y de la Asociación Nacional de Instituciones Financieras, ANIF, para que, de manera clara y precisa, expliquen por escrito a la Corte:*

*a) Cómo se está liquidando hoy en la práctica el valor de las cuotas de amortización de los créditos hipotecarios del sistema de valor constante, UPAC, citando las normas legales en que se fundan los métodos o las modalidades existentes.*

*b) Explicar, según los cálculos que esa entidad haya efectuado o ahora efectúe, cuántas veces se paga, en pesos y en valor constante, el monto de la deuda a cargo del usuario cumplido, comprendida la totalidad del plazo en las distintas modalidades existentes, si se compara el valor original del préstamo con el que termina pagando el deudor del crédito hipotecario de vivienda en valor constante dentro del sistema UPAC.*

*Para mayor claridad, las entidades que deben responder a este cuestionario utilizarán un ejemplo teórico, bajo el supuesto de un crédito que se hubiese otorgado, en un valor inicial, por un millón de pesos. A esa cantidad se aplicarán, dentro de la explicación, las distintas modalidades permitidas de liquidación de las cuotas hoy existentes y los diferentes plazos.*

*c) Explicar, dentro de las distintas modalidades permitidas de liquidación y para los diferentes plazos posibles, cómo se distribuye el valor de cada cuota (abono a capital, intereses, seguros de vida, incendio, terremoto, etc.). ¿En qué porcentajes se amortiza, se aumenta o se disminuye el valor total de la deuda? ¿Cuál es la razón actual para el aumento que algunos intervinientes dentro del proceso juzgan desmesurado en el monto de las obligaciones? ¿Cuál es el motivo de la desproporción que algunos intervinientes dentro del proceso denuncian, entre lo que se amortiza el capital en pesos y lo que se desembolsa por concepto de intereses en cada cuota? ¿Considera*

---

[50] Por considerarlo ilustrativo y de interés, se transcribe textualmente el contenido del auto que obra a folios 271, 272, 273, y 274 del cuaderno principal. Complementario a este auto, el de fecha mayo 20 de 1999 que obra a folios 337 y 338 del cuaderno principal.

*eso razonable y equitativo? Todo sobre el supuesto de que el deudor estuviese al día en el pago de sus cuotas.*

*d) Explicar si hay algunas diferencias en los sistemas de liquidación que favorezcan la vivienda de interés social. ¿Cómo se aplican en la práctica? ¿Cuántas veces aproximadamente termina pagando su crédito un usuario cumplido de vivienda de interés social?*

*2. OFÍCIESE, al Director del Departamento Administrativo Nacional de Estadística, DANE, para que informe a la Corte cuál es, en los diferentes estratos sociales, la proporción actual del monto de lo que debe destinar una familia deudora de crédito hipotecario para el pago de su vivienda, respecto a sus ingresos mensuales promedio?*

*El Director del DANE deberá responder, además, a las siguientes preguntas:*

*a) ¿Desde el punto de vista estadístico, HAN INCIDIDO, sí o no, y cómo, el sistema UPAC y sus actuales modalidades de liquidación en el incremento del costo de vida? Ilustrar a la Corte acerca de lo acontecido al respecto durante la vigencia del sistema, con especial énfasis en los últimos dos años.*

*b) ¿Cuál ha sido el impacto de ese sistema, desde el punto de vista de la canasta familiar en los diferentes estratos sociales?*

*c) ¿Tiene el DANE cifras o cuadros globales acerca del influjo que ha tenido, desde su creación, la aplicación del sistema de valor constante en el proceso inflacionario colombiano?*

*3. INVITASE, en calidad de expertos, a los doctores (...) para que emitan conceptos acerca de los siguientes puntos:*

*a) La evolución que ha mostrado el sistema UPAC en su estructura y aplicación, a medida que se fueron expidiendo las normas acusadas, y el impacto que ha generado en el aumento de la inflación, el alza en el costo de la vida, el incremento de la cartera vencida en las entidades financieras prestamistas y la pérdida de sus viviendas por los deudores.*

*b) ¿Cuál es la proporción hoy existente, con las distintas modalidades de amortización y plazos de UPAC, entre el valor inicial de las deudas y el monto total que al final termina pagando el usuario cumplido de un crédito hipotecario del sistema?*

*c) ¿Estima usted razonable la aplicación del sistema contemplado en las normas acusadas, en especial respecto de personas de bajos ingresos que han acudido al UPAC como forma de adquisición de su vivienda? ¿Cuál es la racionalidad y los supuestos de las fórmulas con base en las cuales se de-*

*termina y orienta el sistema de valor constante, UPAC, en particular en lo relativo a la amortización y proporcionalidad entre lo prestado y lo efectivamente pagado?*

*d) ¿Qué es el UPAC desde el punto de vista monetario? ¿Ha terminado por sustituir al peso, en cuanto a vivienda se refiere, como unidad monetaria? ¿Es, a su juicio, una denominación alterna de la moneda colombiana? ¿O un tipo distinto de moneda? Explique su naturaleza.*

*e) ¿Cuáles son, en su criterio, las ventajeas y desventajas, económicas y sociales, que ofrece el sistema UPAC? ¿Cómo han influido en ellas los cambios y adaptaciones que las disposiciones acusadas han ido introduciendo durante la vigencia del sistema de valor constante?*

*f) ¿A qué atribuye lo que algunos intervinientes en este proceso llaman "el descalabro" o "la crisis" del sistema UPAC?*

*g) Agregar todos aquellos comentarios que juzgue importantes para la mayor ilustración de la Corte Constitucional sobre el tema, para lo cual se anexará el texto de la demanda.*

*4. REMÍTASE el mismo cuestionario previsto en el acápite anterior al Gerente del Banco de la República y a cada uno de los miembros de la Junta Directiva del mismo, para que lo respondan con destino al proceso.*

*5. REMÍTASE el cuestionario previsto en el acápite 3 de ese auto a los ministros de Hacienda y Crédito Público y Desarrollo Económico, para que lo respondan con destino al proceso.*

*6. REMÍTASE el cuestionario previsto en el acápite 3 de este auto al Defensor del Pueblo y a los congresistas (...), así como a todos los miembros de las comisiones terceras del Senado de la República y la Cámara de Representantes, para que se refieran a él con la amplitud que consideren necesaria.(...)*

*7. REMÍTASE copia de este auto a los presidentes de las centrales de trabajadores y a las asociaciones de los usuarios del sistema UPAC, así como a los presidentes de CAMACOL y FEDELONJAS, CEDE y FEDESARROLLO, para que formulen sus comentarios ante la Corte."...* ***b)*** *Por auto de fecha mayo 24 de 1999, dada la complejidad del tema, el Magistrado Ponente AMPLÍA el término probatorio (Folio 339);* ***c)*** *Por auto de fecha Julio 6 de 1999, el Magistrado Ponente CONVOCA audiencia pública a funcionarios y ciudadanos para que respondan preguntas o profundicen en los argumentos ya expuestos por escrito (Folio 421, 422 y 423);* ***d)*** *Mediante auto de fecha 30 de agosto/99 el magistrado ponente decreta, para mejor proveer, la siguiente prueba: que los secretarios generales de ambas cámaras del Congreso de la República certifiquen si, durante la primera legislatura posterior* *a la entrada en vigencia de la Constitución de 1991, el Gobierno presentó proyecto de ley marco sobre la regulación de la actividad financiera o aquella relacionada con el manejo, aprovechamiento e inversión de los recursos captados del público. En caso afirmativo, dichos funcionarios deberán certificar si el proyecto fue aprobado dentro del término de las dos legislaturas ordinarias siguientes. Para el recaudo de esta prueba se COMISIONÓ a un magistrado auxiliar de ese Despacho (folio 493).*

## "IVA" a la Canasta Familiar

El Expediente D-4605, arroja lo siguiente: a) La norma acusada, artículo 30 de la ley 788 de 2002, en la parte pertinente señala: "Artículo 30. Bienes excluidos. Modificase el artículo 424 del Estatuto Tributario, el cual queda así:

*"Artículo 424. Bienes excluidos del impuesto. Los siguientes bienes se hallan excluidos del impuesto y por consiguiente su venta o importación no causa impuesto a las ventas. Para tal efecto se utiliza la nomenclatura arancelaria Nandina (sic) vigente:*

*"(...)*

*"84.32. Máquinas, aparatos y artefactos agrícolas, hortícolas o silvícolas, para la preparación o el trabajo del suelo o para el cultivo; excepto rodillos para césped o terrenos de deporte". El demandante afirma: "la norma acusada pone en desventaja a los fabricantes nacionales con respecto a los extranjeros pues el IVA lo paga el contribuyente por la diferencia entre el valor de su venta y el de su costo. Un productor le gira al Estado la diferencia entre el IVA que cobra en su factura de venta y el que pagó por sus insumos, es decir que le resta al impuesto que le cobró a sus clientes, el impuesto que pagó por sus materias primas. Cuando el artículo producido se excluye del IVA, el fabricante no tiene de donde descontar el IVA que pagó por sus insumos, por lo cual este IVA tiene que pasarlo a sus costos y su producto se encarece (...) La norma acusada hizo que los productores nacionales de la posición arancelaria 84.32 queden en desventaja del 7.9% para competir frente a los importadores de productos similares en el extranjero, lo cual genera una desigualdad a los fabricantes nacionales que son los que generan empleo y atienden las necesidades del agro colombiano"... (Folio 37 del expediente); **b)** Por auto de fecha 30 de abril de 2003, el Magistrado Sustanciador resuelve inadmitir la demanda , entre otras razones porque el peticionario sólo se limita a describir las presuntas consecuencias de la aplicación de la norma acusada sin que se proporcionen elementos que permitan constatar que ciertamente la norma tiene los efectos señalados; **c)** Corregida la demanda por el demandante, la misma se admite con base en el principio pro actione, no obstante que, a juicio del Magistrado Sustanciador, no se suplieron las insuficiencias de la demanda; **d)** Finalmente, la Corte se declara inhibida, entre otras razones, porque el demandan-*

*te no acompañó las pruebas de cuáles productos extranjeros se benefician en sus respectivos países de una exención o exclusión de dicho impuestos a las ventas.*

**"Impuestos y regalías a los Recursos naturales no renovables"**

El análisis del Expediente D-1458 señala: **a)** Por auto de fecha octubre 7 de 1996, el Magistrado Sustanciador resuelve admitir la demanda, fijar en lista el proceso en la Secretaría General de la Corte y correr traslado al señor procurador para que emita su concepto (folios 18 y 19); **b)** Con fecha 10 de abril de 1997, el magistrado sustanciador emite al siguiente auto, que por su interés se transcribe la parte pertinente:

*"... CONSIDERANDO*

*"(...)"*

*"3.- Que al estudiar la constitucionalidad de la norma acusada se encuentra que resultan necesarios* ***conceptos técnicos*** *que permitan reunir los elementos de juicio para decidir definitivamente sobre la exequibilidad de la norma demandada. (Negrilla y subrayado fuera de texto).*

*"4.- Que por esta razón, se dictará un auto de mejor proveer para completar el material probatorio necesario para la decisión (...)*

*"...RESUELVE*

*Primero: SOLICITAR al Ministerio del Medio Ambiente, a la Corporación Autónoma Regional de Cundinamarca –CAR-, al Instituto de Investigaciones en Geociencias, Minería y Química –INGEOMINAS-, a la Academia Colombiana de Ciencias Exactas, Físicas y Naturales, al Instituto de Estudios Ambientales de la Universidad Nacional –IDEA-, al Centro de Estudios Ambientales de la Universidad de los Andes, al Centro de Estudios Ambientales de la Universidad Javeriana, a la Fundación BIOCOLOMBIA y a la Fundación NATURA, la remisión a la Corte Constitucional, en un término de cinco (5) días contados a partir de la comunicación de ese auto, sus conceptos y opiniones técnicas sobre si la arena cascajo y piedra del lecho de los cauces de los ríos y arroyos son recursos naturales no renovables o si por el contrario son recursos naturales renovables.*

*"Segundo: Este período probatorio, no suspenderá el término para el estudio y decisión en Sala Plena"... (Folios 73 y 74 del Expediente);* ***b)*** *Por auto de abril 23 de 1997, la Secretaría General de la Corporación informa al Magistrado Sustanciador, que de las pruebas solicitadas todas fueron recibidas, excepto las de: Ministerio del Medio Ambiente, Instituto de Estudios Ambientales de la Universidad Nacional – IDEA- Fundación Natura y Cen-*

*tro de Estudios Ambientales de la Universidad de los Andes (Folio 72 del Expediente);* ***c)*** *Con Sentencia de fecha abril 29 de 1997, la Corporación declara la Exequibilidad temporal de la norma acusada en el entendido que las explotaciones de los recursos naturales no renovables requieren de licencia ambiental de acuerdo con las exigencias de la Ley 99 de 1993, y en forma temporal por un plazo de cinco años contados a partir de la notificación de la presente sentencia, el literal a) del artículo 233 del decreto 1333 de 1986.*

## "Reelección Inmediata"

El expediente D- 5645 muestra lo siguiente: **a)** La parte actora acompaña con su demanda las siguientes prueba documentales:

*"(...)* ***1****. Diario oficial 45.775. Acto legislativo 02: 27/12/2004; que se demanda.*

***2.*** *Informe de conciliación proyecto acto legislativo reelección diciembre 06 de 2004.*

***3.*** *Decreto 2310 de julio 21 de 2004, publicación proyecto acto legislativo primera vuelta.*

***4.*** *Acto legislativo 01 de 2003, reforma política.*

***5.*** *Constancia secretarial comisión primera senado sobre inexistencia de mesa directiva.*

*6. Resolución N° 4 comisión primera senado convocando audiencia pública.*

***7.*** *Constancia secretarial comisión primera senado sobre qué ciudadanos intervinieron en audiencia pública.*

***8****. Tres constancias secretariales comisión ética senado sobre una recusación.*

***9.*** *Oficio N° 1239 del Presidente del senado Germán Vargas, mayo 18 de 2004, dirigido a la secretaría comisión ética invalidando una recusación.*

***10.*** *Actas de comisión primera senado de República en las Gacetas números: 215, 216, 350, 531, 532 y 621.*

***11.*** *Actas de plenaria Senado de la República números 227, 311, 312, 313 y 589 (...)". (Folio 26 del expediente, cuaderno principal N° 1);* ***b)*** *La demanda presentada fue corregida por la demandante en los términos previstos por el auto inadmisorio de 2 de febrero de 2005, comprobada la corrección mediante auto de fecha 11 de febrero de 2005, el Magistrado Sustanciador procede a su admisión y entre otros, "considera pertinente solicitar la práctica de pruebas, conducentes a conocer el trámite que antecedió a la aprobación del citado Acto Legislativo, sometido a juicio de constituciona-*

*lidad"; c) En consecuencia de lo anteriormente anotado, RESUELVE: "(...)"*

*"OCTAVO.- SOLICITAR por intermedio de la Secretaría General de la Corte, oficiar a los Secretarios Generales del Senado de la República y de la Cámara de Representantes para que, en el término de diez (10) días hábiles, contados a partir de la notificación del presente Auto, se sirva remitir a esta Corporación los siguientes documentos:*

> *· Originales o copias auténticas de las Gacetas del Congreso en las que consten los antecedentes completos del trámite que antecedió a la aprobación del Acto Legislativo N° 02 de 2004.*
>
> *· Certificación del quórum y del desarrollo de las votaciones, con el número exacto de votos con que fue aprobado en cada una de las comisiones y de las plenarias, el Acto Legislativo de la referencia. Para el efecto, es indispensable acompañar copias de las Actas en donde consten el quórum y la votación, así como, de las Gacetas donde aquellas fueron publicadas.*
>
> *· Certificación por parte de los secretarios de las Plenarias y de las Comisiones respectivas, en relación con la fecha en qué se anunció la votación del Acto Legislativo sometido a revisión. Y del día en que efectivamente tuvo lugar la votación de dicho proyecto. Acompañado de las pruebas que permitan acreditar el contenido de la citada certificación.*
>
> *· Copia del Acto por virtud del cual se eligió a la Mesa Directiva de la Comisión Primera del Senado para el período constitucional comprendido entre el 20 de julio de 2003 y el 20 de junio de 2004, así como las actas en donde conste el procedimiento de elección y la votación correspondiente (...)". (Folio 365 del expediente); d) Por auto de fecha 28 de abril de 2005, el Despacho advierte que es necesario acudir a la práctica de pruebas adicionales, con el fin de contar con los elementos de juicio suficientes para resolver el asunto y en ese sentido el Magistrado Sustanciador RESUELVE:*
>
> *"(...)"*

*"Primero.- Por intermedio de la Secretaría General de la Corte, OFICIAR a los Secretarios Generales del Senado de la República y de la Cámara de Representantes para que, en el término de tres (3) días hábiles contados a partir de la comunicación del presente Auto, se sirvan remitir a esta Corporación los siguientes documentos:*

> *Certificación por parte de los Secretarios de las Plenarias del Senado de la República y de la Cámara de Representantes, en relación con las fechas en que tuvo lugar el anuncio del inicio de las discusiones en primera y segunda vuelta del Proyecto de Acto Legislativo 012/04 Senado 267/04 Cámara (Acto Legislativo 02 de 2004). Acompañado de las Ga-*

*cetas del Congreso que permitan acreditar el contenido de dicha certificación.*

*Envío por parte de los Secretarios de las Plenarias y de las Comisiones Primera del Senado de la República y de la Cámara de Representantes, de las Gacetas del Congreso en donde consten las aprobaciones de las actas correspondientes a las sesiones en las que se discutió y aprobó el Proyecto de Acto Legislativo 012/04 Senado 267/04 Cámara (Acto Legislativo 02 de 2004).*

*Segundo.- Por Secretaría General de esta Corporación,* ***OFÍCIESE*** *al Director de la Biblioteca Enrique Low Multra para que, en el término de tres (3) días hábiles contados a partir de la comunicación del presente Auto, allegue por Secretaría copia de los Diarios Oficiales en donde se encuentren las publicaciones correspondientes al texto aprobado en primera vuelta y al texto final del Proyecto de Acto Legislativo 012/04 Senado – 267/04 Cámara (Acto Legislativo 02 de 2004) (...)" (Folio 414 del expediente);*

***e)*** *Por sentencia de octubre 19 de 2005 la Corporación declara* ***EXEQUIBLE*** *el Acto Legislativo No. 02 de 2004 "Por el cual se reforman algunos artículos de la Constitución Política y se dictan otras disposiciones", salvo el siguiente aparte contenido en el inciso tercero del parágrafo transitorio del artículo 4º del citado Acto Legislativo: "[s]i el Congreso no expidiere la ley en el término señalado o el Proyecto fuere declarado inexequible por la Corte Constitucional, el Consejo de Estado, en un plazo de dos (2) meses reglamentará transitoriamente la materia", que se declara* ***INEXEQUIBLE****.*

**"Despenalización del Aborto"**

Hay que analizar conjuntamente los expedientes: D-5807, D- 5764 y D-6122, 6123 y 6124, en todos ellos se demanda la inconstitucionalidad del artículo 122 de la ley 599 de 2000 "por el cual se expide el Código Penal". Dicho artículo indica: "La mujer que causare su aborto o permitiere que otro se lo cause, incurrirá en prisión de dieciséis (16) a cincuenta y cuatro (54) meses". Penas aumentadas por el artículo 14 de la Ley 890 de 2004, a partir del 1° de enero de 2005, aunque la demandante no hizo referencia a esta norma. Ocurrió que: **a)** Inicialmente se interpusieron varias demandas entre los meses de enero y abril de 2005, y en ellas se solicitaba que la legislación colombiana despenalizara el aborto en tres circunstancias específicas: violación, cuando la vida de la mujer corre riesgo y cuando el feto sufre malformaciones que le impiden la vida extrauterina; **b)** Lo anterior dio lugar a que se abrieran los expedientes D-

5807[51] y D-5764[52] , si bien se solicitó su acumulación, la Corte consideró que no era procedente, por cuanto que de conformidad con el artículo 47 del Acuerdo 5 de 1992 –Reglamento Interno de la Corporación- "dicha acumulación se efectúa solamente al momento del reparto de expedientes, de conformidad con el programa de reparto, el cual incluye las demandas radicadas durante un período de dos semanas, lo cual no fue posible en este caso, por la diferencia de tiempo en que fueron presentadas las demandas"; **c)** Adicionalmente, respecto de los expedientes D-5807 y D-5764, la Corte se declaró INHIBIDA para emitir pronunciamiento de fondo por ineptitud sustancial de la demanda. En relación con la acusación formulada, señaló:

> *"(...) Así, si bien en la demanda se pide como pretensión principal que se despenalice el aborto en general, o sea, que se declare inconstitucional la posibilidad jurídica de sancionar penalmente a la mujer que aborte, no obstante, la demandante sólo acusa una de las normas que se ocupan del tema, y no todas las que sancionan penalmente en distintas hipótesis a la mujer que aborte.*
>
> *En otras palabras, no existe correspondencia entre la petición -despenalizar totalmente el aborto- y la norma acusada (Ley 599 de 2000, Art. 122) que es exclusivamente una de las normas que regulan expresamente el tema (Ley 599 de 2000, Arts. 122, 123, 124) (...)"; **d)** La anterior decisión obliga a los demandantes a presentar con fecha 12 de diciembre de 2005, nuevamente la demanda de inconstitucionalidad con la integración normativa respecto del delito de aborto –son los expedientes D-6122, D-6123 y D-6124[53] - y en materia de pruebas, se observa:*
>
> *"(...) 7. **PRUEBAS**:*
>
> *Solicito a la Honorable Corte Constitucional que se decreten, practiquen y tengan como tales, las siguientes pruebas:*
>
> *Todos los elementos pertenecientes al expediente D-5764, incluyendo las intervenciones ciudadanas, conceptos, pronunciamientos etc. (...)" (folio 44*

---

51 Corte Constitucional. Sentencia C-1300 de diciembre 7 de 2005; M. P. Dr. Marco Gerardo Monroy Cabra

52 Corte Constitucional. Sentencia C-1299 de diciembre 7 de 2005; M. P. Dr. Álvaro Tafur Galvis

53 Corte Constitucional. Sentencia C-355 de mayo 10 de 2006; M. P. Drs. Jaime Araujo Rentería y Clara Inés Vargas.

*del expediente); en efecto a folio 33 del expediente D-5764; en ese sentido se expresa:*

*"(...)* ***VI. PRUEBAS***

*Solicito a la Honorable Corte Constitucional que se decreten, practiquen y tengan como tales, las siguientes pruebas:*

*1. Se solicite a la Organización Mundial de la Salud, departamento de Salud Reproductiva, la información pertinente que la organización tenga en su poder sobre el aborto ilegal como causa de mortalidad materna en el mundo, América Latina y Colombia:*

*Paul F.A. Van Look, M.D. Ph.D*

*Director*

*Eszert Kismodi*

*Human Right Adviser*

*Departament of Reproductive Health and Research*

*2. Se solicite al Ministerio de Protección Social concepto sobre las causas de la mortalidad materna en Colombia y su relación con los abortos ilegales. (...)";* ***e)*** *Por auto de fecha 16 de diciembre de 2005, el magistrado sustanciador expresa: "(...) Es de anotar que el control de constitucionalidad de la ley se efectúa sobre el procedimiento y sobre el contenido. En relación con el primero, por expreso mandato constitucional prescribe en el término de un año; en cuanto al control de contenido cabe resaltar que este es un juicio objetivo, abstracto, que consiste en un cotejo entre normas una de superior jerarquía –la Constitución- y otra de inferior con fuerza de ley.* ***Así las cosas no se requieren pruebas*** *(...)" (Cursivas y negritas fuera de texto). f) En efecto, el magistrado sustanciador dispuso:*

*"(...) Quinto.- DENEGAR el decreto de las pruebas solicitadas en las demandas acumuladas (...)". (Folios 635, 636 y 637 del expediente).*

Se tiene entonces que si bien los apartes de la ley 599 de 2000 –Código Penal-, habían sido demandados tanto por vicios de fondo como de forma, al tenor de los dispuesto por el artículo 242-3 de la Norma Superior[54] , la acción pública de inconstitucionalidad había prescrito respecto

---

54 Señala el artículo 242: "Los procesos que se adelantan ante la Corte Constitucional en las materias a que se refiere este título, serán reguladas por la ley conforme a las siguientes disposiciones: "(...)" 3. Las acciones por vicios de forma ca-

de los vicios de procedimiento; en consecuencia, el estudio que hizo la Corte sólo versó sobre vicios de fondo y aquí, como bien se dijo en su momento, la actividad probatoria es irrelevante, en la medida en que se trata de un juicio objetivo y abstracto.

**Interpretación de Resultados**

Del estudio detallado de los expedientes antes descritos y haciendo un análisis comparativo de los resultados arrojados, con el fin de responder el interrogante planteado, se puede concluir sin duda, que:

i.- Son los **DOCUMENTOS** la prueba mayoritariamente empleada en esta clase de procesos, porque constituyen un medio probatorio que no requiere actuación, además de ser una prueba inmediata, instantánea y autosuficiente, que se adjunta en los respectivos escritos de demanda de constitucionalidad de una norma o de su contestación. Y de cuáles documentos se habla? Se observa, desde los llamados documentos "tradicionales" o físicos, por ejemplo: las Gacetas del Congreso, hasta los llamados documentos "especiales" como en el caso de los cassetes que contienen las grabaciones magnetofónicas o los videos que contienen las intervenciones de los congresistas, sólo por mencionar algunos. No obstante lo anterior, vale recordar que dentro de las nuevas tendencias del derecho procesal y probatorio, se enmarca LA DESFORMALIZACIÓN Y DESMATERIALIZACIÓN DE LOS DOCUMENTOS, en el sentido que no se puede continuar amarrado a las formas tradicionales, porque precisamente Colombia, a través de la Ley 527 de 1999[55], determinó el marco legal que confiere valor a los mensajes electrónicos de datos, como un claro ejemplo de la influencia de los últimos desarrollos tecnológicos en el campo del derecho probatorio.

En la legislación colombiana el documento se define como *"... los escritos, planos, dibujos, cuadros, fotografías, cintas cinematográficas, discos, grabaciones magnetofónicas, radiografías, talones, contraseñas, cupones, etiquetas, sellos, y, en general, todo objeto mueble que tenga carácter representativo o declarativo, y las inscripciones en lápidas, monumentos, edificios o similares"*[56]; se observa que, no obstante dicha defi-

---

ducan en el término de un año, contado desde la publicación del respectivo acto. (...)".

55 "Por medio de la cual se define y reglamenta el acceso y uso de los mensajes de datos, del comercio electrónico y de las firmas digitales, y se establecen las entidades de certificación y se dictan otras disposiciones".

56 Código de Procedimiento Civil Colombiano, artículo 251

nición se creó en un momento histórico en que los únicos soportes eran físicos o de papel (año de 1970), no se excluye la posibilidad de la existencia de documentos incorporados en medios diferentes a los físicos, pues en la citada definición se lee claramente *"...todo objeto mueble que tenga carácter representativo o declarativo"*... como lo son los documentos electrónicos, o mensaje de datos como los define la ley 527, que precisa sobre el particular: *"La información generada, enviada, recibida, almacenada, o comunicada por medios electrónicos, ópticos o similares, como pudieran ser, entre otros, el intercambio electrónico de datos (EDI), Internet, el correo electrónico, el telegrama, el télex o el telefax"*[57] .

Por otro lado, en la legislación colombiana prevalece el principio de "libertad probatoria", consagrado en el artículo 175 del Código de Procedimiento Civil, al señalar "***Medios de prueba***. *Sirven como pruebas, la declaración de parte, el juramento, el testimonio de terceros, el dictamen pericial, la inspección judicial, los documentos, los* ***indicios y cualesquiera otros medios que sean útiles para la formación del convencimiento del juez.***

*"El juez practicará las pruebas no previstas en este código de acuerdo con las disposiciones que regulen medios semejantes o según su prudente juicio."*

De esta manera, enfatizó la Corte Constitucional: "*(...) en el actual sistema probatorio el juez y las partes tienen a su disposición una amplia libertad para asegurar que en las decisiones judiciales impere el derecho sustancial, la verdad real y la justicia material"*[58] .

Nada contraviene entonces, que en esta clase de procesos, se permita legalmente la presentación de memoriales vía fax, o que se incorporen CD o disquetes que reemplacen los agobiantes e interminables escritos, pues es una realidad que *"...el papel se deteriora y su conservación es problemática por la capacidad de absorción de partículas de polvo"(...) "Un archivo tradicional tiene asociados altos costos como el espacio físico, dispositivos de seguridad, alarmas contra incendio y locaciones con condiciones especiales de humedad, sin hablar del personal necesario para su administración"*[59] ... Se insiste en que el pronunciamiento de la Corte

[57] Artículo 2. Literal a. Ley 527 de 1999

[58] Corte Constitucional, Sentencia C-243/01, M. P. Dr. Rodrigo Escobar Gil, Expediente D-3118

[59] *Revista de Derecho Comunicaciones y Nuevas Tecnologías*, Ediciones Uniandes, Facultad de Derecho, abril de 2005, p. 118 y 119.

Constitucional, se orienta a hacer admisibles como medios de prueba, los mensajes de datos, con la misma fuerza probatoria otorgada a los documentos de los que trata el capítulo VIII del título XIII del Código de Procedimiento Civil[60] .

Aunado a lo anterior, basta recordar que en la década de los noventa, Colombia produce un nuevo texto constitucional con el cual entra al mundo globalizado de los negocios, la ciencia, la tecnología y las nuevas relaciones internacionales y mundiales; es con la nueva Carta como se acentúa la evolución de la ciencia jurídica. Sobre esa base, la Corte Constitucional, ha insistido en la simplicidad de los trámites procesales: "*El trámite procesal debe ser, pues, lo más simple posible, de suerte que las etapas y ritualidades que lo componen sean las mínimas dentro de lo razonable...Debe ser idóneo para la consumación de su objetivo esencial, cual es la aplicación de la justicia. Ni la dilación injustificada, ni la reiteración, deben estar presentes, porque entonces la configuración del medio impediría la realización del fin, lo cual constituiría un contrasentido desde todos los puntos de vista. Como el trámite es la disposición hacia un objetivo por alcanzar, lo más apropiado es su mayor simplicidad, pues con ello se pone el fin al alcance de todos. A través de la simplicidad del trámite procesal, la justicia se hace más efectiva y menos utópica. Estos principios tiene, por lo demás, pleno fundamento constitucional...*"[61]. Lo que permite traspolar, estas consideraciones generales del Derecho Procesal a los procesos de control abstracto, es precisamente que, si bien su actividad probatoria es mínima y discreta, no por ello deja de ser importante y necesaria.

Si bien el Decreto 2067 de 1991, o "pequeño Código Procesal Constitucional", en las normas pertinentes –artículos 7 y 10-, para nada indica que los medios probatorios son los que no requieren actuación pues sólo exige que ellos sean *conducentes,* no lo es menos que la abundante jurisprudencia y concretamente los expedientes estudiados, señalan que los **documentos** se han convertido en la *"prueba reina*" en esta clase de pro-

---

60 La Corte al declarar la exequibilidad de la ley 527 de 1999, mediante Sentencia C-662 de junio 8/00, M. P. Dr. Fabio Morón Díaz, señaló: "... En toda actuación administrativa o judicial, vinculada con el ámbito de aplicación de la presente ley, no se negará eficacia, validez o fuerza obligatoria y probatoria a todo tipo de información en forma de un mensaje de datos, por el sólo hecho de que se trate de un mensaje de datos o en razón a no haber sido presentado en su forma original"...

61 Sentencia C-127 de marzo 23 de 1995, M. P. Dr. Vladimiro Naranjo Mesa.

cesos, en la medida en que sobre ellos no exista sombra alguna de duda y logren crear convicción en el juez constitucional; no obstante lo anterior, la facultad del juez no se anula para realizar las actuaciones probatorias que desee, por cuanto puede decretar de oficio las pruebas que considere procedentes para llevarlo a un convencimiento mejor fundamentado sobre el asunto en que consiste el fallo.

**ii.**- Mención especial merecen ahora las denominadas **PRUEBAS TÉCNICAS.** Sin duda hay conformidad que la aplicación del derecho es una función procesal del juez; en consecuencia, se presume que debe tener conocimiento del orden jurídico o, por lo menos, procurarse su conocimiento. Lo anterior con base en el principio *iura novit curia.* Sin embargo, no se puede predicar, pues sería absurdo, una *"sabiduría jurídica universal por parte del juez, ello sería contraria a la verdad y a la posibilidad normal"*[62] ; por ello hay algunas normas que tienen necesidad de probarse, como las leyes de alcance no nacional, las leyes extranjeras, la costumbre nacional y extranjera tanto civil como mercantil.

No obstante lo anterior, el juez no puede ni abstenerse ni negarse a fallar cuando se le presenten situaciones que escapan a la esfera de sus conocimientos, vale decir técnicas, artísticas o científicas. En estos casos, las normas probatorias permiten que el juez busque auxilio en los expertos, quienes aportarán al proceso un medio de prueba que se conoce como DICTAMEN PERICIAL, INFORMES TÉCNICOS o CONCEPTOS TÉCNICOS, según sea el caso, y que se enmarcan con el nombre genérico de PRUEBAS TÉCNICAS, pero que en lo sustancial difieren una de las otras, pues sólo son coincidentes en que cuando en un proceso se presentan necesidades de esta índole –técnicas-, los expertos son los llamados a asistir, a auxiliar al juez en su actividad jurisdiccional, incluyendo, por supuesto, la jurisdicción constitucional.

Puntualmente, el artículo 13 del Decreto 2067 de 1991, señala: "*El magistrado sustanciador podrá invitar a entidades públicas, a organizaciones privadas y a expertos en las materias relacionadas con el tema del proceso a presentar por escrito que será público, su **concepto** sobre puntos relevantes para la elaboración del proyecto de fallo. La Corte podrá, por mayoría de sus asistentes, citarlos a la audiencia de que trata el artículo anterior"*... (Negrillas y subrayado fuera de texto). Se trata entonces de **conceptos técnicos**, que como bien se infiere de los expedientes estu-

---

62 Florián, Eugenio, *De las Pruebas Penales*, Tomo I, Editorial Temis S.A., Bogotá, 1995.

diados (particularmente referendo y upacs), es habitual en, los procesos de control abstracto, invitar a personas públicas o privadas o a expertos en las materias relacionadas con el tema del proceso, en orden a obtener de ellas su concepto escrito sobre aspectos relevantes para la elaboración del proyecto de fallo. Conviene a la mejor ilustración del Magistrado la facultad de obtener y de incorporar formalmente al proceso el apoyo de expertos en análisis y escrutinios referentes a tópicos que pertenecen a disciplinas especializadas o que requieren una cierta preparación académica o determinados niveles de experiencias que, sin ser en principio de índole propiamente jurídica o sin integrar el campo específico del Derecho Constitucional, inciden en la formación de conceptos útiles o necesarios para resolver el punto que habrá de definir la Corporación.

Hablamos de conceptos técnicos y no de informes técnicos o de dictamen pericial, pues si bien se identifican en que todas son pruebas técnicas y en que ninguna tiene valor vinculante para el juez, ni valor absoluto para el proceso, existen diferencias notables entre ellas; a saber: **a**.- La peritación, es el examen que práctica una persona natural, trátese de peritos oficiales o no oficiales, para la verificación de hechos concretos que requieren conocimientos especializados y cuya contradicción se surte con la aclaración, complementación y objeción por error grave[63] ; **b**.- El informe técnico, lo rinde bajo la gravedad del juramento, un ente en abstracto, una institución especializada –entidades oficiales o no oficiales que tengan el carácter de consultoras de Gobierno- sobre hechos concretos o abstractos, como resultado de investigaciones que reposan en sus archivos, registros o kárdex electromagnéticos que se transcribe y se remite al destinatario de la prueba y su contradicción se surte sólo con la aclaración y complementación[64] ; **c**.- El concepto técnico, se refiere a opiniones y criterios que rinde un experto, trátese de persona jurídica o natural, sobre hechos que pertenecen al área de su dominio y que de surtirse la contradicción, sólo admitiría la aclaración y complementación[65].

---

63 Esta definición se infiere del contenido de los artículos 233, 238 y 243-3, s.s. del Código de Procedimiento Civil Colombiano.

64 Noción que se infiere del texto del artículo 243-1, 2 del Código de Procedimiento Civil.

65 En verdad esta prueba técnica la ha desarrollado la Corte Constitucional Colombiana en los Procesos de control abstracto de constitucionalidad; se ha observado que indistintamente habla de "dictamen" "informe" o de "concepto" técnicos, como si fuesen términos sinónimos, que no lo son. El léxico jurídico-probatorio, es muy particular y por ello debe tenerse cuidado cuando se emplea para evitar

Se observa que por la especialidad o complejidad del tema a decidir, escapa al ámbito de conocimientos o de formación del magistrado ponente, que bien puede echar mano de cualquiera de las pruebas técnicas, sin embargo, los conceptos técnicos son más inmediatos en la ilustración y definitivamente su utilización evita dilaciones y desgastes innecesarios al proceso.

Sin embargo, es prudente insistir que el concepto del experto nada decide, nada define; apenas ilustra o complementa y deja a salvo la plena autonomía de la Corte para decidir.

Ha dicho la Corte:

*"...Dentro de esos criterios, la posibilidad de invitar a expertos para que concurran al proceso aportando elementos de juicio de interés para la decisión, debe enmarcarse dentro del sentido que la invitación misma tiene: no se trata de un momento procesal obligatorio e insustituible ni de un requisito «sine qua non» para que el Magistrado Sustanciador elabore la ponencia o para que la Sala Plena proceda a resolver, sino de una opción que tiene a su alcance el Magistrado para acopiar informaciones o criterios, orientados a llevar al juez de constitucionalidad un convencimiento mejor fundamentado sobre el asunto en que consiste el fallo.*

*Por tanto, cada Magistrado en el caso concreto y bajo la perspectiva de lo que mejor contribuya al indicado propósito en el tema de su responsabilidad, facilitará las condiciones más propicias para que, si requiere conceptos o experticios, los haga llegar al proceso sin necesidad de adicionar, modificar o interrumpir los términos normales"*[66].

**iii.**- Es importante considerar lo que ocurre con los otros medios probatorios ya que realmente el Decreto 2067 de 1991, como norma procesal destinada a regular los procesos constitucionales nada dice sobre el particular; si bien la jurisprudencia constitucional ha enfatizado en los instrumentos probatorios arriba estudiados, no debe entenderse que excluya otros, tales como testimonio e inspección; de requerirlo el operador del derecho, puede apelar a las normas que sobre la materia contiene el Códi-

---

desafortunadas confusiones; en efecto: los tres son opiniones o juicios de índoles técnicos que emite un experto; la diferencia radica en cuál experto lo rinde y qué despliegue debe hacer para emitirlo; luego entonces, no se trata de un juego de palabras como cualquier lego pudiera eventualmente pensar.

66 Demandada la constitucionalidad del referido artículo 13 del Decreto 2067 de 1991, la Corte Constitucional la declaró EXEQUIBLE, en sentencia C-513 de 1992, M. P. Dr. José Gregorio Hernández

go Procesal Civil, pero siendo especialmente reflexivo y cuidadoso en su aplicación, para evitar desnaturalizar esta clase de procesos, que como bien se ha explicado, son especiales y distintos . Siempre se debe tener presente la finalidad y el objeto que persiguen los procesos constitucionales, particularmente los de control abstracto de constitucionalidad, para concluir, en cada caso particular, si tales medios probatorios pueden o no admitirse por el operador jurídico.

Así pues, a continuación se exponen los resultados del proceso de investigación, de forma porcentual, recordando que la muestra ilustrativa, son los siete expedientes revisados:

La prueba documental, asciende a un 63%, lo que evidencia que es el medio de prueba más utilizado en estos procesos, en segundo lugar, se encuentran los conceptos técnicos con 25% y finalmente los informes técnicos con un 12%.

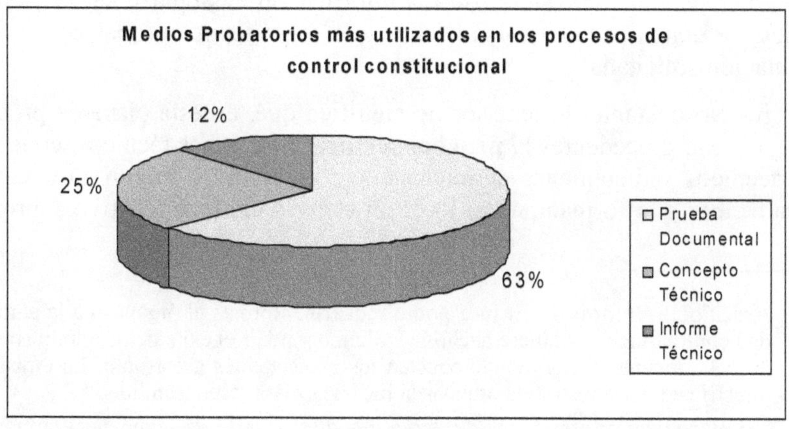


## 2.2. *Control concreto de constitucionalidad*

No es posible que en materia de tutela se pueda fallar sin pruebas, ya que para negarla o concederla, el juez debe tener una convicción objetiva y razonable. Ahora bien, como existe libertad de medios probatorios[67] para acreditar los hechos en que se basa la decisión de tutela, el juez de tutela decreta y práctica no sólo las solicitadas por las partes (siempre que sean idóneas), sino las que, a su juicio resulten útiles para dar claridad a

[67] Artículo 21-2 del decreto 2591/91 señala: "... En todo caso, el juez podrá fundar su decisión en cualquier medio probatorio para conceder o negar la tutela".

los hechos en tal proceso; sin olvidar que dada la perentoriedad del fallo, las exigencias procedimentales se verán igualmente recortadas. En ese sentido, serán procedentes en la medida que permitan comprobar los hechos constitutivos de la violación o la amenaza del derecho fundamental los documentos, la declaración de partes (accionante y accionado), las pruebas técnicas, la inspección judicial, el testimonio.

Algunos de estos medios probatorios merecen mención especial:

**i.-** ***Los Informes***, de que tratan los artículos 19, 20 y 21 del decreto 2591/91[68] , por cuanto que no se alude a informes técnicos como ilógicamente sostienen algunos abogados; la acepción de estos informes es la *"Noticia o instrucción que se da de un negocio o suceso, o bien acerca de una persona"*[69] . En este sentido se habla de pruebas **documentales** y no de una modalidad de las pruebas técnicas; a tal punto que, dichos documentos están revestidos de la *presunción legal de veracidad*, por cuanto que, si el accionado no suministra la información en el plazo señalado por la ley, se tienen por cierto los hechos que se pretenden probar con la información solicitada.

ii.- No obstante, lo anterior no significa que, en esta clase de procesos, no sean procedentes la **pruebas técnicas** –informes técnicos, conceptos técnicos y dictámenes periciales-; lo son, en tanto fueren suficientes para arribar a la formación del juez, un criterio cierto y objetivo sobre la

---

68 Artículo 19. Informes. "El juez podrá requerir informes al órgano o a la autoridad contra quien se hubiere hecho la solicitud y pedir el expediente administrativo o la documentación donde consten los antecedentes del asunto. La omisión injustificada de enviar esas pruebas al juez acarreará responsabilidad".

"El plazo para informar será de uno a tres días, y se fijará según sean la índole del asunto, la distancia y la rapidez de los medios de comunicación"

"Los informes se considerarán rendidos bajo juramento."

Artículo 20. Presunción de veracidad. "Si el informe no fuere rendido dentro del plazo correspondiente, se tendrán por ciertos los hechos y se entrarán a resolver de plano, salvo que el juez estime necesaria otra averiguación previa".

Artículo 21. Información adicional. "Si del informe resultare que no son ciertos los hechos, podrá ordenarse de inmediato información adicional que deberá rendirse dentro de tres días con las pruebas que sean indispensables. Si fuere necesario, se oirá en forma verbal al solicitante y a aquél contra quien se hubiere hecho la solicitud, de todo lo cual se levantará el acta correspondiente de manera sumaria"...

69 *Diccionario de la Lengua española.* Real Academia Española. Vigésima primera edición. Tomo II. Madrid, 1992.

verdad de los hechos; sin embargo, por lo breve y sumario del trámite de la tutela, no es factible en estos procesos pretender revestirla de las formalidades y exigencias procesales características de los procesos ordinarios. Por lo tanto, no puede exigirse, que en tratándose de esta clase de pruebas, se trasladen a las partes para su objeción o aclaración; esto como regla general, por cuanto que será el juez -en el caso concreto- el encargado de verificar si, examinado el material probatorio correspondiente y cotejado con el conjunto de los elementos de juicio de que dispone, son necesarias las aclaraciones o ampliaciones, con el fin de dilucidar el caso sometido a su conocimiento.[70]

**iii.**- En lo concerniente a las **pruebas personales** consistente en las **declaraciones de parte** del accionante y accionado, inferidas del artículo 21 del decreto 2591/91, conviene precisar que tales declaraciones corresponden a lo que la doctrina ha denominado interrogatorio informal de la parte por el juez, con *fines aclarativos*, cuya finalidad es poner al juez en contacto con las partes, para obtener mayor claridad sobre los hechos que interesan al proceso, sin finalidad específica probatoria, por lo cual excluye necesariamente el juramento del interrogado. No se trata de tomar una prueba, sino de precisar la declaración de voluntad de la parte en el planteamiento del litigio; de ahí el carácter sumario del acta que contiene tales declaraciones. Pero este *interrogatorio aclarativo*, cumple otro servicio, permitirle al juez un mejor conocimiento de las partes, y, por lo tanto, la valoración de su conducta con el fin de obtener argumentos de prueba para la formación de su criterio sobre los hechos de la causa. La crítica que se le hace a este interrogatorio es la dificultad de separar una función meramente aclarativa, de una función informativa-representativa de los hechos narrados por las partes, por cuanto que al aclarar los hechos se contribuye a la formación del conocimiento del juez sobre los hechos que conforman la controversia.

---

[70] En este sentido ver: Sentencia T-546/94 M.P. Dr. José Gregorio Hernández.

# CAPÍTULO IV
# DECISIÓN DEL JUEZ CONSTITUCIONAL EN MATERIA PROBATORIO

Entiéndase que en este capítulo, este principio de Estado Social de Derecho, sólo se toma como herramienta para dar el salto al propósito que se quiere: la decisión del juez constitucional; por ello tal tema no se estudia en profundidad, pues nos alejaríamos de lo que realmente nos convoca aquí.

## I. EL PASO DEL ESTADO DE DERECHO AL ESTADO SOCIAL DE DERECHO

Es importante determinar los alcances, principios y funciones del Estado de Derecho y del Estado Social de Derecho, para comprender la respuesta política-jurídica a un cambio de modelo de sociedad, de derecho y de justicia.

Ante la crisis del Estado Monárquico-Absolutista de los siglos XVII y XVIII, surge el Estado Liberal que originalmente tuvo no sólo una dimensión política sino también económica y filosófica; se citan como sus principales ideólogos: Juan Jacobo Rousseau, Montesquieu, Diderot, Voltaire, David Shmit, David Ricardo, Malthus, Jhon Locke, Hobbes, etc. Estos pensadores hicieron a la sociedad absolutista-monárquica de su época, una crítica que culminó en un proceso revolucionario de carácter político-social: la Revolución Francesa, coincidente en el tiempo con el fenómeno científico-tecnológico de la Primera Revolución Industrial, y ambos procesos, de manera simultánea y convergente, dieron origen a un nuevo tipo de sociedad: la sociedad capitalista y a un nuevo tipo de Estado: el *Estado Liberal - Burgués*. La dimensión política-social del Estado liberal de derecho (al crear el seguro de enfermedad, el seguro de accidentes y los seguros de vejez y de invalidez) constituye el antecedente más destacado en la evolución del Estado hacia el moderno *Estado Social de Derecho*[1].

1. *Principios e ideas que definen y caracterizan el Estado de Derecho*

- La libertad, la propiedad y la seguridad del individuo, son las ideas básicas en torno a las cuales se construyen derechos fundamentales del ciudadano.

- El principio de la división de poderes: legislativo, ejecutivo y judicial; que además deben controlarse entre sí.

- Principio de autoridad de la ley, según el cual todo acto estatal debe ser un acto jurídico que derive su fuerza de la ley aprobada por el Parlamento. La ley, según Rosseau, es la expresión de la voluntad general.

2. *Factores que dan origen al Estado Social de Derecho*

Antes de hacer referencia a estos aspectos, conviene hacer una breve reseña a las raíces históricas de este modelo de Estado: como precursor de la idea del Estado Social suele citarse al alemán Lorenz Von Stein, quien en el siglo XIX escribía que, al terminar la época de las revoluciones políticas, se iniciaba la de las revoluciones sociales, haciendo una distinción entre sociedad y Estado; según sus palabras, mientras el segundo busca el desarrollo de la personalidad del individuo; la primera, tiende a la miseria física y moral de las personas. Pero es Hermann Héller quién formuló por primera vez el concepto de Estado Social de Derecho por los años treinta del siglo XX; enfrentado Héller con el problema de la crisis de la democracia y del Estado de Derecho, considera que es preciso salvar este modelo de la degeneración a que le ha conducido el positivismo jurídico y los intereses de los estratos dominantes, quienes le han convertido en una idea que o no significa nada o es incapaz de encarar los dos frentes en los que se despliega la irracionalidad, del sistema capitalista por un lado y la fascista del otro lado[2].

La expresión Estado Social de Derecho fue constitucionalizada por primera vez en la ley fundamental de la República Federal de Alemania de 1949, al definir en su artículo 20 al Estado Alemán como un "*Estado*

---

1 Durán, Víctor Manuel, Estado Social de Derecho, tomado de http://utal.org/movimiento/11c.htm. recuperado el 09 de octubre de 2005.

2 García-Pelayo, Manuel, *Las Transformaciones del Estado Contemporáneo*, Alianza Editorial, Madrid 1977, p. 17.

*federal democrático y social"* y en su artículo 28 como *"un Estado democrático y social de derecho";* estos textos inspiraron la Constitución española de 1978 que en su artículo 1° define al Estado Español como *"un Estado social y democrático de Derecho".*

Ahora bien, ¿cuáles son los factores que contribuyeron a la *gestación* del Estado social de Derecho? Breve y cronológicamente se mencionan:

**2.1. La lucha de la clase trabajadora**: las luchas de las clase trabajadora y de otros movimientos políticos, son una consecuencia de la explotación a la que fue sometida la nueva clase trabajadora y por lo tanto el nuevo trabajador, producto ambos de la convergencia entre la ideología liberal-capitalista y la primera revolución industrial.

**2.2. El Estado Socialista marxista**: que le atribuye al Estado las funciones más importantes de la sociedad y cuya sola existencia significaba, en sí mismo, una crítica al Estado Liberal de tipo capitalista. Se inicia entonces, a partir de 1917, una lucha por la hegemonía entre estos dos tipos de Estado; lucha que pasó por varios estadios o fases, imponiéndose inicialmente el sistema socialista, hasta expandirse progresivamente en todo el mundo y que termina en 1989, con el "derrumbe del muro de Berlín".

**2.3. La Revolución Mexicana y la Constitución de Weimar**: El aporte de la Revolución mexicana obedece a que, con la Constitución de 1917-fecha en la que culmina dicha revolución- se consagraron, por primera vez en el mundo, aspectos relacionados con los derechos sociales de los trabajadores asalariados (Artículo 123) y los derechos de los campesinos (Artículo 27); la Constitución de Weimar de 1919, estableció la obligación del Estado de realizar acciones positivas para darle satisfacción y cumplimiento a los derechos sociales.

**2.4. Crisis económica del Capitalismo de 1929**: En el siglo XX hubo dos grandes crisis del Sistema capitalista en el ámbito mundial: El "crack" de 1929 que justamente dio paso primero al New Deal de Roosevelt, al "Estado de Bienestar" (*Welfare State*) y al Estado Social de Derecho; y la crisis de 1970, que paradójicamente dio origen al neoliberalismo, que está desmontando el Estado Social de Derecho[3] .

---

3 http://utal.org/movimiento/11c.htm Estado Social de Derecho. Autor: Víctor Manuel Duran.

**2.5. Los partidos sociales demócratas**: El modelo de Estado que concibe la socialdemocracia es aquel que promueve el desarrollo y su programa plantea la lucha por construir sociedades donde haya democracia política y económica, desarrollar y extender la propiedad pública sobre todo en las áreas o sectores estratégicos y desplegar formas de propiedad social.

Es la reconstrucción de Europa Occidental después de la 2ª Guerra Mundial la que da la oportunidad a los Partidos Socialdemócratas y Demócrata Cristianos, de aplicar su visión y concepción del Estado: El Estado Social de Derecho.

3. *Principios que caracterizan el Estado Social de Derecho*

La estructura del Estado Social de Derecho obedece en último término, a condiciones históricas que han hecho posible el desarrollo de una nueva función del Estado; pero también, a los sucesos ofrecidos por el desarrollo cultural y tecnológico de la época industrial. Enseguida se enumeran los principios que caracterizan este modelo de Estado:

a) Una nueva concepción de los derechos fundamentales, en la medida en que a través de la Constitución se articulan aquellos de carácter individual, herencia del liberalismo, con los económicos y sociales.

b) Los Derechos Económicos y Sociales derivan de la Constitución y no de la Ley; por lo tanto, vinculan al ejecutivo y al legislativo.

c) La necesidad de protección de los derechos fundamentales, ha dado lugar a la aparición de mecanismos de defensa de los mismos para evitar que se conviertan en "letra muerta".

d) La división de los poderes ha sufrido una reformulación, en la medida en que si bien las ramas del poder continúan siendo la ejecutiva, legislativa y judicial, con funciones separadas, deben colaborarse armónicamente para la realización de los fines del Estado; además existen otros órganos autónomos e independientes para cumplir con las demás funciones del Estado.

e) El poder judicial asume un nuevo rol, en el que deja de ser un simple ejecutor de la Ley, y adquiere una función creativa: un juez creador que garantiza unos estándares mínimos[4] .

f) Los poderes sociales tienen rango político, que en el Estado Social de Derecho, se encauzan a través de los Partidos Políticos y grupos de interés.

Lo dicho en los numerales precedentes permite concluir que: a) El Estado Social de Derecho como un nuevo peldaño del Estado Burgués, no rompe con éste y por tanto sus principios están presentes en el primero pero con una manifestación distinta, es decir, que se presenta la protección a la libertad, la igualdad, propiedad privada, la seguridad jurídica, la división de poderes, la legalidad, legitimidad, control de legalidad y control de constitucionalidad, pero a la vez el Estado Social de Derecho trae sus propios principios determinados por la adaptación de un sistema económico llamado capitalismo industrial y financiero o post industrial; b) El constitucionalismo moderno permitió el tránsito de la noción de Estado de Derecho a la de Estado Social de Derecho; significa lo anterior: 1) que al Estado no le basta con someter su accionar a unas reglas de juego preestablecidas; 2) además, que el derecho se desprende de su naturaleza rígida y simplemente científica; 3) amén que conceptualmente se evoluciona de una democracia representativa hacia una participativa. En último término, como en el Estado de Derecho los sistemas social y económico se autorregulan sin ninguna restricción, el Estado sólo tiene que proporcionar condiciones mínimas para que dichos sistemas se desarrollen, siendo indiferente a que todas las necesidades fueran satisfechas por el mercado; en otras palabras, a este modelo de Estado, sólo le interesa garantizar desde una *perspectiva formal*, el respeto de los derechos del hombre; constitucionalmente se contemplan dos extremos opuestos: de un lado, el poder estatal; y del otro lado, la pasividad del ciudadano.

Mientras tanto, cuando se habla de Estado Social de Derecho, se hace referencia a una nueva forma de concebir el Estado, en la medida que su preocupación son las condiciones materiales de existencia del hombre y

---

4 Esa creatividad genera el discurso de la discrecionalidad del juez; por tanto, si la tesis tradicional francesa determina que todo derecho nace del legislador en sentido restringido, ampliando esta tradición al momento de hoy, todo derecho nace de una manifestación legislativa en sentido extenso, en consecuencia, los casos de contradicción, falta de norma o silencio aparecen como elementos controladores de la discrecionalidad del juez. Aspectos estos que se precisarán más adelante, por ser el tema relevante de esta apartado.

no le son indiferentes las situaciones de fragilidad y desprotección del individuo lo cual conduce a que el Estado le ofrezca garantías, para que pueda contar con unos mínimos vitales. Pero también, el Estado Social de Derecho responde a un nuevo modelo de sociedad: la que es producto del desarrollo tecnológico y cultural con lo que se tiene entonces que Sociedad y Estado no van a ser realidades separadas ni opuestas, pues el nuevo modelo de Estado supera este dualismo –característico del siglo XX- al considerar que la sociedad dejada a sus mecanismos autorreguladores, conduce a la irracionalidad y que sólo la acción del Estado puede neutralizar los efectos disfuncionales. Lo anterior impone repensar -política y jurídicamente- las funciones del estado y las de la sociedad frente al estado; al respecto dice García-Pelayo *"el estado se socializa y la sociedad se estatiza"*.

## II. EL ESTADO SOCIAL DE DERECHO EN LA CONSTITUCIÓN POLÍTICA DE COLOMBIA

Los juristas y tratadistas políticos alemanes son quienes principalmente, mas no de manera exclusiva han, desarrollado la expresión *Estado Social de Derecho*, como la problemática que comporta esta modalidad; la doctrina expone dos tesis en particular:

La primera tesis, planteada por Carl Schmitt y Ernst Forsthoff, busca trazar una separación tajante entre la Constitución como norma jurídica del Estado y el funcionamiento del poder político en su incidencia y condicionamiento de los conflictos sociales. Forsthoff enfatiza que las expresiones Estado de Derecho y Estado Social de Derecho, no son una misma cosa, por el contrario, comportan ideas antitéticas y por lo tanto es imposible concebir un Estado Social de Derecho.

La segunda tesis, avalada entre otros por el alemán Otto Bachoff, sostiene, por el contrario, que si bien el paso del Estado Liberal al Estado Social de Derecho supone una mutación en su propia significación jurídica-política, ello no implica que este último haya dejado de ser Estado de Derecho; en consecuencia las dos expresiones no son antitéticas[5] .

Es pertinente entonces preguntarse: *¿Cuál de las dos tesis planteadas acoge la Corte Constitucional Colombiana?*

---

5 Pisciotti, Doménico, "Los derechos de tercera generación, los intereses difusos o colectivos y sus modos de protección (acción popular)". Universidad Externado de Colombia. Bogotá, 2001. p. 27

La respuesta se aproxima a que la Alta Corporación acoge la segunda tesis, como bien se lee en la sentencia T-426 de junio 24 de 1992, M.P. Eduardo Cifuentes Muñoz, al expresar:

*"El Estado social de derecho hace relación a la forma de organización política que tiene como uno de sus objetivos combatir las penurias económicas o sociales y las desventajas de diversos sectores, grupos o personas de la población, prestándoles asistencia y protección. Exige esforzarse en la construcción de las condiciones indispensables para asegurar a todos los habitantes del país una vida digna dentro de las posibilidades económicas que estén a su alcance. El fin de potenciar las capacidades de la persona requiere de las autoridades actuar efectivamente para mantener o mejorar el nivel de vida, el cual incluye la alimentación, la vivienda, la seguridad social y los escasos medios dinerarios para desenvolverse en sociedad".*

El análisis del concepto, de la función y las características e implicaciones del Estado Social de Derecho, deriva del artículo 1° de la Constitución Política de Colombia, que reconoce como principio fundamental que "*Colombia es un Estado Social de Derecho*", lo cual implica que tal principio rector sea el orientador de la aplicación del ordenamiento constitucional y de la organización socio-política; pero es de todos, el artículo primero de la Constitución de donde se derivan una serie de mandatos y nociones básicas de manera que cualquier interpretación que se aparte de los conceptos del artículo primero[6] de la Carta Política, puede llevar a decisiones antagónicas. El adjetivo "social de derecho", también alude a los fines esenciales de este Estado, de los cuales se ocupa el artículo 2° de la Carta[7] . De lo anterior se puede afirmar que los principios consagrados

6 Artículo 1°. "Colombia es un Estado social de derecho, organizado en forma de República unitaria, descentralizada, con autonomía de sus entidades territoriales, democrática, participativa y pluralista, fundada en el respeto de la dignidad humana, en el trabajo y la solidaridad de las personas que la integran y en la prevalencia del interés general".

7 Artículo 2°. "Son fines esenciales del Estado: servir a la comunidad, promover la prosperidad general y garantizar la efectividad de los principios derechos y deberes consagrados en la Constitución; facilitar la participación de todos en las decisiones que los afectan y en la vida económica, política, administrativa y cultural de la nación; defender la independencia nacional, mantener la integridad territorial y asegurar la convivencia pacífica y la vigencia de un orden justo. Las autoridades de la República están instituidas para proteger a todas las personas residentes en Colombia, en su vida, honra, bienes, creencias, y demás derechos y libertades, y para asegurar el cumplimiento de los deberes sociales del Estado y de los particulares"

en el artículo 1° y demás artículos del Título I de la Carta, restringen el espacio de interpretación de la Constitución, por cuanto consagran prescripciones jurídicas generales que suponen unas delimitaciones políticas y axiológicas reconocidas.

La Corte Constitucional, en la sentencia T-406 de 1992. M.P. Dr. Ciro Angarita Barón, introduce por primera vez el alcance, sentido e interpretación del concepto "Estado Social de derecho"[8] ; es así que resume en tres premisas la importancia del concepto: a) El Estado es definido a través de sus caracteres esenciales; b) Tales caracteres tienen que ver con el compromiso con la defensa de los contenidos jurídicos materiales; c) La Constitución está concebida de tal forma que su parte orgánica sólo adquiere sentido cuando aplica y desarrolla los principios y derechos establecidos en la parte dogmática de la misma.

Esta sentencia muestra el vínculo existente entre Estado Social de Derecho y derechos fundamentales, así como la relación de éstos con el juez; e implica el desarrollo de nuevas estrategias por parte del magistrado,

---

[8] En tal sentido expresó: "La incidencia del Estado social de derecho en la organización sociopolítica puede ser descrita esquemáticamente desde dos puntos de vista: cuantitativo y cualitativo. Lo primero suele tratarse bajo el tema del Estado bienestar (welfare State, stato del benessere, L'Etat Providence) y lo segundo bajo el tema de Estado constitucional democrático. La delimitación entre ambos conceptos no es tajante; cada uno de ellos hace alusión a un aspecto específico de un mismo asunto. Su complementariedad es evidente.

a. El estado bienestar surgió a principios de siglo en Europa como respuesta a las demandas sociales; el movimiento obrero europeo, las reivindicaciones populares provenientes de las revoluciones Rusa y Mexicana y las innovaciones adoptadas durante la república de Weimar, la época del New Deal en los Estados Unidos, sirvieron para transformar el reducido Estado liberal en un complejo aparato político-administrativo jalonador de toda la dinámica social. Desde este punto de vista el Estado social puede ser definido como el Estado que garantiza estándares mínimos de salario, alimentación, salud, habitación, educación, asegurados para todos los ciudadanos bajo la idea de derecho y no simplemente de caridad (H.L. Wilensky, 1975).

b. El Estado constitucional democrático ha sido la respuesta jurídico-política derivada de la actividad intervencionista del Estado. Dicha respuesta está fundada en nuevos valores-derechos consagrados por la segunda y tercera generación de derechos humanos y se manifiesta institucionalmente a través de la creación de mecanismos de democracia participativa, de control político y jurídico en el ejercicio del poder y sobre todo, a través de la consagración de un catálogo de principios y de derechos fundamentales que inspiran toda la interpretación y el funcionamiento de la organización política"...

pretendiendo lograr la eficacia de tales derechos; en tal forma que la sentencia en comento, señala:

> "*la existencia de un derecho fundamental no depende tanto de un reconocimiento expreso, como de una interpretación sistemática y teleológica; de allí que la enumeración de la Carta de derechos no debe entenderse como la negación de otros que siendo inherentes al hombre no figuran expresamente en la Carta o en los convenios internacionales vigentes*".

El carácter amplio de la jurisprudencia de la Corte Constitucional en cuanto a los alcances e implicaciones del concepto Estado Social de Derecho que se dio al tenor de la sentencia T-406/92, se ha restringido en la medida que la Corte ha adecuado tal noción a circunstancias de orden teórico, doctrinal, ideológico y político; así tenemos, por ejemplo: en materia de acciones de tutela para hacer exigibles algunos derechos prestacionales, la Corte ha endurecido el análisis de procedibilidad de la acción y aumentado los requisitos a fin de declarar la improcedencia de las acciones y no entrar al análisis de fondo; asimismo, frecuentemente la Corte exige del Estado eficiencia –de carácter social- para que no sean nugatorios los postulados constitucionales del Estado Social de Derecho; amén de imponerle al Estado límites para garantizar los derechos de los asociados, no sólo para los de claro contenido prestacional, sino también cuando ellos consisten en abstenciones[9].

## III. LOS LLAMADOS "REFLEJOS NEGATIVOS" EN LA DECISIÓN DEL JUEZ CONSTITUCIONAL

El Estado social es una forma que se corresponde históricamente con la etapa del neocapitalismo, de la misma forma que, en su momento, el Estado absolutista correspondió con el capitalismo temprano y el liberal con el alto capitalismo; se puede afirmar entonces con García - Pelayo que "*hay una cierta convergencia entre los requisitos funcionales del neoca-*

---

9 Entre otras, se recomienda ver: Sentencia C-479/92 M. P. Dr. José Gregorio Hernández, en donde se estudia la noción de Estado social de derecho con el derecho al trabajo; Sentencia SU-111/97 M.P. Dr. Eduardo Cifuentes Muñoz, la Corte aquí decidió precisar el contenido y alcance de los derechos económicos y sociales, así como el significado de Estado social de derecho y el papel que corresponde desempeñar a la jurisdicción constitucional en su progresiva configuración material.; Sentencia T-102/98 M.P. Dr. Antonio Barrera Carbonell, la Corte considera que no se garantiza ningún derecho fundamental, si a un individuo de la especie se lo condena a sobrevivir en condiciones inferiores a las que la naturaleza le señale en cuanto a ser humano.

*pitalismo*[10] y las finalidades del Estado social"[11] ; por tanto, una crisis del sistema neocapitalista si bien no disminuye la vigencia de la idea social del Estado, sí le impone a éste la necesidad de una acción política más intensa que la desarrollada hasta ahora para operar cambios en su transformación, es decir, reestructurar o restaurar el modelo, ya que de los principios que orientan al Estado Social, se infiere que su propósito es "distribuir mejor y asegurar la vigencia de un sistema económico que, supuesta la escasez, la administre con eficacia y justicia, y anteponga los intereses de la totalidad de la sociedad nacional sobre cualesquiera otros, aunque para ello sea necesario operar cambios profundos en su estructura"[12].

Se tiene entonces, por un lado al Estado Social en expansión para una parte de la población -servicios de salud, prestaciones sociales de ayuda a la familia, prestaciones para la educación y formación, desempleo como consecuencia de la apertura de fronteras y la instauración de grandes mercados, etc., y de otro lado, el proceso de reestructuración que no cubre a toda la población trabajadora; esta dualidad antagónica, es lo que ha llevado a pensar en conceptos como "crisis", "declive" o "colapso" del Estado Social.

Esta tesis no pretende examinar al detalle cada una de las posibles o probables razones que desde los puntos de vista sociológico, político y económico, se señalan como las causantes de la crisis; pero sí interesa, para lo pretendido en este apartado, precisar el papel determinante que ha jugado la Corte Constitucional, en la actividad económica, como consecuencia del impacto de la Constitución Política de 1991.

---

10 En resumen, entre los objetivos del sistema neocapitalista se mencionan: a) el crecimiento del consumo y del bienestar social, ya que el neocapitalismo exige bienestar creciente y en este sentido es correlativo con los fines del Estado social; b) el pleno empleo; c) el crecimiento constante de la producción (medida en términos de P. I. B. o P. N. B.) que apareja altos costos existenciales en la medida que da lugar a otros fenómenos, verbi gratia, la agravación del conflicto entre generaciones que han vivido en contextos culturales y económicos diferentes, el decrecimiento de los recursos naturales no renovables, etc.; d) la aplicación constante de la tecnología al proceso productivo; e) la economía de mercado, que el neocapitalista considera como el marco más adecuado para acrecer cada uno de los ítems antes nombrados.

11 García Pelayo, Manuel, *Ob. cit.* p. 81.

12 García Pelayo, Manuel, *Ob. cit.* p. 82.

En efecto, el alto Tribunal se ha convertido en un colaborador determinante tanto en el diseño y ejecución de ciertas políticas públicas, como en el desarrollo de las actividades económicas llevadas a cabo por los agentes privados; fallos relacionados con la fijación del salario mínimo legal, la reestructuración del Estado, el sistema de financiación de vivienda de largo plazo (UPAC), el juzgamiento de constitucionalidad de la declaratoria de los estados de excepción, la declaratoria de inexequibilidad del Plan Nacional de Desarrollo, sólo por mencionar los que más despliegue e impacto tuvieron en su momento. Fallos que han afectado el desempeño de la economía del país, en la medida que modificaron variables cuyo diseño y manejo se encuentra en principio en cabeza de otras autoridades, pero que llegan a ser controladas por el juez constitucional a través de un proceso del que son partícipes los diferentes poderes públicos y la sociedad civil.

Este actuar de la Corte Constitucional, que se entiende en desarrollo del principio de Estado Social de Derecho, ha sido fuertemente criticado especialmente por economistas, en el sentido de considerar: en primer lugar que el activismo de la Corte Constitucional (particularmente en los años 1994 -2000) ha dado lugar a la llamada *"inestabilidad jurídica"*; como lo señala Sergio Clavijo: *"En efecto, dicha Corte Constitucional decidió alterar la interpretación de leyes sancionadas años atrás y acomodar ahora a diversos artículos de la Constitución de 1991 principios de carácter populista, entendidos como aquellos que ordenan incrementar el gasto público sin atender sus negativos efectos macroeconómicos"*[13]

A juicio de este economista, la Corte ha incurrido en extralimitaciones por cuanto que invade áreas que son claramente de la esfera del legislador, además de irrespetar la sana necesidad de mantener la separación de los poderes; en segundo lugar, el también economista Salomón Kalmanovitz sobre el particular expresa: ...*"La Corte Constitucional actúa bajo la doctrina que informa que el derecho está por encima de las restricciones económicas y que los impuestos constituyen una veta inagotable"*... Agrega: ... " *La Corte define de esta manera cómo reasignar el presupuesto público de manera irracional y caótica. Ella no acepta que tiene limitaciones para conocer y entender la regulación de cada una de las agencias públicas y, por tanto diseña malas reglas que debilitan la acción del estado en cada una de ellas y terminan perjudicando a los usuarios de*

13 Clavijo, Sergio, *Fallos y Fallas de las Corte Constitucional*. Editorial Alfaomega S.A. Bogotá, 2001. p. IX.

*los servicios así intervenidos"*[14]... Otras voces justifican el desempeño de la Alta Corporación Constitucional, apoyados en que su actuar no es más que el resultado del ejercicio del control constitucional de las normas, de la forma como lo ha establecido la Constitución; de tal manera, que el juez constitucional decide en algunos casos sobre la constitucionalidad de normas que sustentan determinadas actividades económicas o políticas públicas previamente diseñadas y en consecuencia, así sea de manera indirecta, puede señalar el curso que deben tomar dichas actividades o políticas, decretando inclusive su terminación inmediata o futura[15].

En verdad, los llamados "*reflejos negativos*" de la decisión del juez constitucional, son supuestos o imaginarios en la medida que el principio *Estado Social de Derecho* contenido en la Carta Política de 1991, justifica las principales reformas económicas introducidas por la Constitución[16]; ahora bien, detrás de estas reglas económicas se encuentran los Derechos Sociales de las personas (Educación, Cultura, Vivienda, Salud, Trabajo, Seguridad Social) que de manera directa han influido en tales cambios. Lo anterior hace referencia a derechos humanos y preocupan las visiones distintas que el derecho y la economía tienen de la dinámica social: para el constitucionalismo los derechos son primordiales; en tanto que para la tecnocracia liberal *"nada que cueste dinero puede ser absoluto"*.

Aparece como consecuencia el concepto de democracia en sentido político y en sentido económico: el Estado Social de Derecho le amplía las competencias al Tribunal Constitucional cuando establece la norma constitucional (artículos 13, preámbulo y 93 de la C.P.) para que sean efectivos y reales los derechos; lo que conduce a que se establezca un

---

14 Kalmanovitz, Salomón, *El Modelo Anti-Liberal Colombiano*, Ensayo para el seminario de la Universidad de los Andes "Hacía la construcción del modelo de desarrollo económico y social para Colombia", 2 y 3 de mayo de 2000, p. 6, 7.

15 Carrasquilla, Alberto, Amaya, Carlos, *El Modelo Económico en la Constitución de 1991*. Documento publicado en el libro Conmemoración y Evaluación de los diez años de vigencia de la Constitución Política de Colombia. Talleres de Publicaciones del Ministerio del Interior. Bogotá, 2002. p. 615.

16 Se tiene : a) El Sistema presupuestal contenido en el Título XII – Capítulo 3 de la Carta Política; b) La facultad impositiva basada en la soberanía del Estado, establecida en los artículos 150, 338, 363 ibídem; c) El Gasto público, estudiado por los artículos 345, 350, 356, 357, 365 y 366 *ibídem*; d) El tema de la descentralización tendiente a determinar el papel de los departamentos, específicamente en la provisión de los servicios de educación y salud; e) La independencia de la Banca Central , el Título XII Capítulo 6 de la Constitución Política establece el cambio institucional del Banco de la República –artículo 371 *ibídem*-.

estado con connotación democrática-económica a más de la política. Por ende, no es solamente libertad, es libertad con pan; en donde los pobres además de tener ingresos, tengan voz, tengan participación, tengan oportunidades.

¿Por qué mirar la economía y el derecho como compartimentos aislados e irreconciliables? ¿Por qué olvidar que indefectiblemente las decisiones jurídicas tienen efectos económicos, así como las decisiones económicas tiene efectos jurídicos? Los diversos campos en que cada uno –derecho y economía- desarrollan su propia racionalidad, son los que los hacen independientes, en la misma forma que cuando se habla de la política, la ciencia, la cultura; esa independencia funcional, conlleva a desacuerdos entres estas áreas del conocimiento. La Corte Constitucional al aplicar el principio Estado Social de Derecho, lo que busca es realizar el principio de dignidad humana y lograr el desarrollo integral que abraza las dimensiones económica, política, social y cultural. Sólo una visión economista ortodoxa puede considerar que el Estado Social de Derecho es una cortapisa para el crecimiento y desarrollo de la economía.

La Corte constitucional no puede permanecer indiferente a los problemas que se hacen visibles para todo el mundo: mendicidad, alcoholismo, marginación, prostitución, criminalidad infantil, pobreza e indigencia, etc; como tampoco puede estar absorta en los llamados "proyectos" que son incapaces de dar respuesta positiva a todos estos problemas y necesidades. Ante la incompetencia del Estado para el diseño y desarrollo de políticas sociales eficaces y eficientes, la Corte debe garantizar los derechos civiles y sociales; así se lo ordena la Carta Política.

## IV. LA ARTICULACIÓN DEL CONCEPTO ESTADO SOCIAL DE DERECHO CON LOS ASPECTOS PROCESALES Y PROBATORIOS

Es sabido que la suerte de la Constitución depende en mucho de su interpretación, en la medida en que ésta no puede escindirse de los trasfondos ideológicos del intérprete; pero como estos exégetas pueden ser particulares, sindicatos, litigantes, jueces (el ordinario o el juez constitucional), el interés de este trabajo se centra en la interpretación del juez constitucional por cuanto tiene rasgos distintivos de las demás interpretaciones que circulan en la sociedad; además, porque en tratándose de interpretación constitucional, la tarea intelectual que realiza el juzgador es mucho más compleja y especial; el profesor Marco Gerardo Monroy Cabra, puntualiza sobre el particular: *"La interpretación constitucional tiene principios especiales dada la naturaleza jurídica sui generis de las nor-*

*mas constitucionales que tienen tipo abierto, conceptos jurídicos indeterminados, y que además involucran valores y principios constitucionales"*[17]. Se pretende mostrar si en las decisiones del juez Constitucional, hay "manipulaciones interpretativas" que provienen del sentido político que ellas puedan tener; o, por el contrario, están basadas en una realidad jurídica; o, si dichas decisiones son a la vez realidad jurídica y política fundidas en un mismo acto.

No obstante haberse superado en Colombia la discusión de si la defensa de la Constitución debe encargarse a un órgano político o jurisdiccional en la medida que el constituyente del 91 establece un órgano especial y unas funciones adjudicadas[18], parte de la doctrina, presenta a la interpretación que hacen los jueces de la Constitución como el paradigma del **control jurídico** y en este sentido la hermenéutica judicial es de carácter objetivado; otra parte de la doctrina considera tal interpretación como ejemplo del **control político** y en este sentido la hermenéutica judicial es de índole subjetiva, basada básicamente en razones de *oportunidad.*

No se entiende esa dualidad entre derecho y política; es innegable que no es posible separar –en un Estado moderno- los enfoques jurídicos y políticos de la defensa de la Constitución por cuanto las garantías constitucionales se manifiestan y hacen efectivas por medio de controles o instrumentos jurídicos de naturaleza predominantemente de carácter procesal; pero la función política de la Constitución es poner límites jurídicos al ejercicio del poder y de garantía de la Carta Política. Existe, pues, un nexo entre las dos nociones: derecho y política; son *"dos caras de la misma moneda*", el contraste se centra en cuál de estas caras es el *frente* y cuál el *reverso*: para los escritores políticos el frente es el poder y el reverso el derecho; en tanto que para los juristas es todo lo contrario[19]. A su turno el

[17] Monroy Cabra, Marco Gerardo, *La Interpretación Constitucional*, Ediciones Librería del profesional, Bogotá, D.C. 2002.

[18] Recordando la célebre polémica entre Kelsen y Carl Schmitt, sobre quién debe ser la guardiana de la Constitución, Schmitt opinaba que la defensa de la Constitución debía encargarse a un órgano político, dado que la determinación sobre el contenido de un precepto constitucional es materia de legislación y no de la justicia; Kelsen, por su parte decía que si la defensa de la Constitución se refiere específicamente a las garantías que deben establecerse sobre los órganos constitucionales con capacidad para violar la Constitución, ese control no se le debe atribuir a ningún órgano que esté en capacidad para cometer tales violaciones.

[19] Bobbio, Norberto, Bovero, Michelangelo *Origen y Fundamentos del Poder Político,* Editorial Grijalbo S.A. México. 1985. p. 21. Los autores para ilustrar

profesor Sagües, sobre el particular puntualiza: *"La interpretación judicial de la Constitución amalgama indefectiblemente elementos "jurídicos" con ingredientes "políticos", si es que unos pueden escindirse de los otros.*

*En rigor de verdad, no parece factible una interpretación "jurídica-apolítica", u otra "política-ajurídica" "de la ley suprema"*[20].

La Constitución Política de 1991, no contiene normas pétreas y en consecuencia se transforma continuamente, se nutre de conductas, valores e ideologías que la modifican permanentemente; de ahí que se afirme que la Constitución se "reescribe" día a día, según el comportamiento de sus operadores y las reacciones sociales de apoyo o rechazo a ellos[21] ; pero, el juez es el único responsable de la decisión que tome en un caso específico: ¿Aplica la Ley? ¿La cambia? ¿Cómo compaginar una ley injusta con una sentencia justa? ¿Qué hacer ante el silencio de la ley? Disquisiciones todas, que el juez tiene que superar como representante de un cosmo social; un ser terrenal llamado a dirimir las controversias ciudadanas, a comprender que su misión está atada a las necesidades de sus conciudadanos; un juez que en su actividad judicial *"recorre un "campo cercado" al cual tiene que adaptar un agudo sentido de lo justo para que la sociedad no zozobre en el caos y la incertidumbre, pero también debe cuidar que los individuos no sean expulsados de ese campo al que por naturaleza pertenecen"*[22] .

Ahora bien, en materia de decisión del Juez constitucional, el problema se "aquilata", por cuanto la especialidad de las normas constitucionales ha llevado a la Corte Constitucional en lo tocante a la interpretación

---

esta diversidad de puntos de vista, recurren a los padres de la Teoría Política (Max Weber) y de la Teoría Jurídica (Hans Kelsen); la teoría política de Weber parte de la distinción entre poder de hecho y poder de derecho y llega a la célebre tipología de las formas de poder legítimo; en tanto que la teoría normativa de Kelsen parte de la distinción entre validez de las normas específicas y eficacia del ordenamiento jurídico en su conjunto y en su obra *Allgemeine Theorie der Normen*, publicada en 1979, permite observar el ordenamiento jurídico no sólo desde el punto de vista del deber, sino también desde el punto de vista del ser.

20 Sagües Néstor Pedro, *La Interpretación Judicial de la Constitución.* Ediciones Depalma. Buenos Aires. 1998. p. 8.

21 Sagües Néstor, *Ob. cit.* p. 32

22 Tomado de un documento inédito del Dr. Gómez, José Aníbal, Exmagistrado de la Corte Suprema de Justicia Sala de Casación Penal, en su discurso de agradecimiento por un homenaje a él ofrecido, Bogotá, 2004.

constitucional, a introducir una serie de criterios que marcan las diferencias entre esta clase de interpretación y la interpretación legal. En efecto la interpretación de la Corte Constitucional, a diferencia de la jurisprudencia de los demás jueces, en cuanto desentraña el significado de la Constitución, no puede tener valor opcional o puramente ilustrativo, puesto que sirve de vehículo insustituible para que ella adquiera el status activo de norma de normas y como tal se constituya en el vértice y al mismo tiempo en el eje del entero ordenamiento jurídico. Son esos criterios:

a) Las decisiones de los jueces deben ser razonadas y razonables[23] ;

b) La presunción de Constitucionalidad de una norma vigente en el ordenamiento jurídico[24] ;

c) La Cosa Juzgada Absoluta y la Cosa Juzgada Relativa[25] ;

d) Las sentencias de constitucionalidad tienen efectos *erga-omnes*[26] ;

---

23 Corte Constitucional Sentencia C-147/98, M.P. Dr. Alejandro Martínez Caballero: "*Cuando el efecto de la interpretación literal de una norma conduce al absurdo o a efectos contrarios a la finalidad buscada por la propia disposición, es obvio que la norma, a pesar de su aparente claridad, no es clara, porque las decisiones de los jueces deben ser razonadas y razonables".*

24 Corte Constitucional Sentencia C-070/96, M.P. Dr. Eduardo Cifuentes Muñoz: *"El principio de interpretación de la ley conforme a la Constitución impide a la Corte excluir del ordenamiento una norma cuando existe por lo menos una interpretación de la misma que se concilia con el texto constitucional. Este principio maximiza la eficacia de la actuación estatal y consagra una presunción en favor de la legalidad democrática. El costo social e institucional de declarar la inexequibilidad de una norma jurídica infraconstitucional debe ser evitado en la medida en que mediante una adecuada interpretación de la misma se respeten los postulados de la Constitución"*

25 Corte Constitucional Sentencia C-527/94, M.P. Dr. Alejandro Martínez Caballero: "*Esta Corporación ha considerado que cuando existe un ataque general contra una ley pero no ataques individualizados contra todos los artículos de la misma, la vía procedente es limitar el alcance de la cosa juzgada constitucional, en caso de que la acusación global no prospere. En tales eventos, lo procedente es declarar constitucionales los artículos contra los cuales no hay acusación específica, pero precisando que la cosa juzgada es relativa, por cuanto sólo opera por los motivos analizados en la sentencia*".

26 Corte Constitucional Sentencia SU-640/98, M.P. Dr. Eduardo Cifuentes Muñoz: "La institución de la cosa juzgada constitucional, en primer término, garantiza el carácter general de las sentencias de inexequibilidad proferidas por la Corte Constitucional que, por lo tanto, están dotadas de efectos erga omnes"

e) La interpretación Sistemática y Finalistica de las normas[27] .

Se tiene entonces, que la única herramienta con que cuenta el juez constitucional, es la *interpretación constitucional,* y como intérprete final de la Carta le corresponde definir cuál es la supremacía normativa y cuál es la supremacía ideológica de la Constitución. Ante esta disyuntiva, el papel del juez constitucional en el Estado Social de Derecho al tomar una decisión, es *discrecional,* pero una discrecionalidad interpretativa que necesariamente delimita el sentido político de los textos constitucionales; por lo anterior, no es posible pensar que el juez constitucional al tomar una decisión -en el campo del derecho- anteponga su pensamiento, su ideología, medio social y económico del que proviene, convicciones religiosas, capacidad de manejo de las situaciones, su habilidad y destreza para convencer, etc. Por supuesto que ello "pesa"; pero es innegable que su prudencia ha impedido que desborde (en unos casos) y/o atenúe (en otros) la Constitución. Han actuado como antídoto constitucional:

**a)** El control jurídico, en el que la interpretación constitucional, está basada en un discurso jurídico sometido a reglas preexistentes de verificación que la condicionan. Es aquí en donde los aspectos procesales y probatorios, estudiados *in extenso* en capítulos anteriores de la presente tesis, se justifican[28] ; por cuanto es a través de ellos que se garantizan los preceptos y principios establecidos en la Constitución, de manera que se reintegre el orden violado o se impida la conculcación de los derechos fundamentales de los ciudadanos, tanto de parte de los órganos estatales como de los particulares. Sin olvidar que cuando las controversias políticas se plantean en términos jurídicos, deben ser igualmente resueltas a través de mecanismos jurisdiccionales, es decir, por medio de un órgano independiente súper partes y conforme a reglas jurídicas;

---

27 Corte Constitucional Sentencia C-147/98, M.P. Dr. Alejandro Martínez Caballero: "en virtud del principio de integridad de la Constitución, las distintas disposiciones de la Carta no deben ser interpretadas de manera aislada, sino de manera sistemática y tomando en cuenta la finalidad que cumplen".

28 El Juez constitucional al decidir con indiferencia estos aspectos, incurre en arbitrariedad: de carácter normativo, si la sentencia padece de defectos de derecho o de carácter fáctico, si el fallo es cuestionado porque prescindió de pruebas incorporadas válidamente al proceso, o resolvió con oposición a esas probanzas, o porque se basó en prueba inexistente, o simplemente analiza y/o pondera irrazonablemente los hechos y pruebas.

**b**) El control que se llamará "metajurídico", representado por las críticas de la opinión pública, los medios de comunicación, grupos políticos y económicos;

**c**) Las llamadas nuevas tendencias de la hermenéutica, basadas en la razón, en los hechos, en la persuasión, en la argumentación y en el conocimiento del juez que han permitido no sólo materializar el Estado social de derecho, sino además, equilibrar la circulación de poderes entre las distintas ramas de la organización del Estado.

Cerramos este capítulo diciendo con Duncan Kennedy: "*...por lo tanto el único camino lícito para un juez que se ve frente a un conflicto entre la ley y la sentencia a la que quiere llegar es, siempre, cumplir con la ley"...* (Subrayado fuera de texto).[29]

[29] Kennedy. Duncan, *Libertad y Restricción en la decisión Judicial.* Ediciones Uniandes. Bogotá, 1999. p. 212. Kennedy a través de una casuística laboral, esto es, la huelga de un sindicato de choferes de buses de Boston (') vs. ¿qué puede hacer o no el patrón con los medios de producción durante una huelga?, muestra la delicada tarea del juzgador; el Juez de Kennedy –como cualquier otro- no quiere quedarse en la superficie de lo visible a los ojos de la sociedad. Quiere internarse en las profundidades de la condición humana e ir más allá del conocimiento, el instinto y la misma intuición.

## REFLEXIÓN DE CIERRE*

En Colombia se encuentra en construcción la Teoría Procesal Constitucional con sustento normativo en la Constitución Política de 1991; los artículos 29, 228, 229, 230 de la Carta Política, entre otros, muestran: a) la comprensión y desarrollo del proceso jurisdiccional como categoría de derecho fundamental al Debido Proceso; b) el conjunto de normas necesarias para la plena eficacia de la Constitución, cuando surgen conflictos entre un acto de autoridad o un acto de un particular y las disposiciones contempladas en la Constitución –artículos 4 y 241 de la C.P.; c) la jurisdicción constitucional, definida para la resolución de los conflictos constitucionales por medio de determinados procesos también llamados constitucionales –artículos 86 y 87 *ibídem*-.

Se retorna a la idea central del presente trabajo, cual es la prueba dentro de los procesos constitucionales derivados de los controles de constitucionalidad, tanto abstractos como concretos, pretendiendo por un lado, estudiar y concluir de ese modo si en estos "procesos" es procedente solicitar, decretar y practicar pruebas como fases que integran el esquema probatorio de cualquier otro y de ser así, cómo se surte dicho esquema; y de otro lado, precisar cuáles son los medios probatorios más utilizados en tales procesos.

Para responder a la hipótesis planteada es necesario estudiar, *prima facie,* el esquema procesal en los procesos de constitucionalidad sobre la base de sus tres elementos: *sujeto, objeto y actividad procesal,* defendidos tanto por la concepción clásica como contemporánea de la Teoría General

---

* Publicado en en *Revista Novum Ius*, Edición Nº 15º, Editada por los Miembros de la Asociación Nueva Generación Jurídica publicación estudiantil de la Facultad de Derecho y Ciencias Políticas de la Universidad de Panamá, Panamá, 2010, pp. 130-168.

del Proceso y así determinar si los mismos son de recibo en el proceso de control de constitucionalidad. Conscientes de que sin un debido proceso constitucional, sin acciones y procedimientos, la Constitución no sería más que una simple retórica, incapaz de cumplir su fin esencial cual es la salvaguarda de los derechos de los ciudadanos, tanto individuales como colectivos y por tanto, se deslegitimaría la consagración del principio Estado Social de Derecho y en consecuencia no se podría materializar una Justicia Constitucional.

Respecto al *control abstracto de constitucionalidad* se hizo el análisis a los llamados Procesos Ordinarios que se surten ante la Corte Constitucional, los cuales son consecuencia no sólo de las demandas de inconstitucionalidad presentadas por los ciudadanos, sino de aquellas que se adelantan obligatoriamente por mandato de la Constitución; en lo que hace al *control concreto de constitucionalidad,* se abordaron únicamente los procesos preferentes de acción de tutela. Habiendo tenido en cuenta los elementos del proceso arriba anotados, estudiados su alcance y operatividad con base en la Doctrina, la Jurisprudencia y en los Decretos 2067/91 -que reglamenta el procedimiento constitucional- y 2591/91 –que reglamenta la acción de tutela- se sienta la posición en el sentido que se tratan de verdaderos "procesos" y no de meros "trámites", que se definen como "procesos atípicos" – según decir de Walter Peyrano- en la medida que se apartan de los modelos tradicionales ya conocidos; en efecto, en lo atinente al proceso de control constitucional abstracto:

**1.**- Es un proceso con partes; no obstante que aquí la "parte" intervenga sin que la mueva un interés particular o individual, en otras palabras, interviene aún cuando no cuenta con razón para promover un proceso en la medida en que no disfrutará del derecho material que invoca, aspecto que atrás quedó suficientemente expuesto;

**2.**- Es un proceso con única pretensión, entendida ésta como algo más que un derecho; un simple acto de voluntad que se exterioriza mediante la presentación de la demanda de inconstitucionalidad y por cuyo mérito se le solicita a la Corte Constitucional satisfaga un interés general, común y difuso, como lo es garantizar la primacía de la Constitución;

**3.**- Es un proceso orientado por el principio de "informalidad", o de "elasticidad", entre otros, por cuanto está exento de formalismos innecesarios y del cumplimiento de requisitos procesales que no tienen relación directa con él;

**4.**- Es un proceso, que no obstante la carencia de ritos procesales manifiestos, debe seguir un trámite; de hecho el Decreto 2067 de 1991 regula el régimen procedimental a que se contraen los juicios y actuaciones que se surtan ante la Corte Constitucional: hablamos de IX capítulos y 53 artículos que, a juicio de especialistas, equivalen a un *"pequeño Código Procesal Constitucional"*, en la medida que consagran desde los requisitos mínimos que debe contener la demanda en las acciones públicas de inconstitucionalidad, las razones de su inadmisión o rechazo, lo referido a las pruebas, a los impedimentos y recusaciones, lo pertinente a la sentencia, etc.

Ahora bien: la "atipicidad" en el *proceso de control concreto de constitucionalidad,* está fundamentada en las características de la Acción de Tutela:

**1**.- *Informalidad,* por cuanto no requiere ni para su presentación ni para su trámite y decisión, formalismos o "formas sacramentales", ni siquiera un escrito ya que puede ser presentada de manera verbal, amén de no exigirse ninguna calidad del individuo que la impreca, sólo la de ser persona a quien se le han vulnerado o amenazado sus derechos fundamentales;

**2**.- *Autonomía,* porque la acción de tutela subsiste y se tramita por sí misma, sin necesidad de acudir a otro mecanismo jurídico-procesal;

**3**.- *Inmediatez,* el procedimiento aplicable al trámite de la solicitud de Tutela es inmediato, preferente y sumario, pues lo que interesa es la decisión material sobre si se concede o no la protección impetrada;

**4**.- *Subsidiaria y Preventiva,* ya que no se trata de una vía expedita para la resolución de un conflicto o para la obtención de un determinado resultado, pues la Tutela respeta los medios de defensa judicial de carácter ordinario; sin embargo el juez de tutela puede obviar la subsidiariedad cuando se puede presentar un perjuicio irremediable;

**5**.- *Sumaria y preferente,* el trámite de la Tutela debe surtirse sin ninguna dilación de los términos establecidos para ello, sin excepción alguna, pues de lo que se trata es de asegurar la inmediata protección del derecho conculcado o amenazado. Además el procedimiento del amparo debe tener una prelación absoluta frente a los otros asuntos judiciales que se estén tramitando paralelamente en el Despacho correspondiente;

**6**.- *Permanente,* no hay caducidad para interponer la acción que le haga perder su efecto y vigor, pues se puede reclamar ante los jueces en todo momento y lugar;

**7**.- *Efectos Interpartes,* ya que la incidencia del fallo de la Acción de Tutela sólo regirá para las partes actuantes en ella, es decir, Accionante y

Accionado, pues se trata de una situación particular, con unos actores plenamente establecidos que actúan en nombre propio en defensa de sus derechos.

Asimismo, se concluye que la "**atipicidad**" del Proceso de Control Constitucional, abstracto y concreto, también se extiende a la **materia probatoria**, pues a diferencia de lo que ocurría en el campo del derecho privado en el que la actividad probatoria no era más que una fase o etapa dentro del proceso, en los procesos de marras, la actividad probatoria se surte de una manera muy "particular", en la que hay un *"nuevo rostro de la prueba*", cual es el Derecho a Probar.

Sobre la base que los principios generales de la prueba en los procesos ordinarios orientan la actividad probatoria en los procesos de control constitucionales, se acepta que hay que hacer algunas pequeñas adaptaciones o "ajustes", que para nada alteran el ordenamiento jurídico, en la medida que son orientaciones de índole filosófica reconocidas por la Carta Política, que se erigen como normas imperativas que guían el desarrollo del Proceso de Control Constitucional y la actuación de los sujetos que en él intervienen.

En el presente trabajo y tratando de encontrar un orden lógico y metodológico en la enseñanza del Derecho probatorio en esta categoría de Proceso de Control Constitucional en lo atinente a la Parte General, se siguieron de cerca los "problemas generales" del Derecho en cuestión, planteados por Eduardo J. Couture, antes insinuados por Eduardo Bonnier y Carlos Lessona; a saber: *¿Qué es Probar?, ¿Qué se prueba?, ¿Quién prueba?, ¿Cómo se prueba?, ¿Cómo se valoran las pruebas?.*

Sobre el particular se concluyó:

**1.**- Que en el derecho procesal constitucional debe entenderse por prueba: *las razones, los argumentos, los instrumentos o los medios, de naturaleza predominantemente procesal, dirigida a verificar el cumplimiento o no de la Constitución;*

**2.**- Que el objeto de prueba en el *proceso de control abstracto de constitucionalidad*, son los hechos generadores de los vicios de inconstitucionalidad y que lo que constituye el tema a probar una vez que el vicio es formal o de procedimiento, es poder establecer en dónde se presentaron dichos vicios, si durante el trámite de formación de la ley o a través de hechos que fueron relevantes al tomar la decisión, lo que se infiere del mismo artículo 10 del Decreto 2067/91. En tanto que lo que constituye el *thema probandum* dentro de la acción de tutela, son los hechos relacionados con la acción u omisión que ponga en peligro el derecho fundamental del accionante, ya sea porque se generó el daño o porque se produjo la amenaza;

**3**.- Que del numeral 3 del artículo 2° del Decreto 2067/91, igualmente se infiere que para la efectividad del derecho político ejercido, las razones presentadas por el actor deben ser *claras, ciertas*, *específicas*, *pertinentes* y *suficientes*; justamente con respecto al requisito de *suficiencia* que se predica de las razones de la demanda de inconstitucionalidad; además, debe guardar relación con los elementos **argumentativos y probatorios** necesarios para iniciar el estudio de constitucionalidad. En conclusión, la expresión "razones" constituye ni más ni menos que las PRUEBAS con las que el actor pretende demostrar el vicio formal de inconstitucionalidad, en la misma forma que existen otro u otros interesados en desvirtuar tales vicios; de ahí lo que señala el artículo 11 de Decreto 2067/91 que debe ser estudiado armónicamente con el artículo 244 de la Carta. En lo atinente a la acción de Tutela, el Onus Probandi está en cabeza del peticionario o accionante de la Tutela; pero el accionado también puede aportar las instrumentos que de acuerdo a criterio favorezcan sus intereses y sean procedentes para coadyuvar sus afirmaciones y posiciones frente a la acción que se desata en su contra;

**4**.- Que de la lectura del artículo 10 del Decreto 2067/91 en concordancia con los artículos 56, 57 y 58 del Reglamento Interno de la Corte Constitucional (Acuerdo 004 de 1992), se infiere que dentro de esta clase de proceso tiene que surtirse igualmente un procedimiento, por supuesto menos riguroso y exigente que en el proceso judicial, en otra palabras un tanto "informal", cual es: solicitud, decreto y práctica de la pruebas. En materia de procesos de control concreto, también se cumple un procedimiento para probar, restringidísimo por cierto, en la medida en que el término para fallar, en primera instancia, es de diez (10) días;

**5**.- Que en el ejercicio del control constitucional en abstracto, los denominados *"elementos empíricos"* juegan un papel fundamental en la valoración y por tanto en la decisión del juez constitucional. Igualmente, al igual que cualquier proceso contencioso, en el de tutela, las pruebas se apreciarán y/o valorarán de acuerdo a las reglas de la sana crítica, debiéndose someter para el efecto, a las exigencias del ordenamiento procesal civil.

En el punto acerca de cuáles son los medios de pruebas más relevantes en esta clase de procesos, se tiene lo siguiente:

**1**.- En tratándose de los *procesos de control abstracto*, el resultado arrojado por un trabajo de campo realizado sobre algunos expedientes tomados como unidades básicas de investigación, es que son los **DOCU-**

**MENTOS** la prueba mayoritariamente empleada en esta clase de procesos porque constituyen un medio probatorio que no requiere actuación, además de ser una prueba inmediata, instantánea y autosuficiente que se adjunta en los respectivos escritos de demanda de constitucionalidad de una norma o de su contestación. Ello se aplica tanto a los llamados documentos "tradicionales" o físicos, como a los documentos "especiales".

Se observa que si por la especialidad o complejidad del tema a decidir éste escapa al ámbito de conocimientos o de formación del magistrado ponente, bien puede echar mano de cualquiera de las pruebas técnicas (entiéndase dictamen pericial, informes técnicos y conceptos técnicos); sin embargo, como los conceptos técnicos son más inmediatos en la ilustración y definitivamente su utilización evita dilaciones y desgastes innecesarios al proceso, estas pruebas ocupan un segundo lugar en su empleo, seguidas por los informes técnicos. No obstante, es prudente insistir que el concepto del experto nada decide, nada define; apenas ilustra o complementa y deja a salvo la plena autonomía de la Corte para decidir.

Finalmente, el Decreto 2067 de 1991, como norma procesal destinada a regular los procesos constitucionales con respecto a los otros medios probatorios (tales como testimonio e inspección), nada dice sobre el particular, no debe entenderse que se excluyan; de requerirlo el operador del derecho puede apelar a las normas que sobre la materia contiene el Código Procesal Civil.

**2**.- En lo atinente a los *procesos de control concreto*, serán procedentes los documentos, la declaración de partes (accionante y accionado), las pruebas técnicas, la inspección judicial, el testimonio; en la medida que permitan comprobar los hechos constitutivos de la violación o la amenaza del derecho fundamental.

Para terminar, se hace necesario articular los aspectos procesales y probatorios estudiados en los procesos de control de constitucionalidad con el principio del Estado Social de Derecho establecido por la Constitución Política de 1991, para determinar cómo decide el juez constitucional; en la medida que la única herramienta con que cuenta el juez constitucional es la *interpretación constitucional,* exégesis que tiene rasgos distintivos de las demás que circulan en la sociedad, como traductor final de la Carta le corresponde definir cuál es la supremacía normativa y cuál la ideológica de la Constitución.

Ante esta disyuntiva, el papel del juez constitucional en el Estado Social de Derecho al tomar una decisión es *discrecional,* pero una discrecionalidad interpretativa que necesariamente delimita el sentido político de los textos constitucionales; por lo tanto, no es posible pensar que el juez constitucional al tomar una decisión -en el campo del derecho- anteponga su pensamiento, su ideología, medio social y económico del que proviene, convicciones religiosas, capacidad de manejo de las situaciones, su habilidad y destreza para convencer.

Sin desconocer la influencia que tales aspectos puedan ejercer en sus decisiones, lo único cierto es que sólo le queda cumplir con la ley; y ésta le dice que su papel no es el del flautista de Hamelin; por el contrario, la misma ley le permite entender la importancia de la función social del derecho, la justicia particular de una norma, la ética y la política y las realidades humanísticas que subyacen al aplicar el derecho.

# BIBLIOGRAFÍA

ABAD YUPANQUI, Samuel B., ORDÓÑEZ, Jorge Danós, EGUIGUREN, Francisco J., GARCÍA BELAUNDE, Domingo, MONROY GÁLVEZ, Juan, GUARDIA, Arsenio Oré, *Código Procesal Constitucional del Perú*, Palestra Editores S. A. C., Lima, 2004.

ALZATE NOREÑA, Luís, *Pruebas Judiciales*, Imprenta Departamental, Manizales, 1941.

Ámbito Jurídico, "*Informe Especial*", Año VIII – N° 182, Bogotá, 2005, 1 al 14 de agosto.

Ámbito Jurídico, "*Informe Especial*", Año VIII – N° 188, Bogotá, 2005, 24 de octubre a 6 de noviembre.

ARBOLEDA VALLEJO, Mario, *Código Penal y de Procedimiento Penal*, Editorial Leyer, Bogotá, 2001.

BOBBIO, Norberto, BOVERO, Michelangelo, *Origen y Fundamentos del Poder Político*, Editorial Grijalbo S.A. México, 1985.

BREWER-CARÍAS, Allan R., *El Sistema Mixto o Integral de Control de Constitucionalidad en Colombia y Venezuela*, Bogotá, Departamento de Publicaciones Universidad Externado de Colombia, Instituto de Estudios Constitucionales Carlos Restrepo Piedrahita (Temas de Derecho Público N° 39) y Pontificia Universidad Javeriana (Quaestiones Juridicae N° 5), Bogotá, 1995.

CARRASQUILLA, Alberto, AMAYA, Carlos, *El Modelo Económico en la Constitución de 1991. Documento publicado en el libro Conmemoración y Evaluación de los diez años de vigencia de la Constitución Política de Colombia.* Talleres de Publicaciones del Ministerio del Interior. Bogotá, 2002.

CARNELUTTI, Francisco, *Sistema de Derecho Procesal Civil*, Libro Segundo, Traducción de Niceto ALCALÁ ZAMORA, Uteha, Argentina, 1944.

CLAVIJO, Sergio, *Fallos y Fallas de la Corte Constitucional*. Editorial Alfaomega S.A. Bogotá, 2001.

COLOMBO CAMPBELL, Juan, *Ponencia presentada para el encuentro de Tribunales Constitucionales y Salas Constitucionales de Tribunales Supremos de América del Sur*. Florianópolis, Brasil, Junio de 2002.

CHARRY URUEÑA, Juan Manuel, *La acción de Tutela*, Editorial Temis S.A, Santafé de Bogotá, 1992.

DEVIS ECHANDÍA Hernando, *Compendio de Derecho Procesal, Tomo I. Teoría General del Proceso*. Editorial ABC, Bogotá, 1983.

*Diccionario Jurídico Espasa*, Lex, Editorial Espasa Calpe, S.A., Madrid, 2001.

DURÁN, Víctor Manuel, *Estado Social de Derecho*, tomado de http://utal.org/movimiento/11c.htm., recuperado el día 09 de octubre de 2005.

*El Tiempo*, octubre 17 de 2004; Bogotá D.C. p. Opinión; columna Recursos y Derechos, tema La Otra Paz; Juan Manuel SANTOS.

*Expediente N° D-5121 y Expediente N° D-5122* acumulados, demanda de inconstitucionalidad contra el Acto legislativo No. 02 de 2003.

*Expediente N°CFR-001* Revisión de constitucionalidad de la Ley 796 de 2003.

*Expediente N° 4605*, demanda de inconstitucionalidad de la Ley 788 de 2002.

*Expediente D-2374*, demanda de inconstitucionalidad contra normas del Decreto Extraordinario 663 de 1993 o Estatuto Orgánico del Sistema Financiero.

*Expediente N° D-1458*, demanda de inconstitucionalidad contra al artículo 233 literal (a) del Decreto 1333 de 1986 y ley 97 de 1986.

FERRER MAC-GREGOR, Eduardo, *Ensayos sobre derecho Procesal Constitucional,* México, Editorial Porrúa, 2004.

FIX ZAMUDIO, Héctor, *Introducción al Derecho Procesal Constitucional*, México, Colección Fundap Derecho, Administración y Política, 2002.

FLORIÁN, Eugenio, *De las Pruebas Penales*, Tomo I, Editorial Temis S.A., Bogotá, 1995.

GARCÍA DE ENTERRÍA, Eduardo, *La Constitución como Norma y el Tribunal Constitucional*, Editorial Civitas, S.A., Madrid, España, 1985.

GARCÍA-PELAYO, Manuel, *Las Transformaciones del Estado Contemporáneo*, Alianza Editorial, Madrid, 1977

GIACOMETTO FERRER, Ana, Módulo *Teoría General de la Prueba Judicial*; Consejo Superior de la Judicatura – Escuela Judicial Rodrigo Lara Bonilla, Imprenta Nacional de Colombia, Bogotá, 2003.

GOZAINI, Osvaldo Alfredo, *Introducción al Derecho Procesal Constitucional*, Rubinzal-Culzoni, Editores, Buenos Aires.

GOZAINI, Osvaldo Alfredo, *Derecho Procesal Constitucional*, Tomo 1, Editorial de Belgrano, Buenos Aires, 1999.

GUASP DELGADO, Jaime, *Derecho Procesal Civil*, Ed. Instituto de Estudios Políticos, Madrid, 1977.

HENAO CARRASQUILLA, Oscar Eduardo, *Código de Procedimiento Civil,* Editorial Leyer, Bogotá, 2003.

HERNÁNDEZ, José Gregorio, *El Poder y la Constitución*, Editorial Legis, Bogotá, 2001.

KALMANOVITZ, Salomón, *El Modelo Anti-Liberal Colombiano*, Ensayo para el Seminario de la Universidad de los Andes "Hacía la construcción del modelo de desarrollo económico y social para Colombia", Bogotá, 2 y 3 de Mayo de 2000.

KELSEN Hans, "*Quién debe ser el guardián de la Constitución. Escritos sobre la Democracia y Socialismo*", Ediciones Debate, Madrid, 1988.

KENNEDY. Duncan, *Libertad y Restricción en la decisión Judicial*. Ediciones Uniandes. Bogotá, 1999.

LESSONA, Carlos, *Teoría General de la Prueba en Derecho Civil*, Reus – Centro de Enseñanza y Publicaciones, S.A., Madrid, 1983.

MONROY CABRA, Marco Gerardo, *La Interpretación Constitucional*, Ediciones Librería del profesional; Bogotá, D.C. 2002.

MONTERO AROCA, Juan, ORTELLS RAMOS Manuel, GÓMEZ COLOMER Juan-Luís, *Derecho Jurisdiccional*, Parte General, José María Bosch Editor S.A., Barcelona, 1993.

MORELLO, Augusto M. *La Prueba Tendencias Modernas*, Librería Editora Platense, Buenos Aires, 2001.

PALACIO TORRES, Alfonso, *Concepto y Control del Procedimiento Legislativo*. Ediciones Departamento de Publicaciones de la Universidad Externado de Colombia, Bogotá, Junio de 2005.

PENAGOS, Gustavo: *El acto administrativo*. Tomo I. parte general, Librería profesional. 6[ta] Edición, Bogotá, 1996.

PÉREZ RESTREPO, Bernardita, *La Acción de Tutela*, Consejo Superior de la Judicatura –Sala Administrativa- Escuela Judicial Rodrigo Lara Bonilla, Editorial Universidad Nacional de Colombia, Bogotá, 2003.

PEYRANO, Jorge Walter, *El Proceso Atípico*, Editorial Universidad, Buenos Aires, 1993.

PISCIOTTI CUBILLOS, Doménico, *Los Derechos de Tercera Generación*, Ediciones Universidad Externado de Colombia, Bogotá, 2001.

QUIROGA CUBILLOS, Héctor, *El Proceso Constitucional*, Ediciones Librería del Profesional, Bogotá, 1985.

QUINCHE RAMÍREZ, Manuel Fernando, *Vías de Hecho-Acción de tutela contra providencias*, Grupo Editorial Huella de Ley Ltda., Bogotá, 2001.

RAMÍREZ ARCILA, Carlos, *La Pretensión Procesal*, Editorial Temis S.A., Bogotá, 1986.

REY CANTOR, Ernesto, Derecho Procesal Constitucional, Derecho Constitucional Procesal, Derechos Humanos Procesales. Ediciones Ciencia y Derecho, Bogotá, 2001.

*Revista de Derecho Comunicaciones y Nuevas Tecnologías*, Ediciones Uniandes, Facultad de Derecho, abril de 2005.

ROCHA ALVIRA, Antonio, Clásicos *Jurídicos colombianos*, De La Prueba en Derecho, Biblioteca Jurídica Diké, Bogotá, 1990.

SAGÜES, Néstor Pedro, *Derecho Procesal Constitucional*, Tomo I, Editorial Alfredo y Ricardo de Palma, Buenos Aires, 1989.

SAGÜES, Néstor Pedro, *La interpretación judicial de la Constitución*. Ediciones Depalma, Buenos Aires. 1998.

TOBO RODRÍGUEZ, Javier, *La Corte Constitucional y el Control de Constitucionalidad,* Ediciones Jurídica Gustavo Ibáñez, Bogotá, 2004.

# ANEXO I

## DECRETO 2.067 DE 1991
## (SEPTIEMBRE 4)

Por el cual se dicta el régimen procedimental de los juicios y actuaciones que deban surtirse ante la Corte Constitucional.

## EL PRESIDENTE DE LA REPUBLICA DE COLOMBIA

En ejercicio de las facultades que le confiere el artículo transitorio 23 de la Constitución Política y surtido el trámite ante la Comisión Especial creada por el artículo 6o transitorio de la Constitución Política,

## DECRETA:

## CAPÍTULO I

**Artículo 1°**. Los juicios y actuaciones que se surtan ante la Corte constitucional se regirán por el presente Decreto.

**Artículo 2°**. Las demandas en las acciones públicas de inconstitucional se presentarán por escrito, en duplicado, y contendrán:

1. El señalamiento de las normas acusadas como inconstitucionales, su trascripción literal por cualquier medio o un ejemplar de la publicación oficial de las mimas;

2. El señalamiento de las normas constitucionales que se consideren infringidas;

3. Las razones por las cuales dichos textos se estiman violados;

4. Cuando fuere el caso, el señalamiento del trámite impuesto por la constitución para expedición del acto demandado y la forma en fue quebrantado; y

5. La razón por la cual la Corte es competente para conocer de la demanda.

**Artículo 3°.** Corresponde al Presidente de la Corte Constitucional repartir para su sustanciación, los asuntos de constitucionalidad de conformidad con el programa de trabajo y reparto que determine el de la misma.

La Corte podrá asignar a más de un magistrado la sustanciación de un mismo asunto.

**Artículo 4°.** En todo momento después de admitida la demanda, cualquier magistrado podrá solicitar por escrito que se reúna el pleno de la Corte para que se lleve a cabo una deliberación preliminar sobre la constitucionalidad de las normas sometidas a control. El Presidente de la Corte convocará la correspondiente sesión dentro de la semana siguiente a la solicitud.

**Artículo 5°.** La Corte deberá acumular las demandas respecto de las cuales exista una coincidencia total o parcial de las normas acusadas y ajustará equitativamente el reparto de trabajo.

**Artículo 6°.** Repartida la demanda, el magistrado sustanciador proveerá sobre su admisibilidad dentro de los diez días siguientes.

Cuando la demanda no cumpla algunos de los requisitos previstos en el artículo 2°, se le concederán tres días al demandante para que proceda a corregirla señalándole con precisión los requisitos incumplidos. Si no lo hiciere en dicho plazo se rechazará. Contra el auto de rechazo, procederá el recurso de súplica ante la Corte.

El magistrado sustanciador tampoco admitirá la demanda cuando considere que ésta no incluye las normas que deberían ser demandadas para que el fallo en si mismo no sea inocuo, y ordenará cumplir el trámite previsto en el inciso segundo de este artículo. La Corte se pronunciará de fondo sobre todas las normas demandadas y podrá señalar en la sentencia las que, a su juicio, conforman unidad normativa con aquellas otras que declara inconstitucionales.

Se rechazarán las demandas que recaigan sobre normas amparadas por una sentencia que hubiere hecho tránsito a cosa juzgada o respecto de las cuales sea manifiestamente incompetente. No obstante estas decisiones también podrán adoptarse en la sentencia.

**Artículo 7°.** Admitida la demanda, o vencido el término probatorio cuando éste fuere procedente, se ordenará correr traslado por treinta días al Procurador General de la Nación, para que rinda concepto. Dicho término comenzará a contarse al día siguiente de entrega la copia del expediente en el despacho del Procurador.

En el auto admisorio de la demanda se ordenará fijar en lista las normas acusadas por el término de diez días para que, por duplicado, cualquier ciudadano las impugne o defienda. Dicho término correrá simultáneamente con el del Procurador.

A solicitud de cualquier persona, el Defensor del Pueblo podrá demandar, impugnar, o defender ante la Corte normas directamente relacionadas con los derechos constitucionales.

**Artículo 8°**. De ordinario, vencido el término para que rinda concepto el Procurador, se iniciará el cómputo de 30 días para que el magistrado sustanciador presente el proyecto de sentencia a la Corte. Vencido el término para la presentación del proyecto, comenzarán a correr los 60 días de que dispone la Corte para adoptar su decisión.

**Artículo 9°**. El magistrado sustanciador presentará por escrito el proyecto de fallo a la Secretaría de la Corte, para que ésta envíe copia del mismo y del correspondiente expediente a los demás magistrados. Entre la presentación del proyecto de fallo y la deliberación en la Corte deberán transcurrir por lo menos cinco días, Salvo cuando se trate de decidir sobre objeciones a proyectos de Ley o en casos de urgencia nacional.

**Artículo 10**. Siempre que para la decisión sea menester el conocimiento de los trámites que antecedieron al acto sometido al juicio constitucional de la Corte o de hecho relevante para adoptar la decisión, el magistrado sustanciador podrá decretar en el auto admisorio de la demanda las pruebas que estime conducentes, las cuales se practicarán en el término de diez días.

La práctica de las pruebas podrá ser delegada en un magistrado auxiliar.

**Artículo 11**. En el auto admisorio, se ordenará la comunicación a que se refiere el artículo 244 de la Constitución. Esta comunicación y, en su caso, el respectivo concepto, no suspenderá los términos.

La comunicación podrá, además, ser enviada a los organismos o entidades del Estado que hubieren participado en la elaboración o expedición de la norma. La Presiden cia de la República, el Congreso de la República y los organismos o entidades correspondientes podrán directamente o por intermedio de apoderado especialmente escogido para ese propósito, si lo estimaren oportuno, presentar por escrito dentro de los 10 días siguientes, las razones que justifican la constitucionalidad de las normas sometidas a control.

## CAPÍTULO II

**Artículo 12**. Cualquier magistrado podrá proponer hasta 10 días antes del vencimiento del término para decidir que se convoque una audiencia para que quien hubiere dictado la norma o participado en su elaboración, por sí o por intermedio de apoderado, y el demandante, concurran a responder preguntas para profundizar en los argumentos expuestos por escrito o aclarar hechos relevantes para tomar la decisión. La Corte por mayoría de los asistentes, decidirá si convoca la audiencia, fijará la fecha y hora en que habrá de realizarse y concederá a los citados un término breve pero razonable para preparar sus argumentos. Las audiencias serán públicas.

La Corte señalará, un término adecuado para que el demandante y quien hubiere participado en la expedición o elaboración de la norma, presenten sus planteamientos. El Procurador General podrá participar en las audiencias en que lo considere pertinente, después de haber rendido concepto.

Excepcionalmente, cuando la Corte considere que podría contribuir a esclarecer un punto concreto de naturaleza constitucional, podrá ser invitado a presentar argumentos orales en la audiencia quien hubiere intervenido como impugnador o defensor de las normas sometidas a control.

**Artículo 13**. El magistrado sustanciador podrá invitar a entidades públicas, a organizaciones privadas y a expertos en las materias relacionadas con el tema del proceso a presentar por escrito, que será público, su concepto puntos relevantes para la elaboración del proyecto de fallo. La Corte podrá, por mayoría de sus asistentes, citarlos a la audiencia de que trata el artículo anterior.

El plazo que señale, el magistrado sustanciador a los destinatarios de la invitación no interrumpe los términos fijados en este Decreto.

El invitado deberá, al presentar un concepto, manifestar si se encuentra en conflicto de intereses.

## CAPÍTULO III

**Artículo 14**. Las decisiones sobre la parte resolutiva de la sentencia deberán ser adoptadas por la mayoría de los miembros de la Corte Constitucional. Los consideran-dos de la sentencia podrán ser aprobados por la mayoría de los asistentes. Cuando no fueren aprobados, podrán adherir a ellos los magistrados que compartan su contenido. Los magistrados podrán en escrito separado aclarar su voto o exponer las razones para salvarlo.

Los magistrados que aclararen o salvaren el voto dispondrán de cinco días para depositar en la Secretaría de la Corte el escrito correspondiente.

En todo cazo de contradicción entre la parte resolutiva y la parte motiva de un fallo, se aplicará lo dispuesto en la parte resolutiva.

**PAR**. Se entiende por mayoría cualquier número entero de votos superior a la mitad del número de magistrados que integran la Corte o de los asistentes a la correspondiente sesión, según el caso.

**Artículo 15**. Cuando no se reúna la mayoría necesaria, volverán a discutirse y votarse los puntos en que hayan disentido los votantes.

**Artículo 16**. La parta resolutiva de la sentencia no podrá ser divulgada sino con los considerandos y las aclaraciones y los salvamentos de voto correspondientes, debidamente suscritos por los magistrados y el Secretario de la Corte.

La sentencia se notificará por edicto con los considerandos y las aclaraciones y los salvamentos de voto correspondientes, debidamente suscritos por los magistrados y el Secretario de la Corte, dentro de los seis días siguientes a la decisión.

El Secretario enviará inmediatamente copia de la sentencia a la Presidencia de la República y al Congreso de la República. La Presidencia de la República promoverá un sistema de información que asegure el fácil acceso y consulta de las sentencias de la Corte Constitucional.

**Artículo 17**. Cuando el proyecto de fallo no fuere aprobado, el magistrado sustanciador podrá solicitar al Presidente de la Corte que designe a otro para que lo elabore. Cuando el criterio de un magistrado disidente hubiere sido acogido, el Presidente de la Corte podrá asignarle la elaboración del proyecto de fallo.

**Artículo 18**. Las sentencias serán publicadas con los salvamentos y aclaraciones en la Gaceta de la Corte Constitucional, para lo cual se apropiará en el presupuesto la partida correspondiente.

**Artículo 19**. Las deliberaciones de la Corte Constitucional tendrán carácter reservado. Los proyectos de fallo serán públicos después de cinco años de proferida la sentencia.

Salvo los casos provistos en este Decreto, en las deliberaciones de la Corte no podrán participar servidores públicos ajenos a ésta.

## CAPÍTULO IV

**Artículo 20**. Las sentencias de la Corte Constitucional se pronunciarán "en nombre del pueblo y por mandato de la Constitución".

**Artículo 21**. Las sentencias que profiera la Corte Constitucional tendrán el valor de cosa juzgada constitucional y son de obligatorio cumplimiento para todas las autoridades y los particulares.

La declaratoria de constitucionalidad de una norma impugnada por vicios formales no obsta para que ésta sea demandada posteriormente por razones de fondo.

**Artículo 22**. La Corte Constitucional deberá confrontar las disposiciones sometidas a control con la totalidad de los preceptos de la Constitución, especialmente los del Título II, salvo cuando para garantizar la supremacía de la Constitución considere necesario aplicar el último inciso del artículo 21.

La Corte Constitucional podrá fundar una declaración de inconstitucionalidad en la violación de cualquiera norma constitucional, así ésta no hubiere sido invocada en el curso del proceso.

**Artículo 23**. La doctrina constitucional enunciada en las sentencias de la Corte Constitucional, mientras no sea modificada por ésta, será criterio auxiliar (obligatorio) para las autoridades y corrige la jurisprudencia.

Las modificaciones a la doctrina existente, deberán ser explícitas en la sentencia.

**Nota: Entre paréntesis y en bastardilla. Inexequible. Sentencia C-131-93.**

**Artículo 24**. Inexequible. Corte Constitucional, sentencia C-113/93.

## CAPÍTULO V

**Artículo 25**. En los casos de objeciones del gobierno a un proyecto de Ley por inconstitucionalidad y en los de revisión de los Decretos dictados en ejercicio de las facultades que otorgan los artículos 212, 213 y 215 de la Constitución Nacional, será causales de impedimento y recusación: haber conceptuado sobre la constitucionalidad de la disposición acusada; haber intervenido en su expedición; haber sido miembro del Congreso durante la tramitación del proyecto; o tener interés en la decisión.

**Artículo 26**. En los casos de acción de inconstitucionalidad por parte de cualquier ciudadano, serán causales de impedimento y recusación, además de las establecidas en el artículo anterior, tener vínculo por matrimonio o por unión permanente, o de parentesco en cuarto grado de consanguinidad, segundo de afinidad o primero civil con el demandante.

**Artículo 27**. Los restantes magistrados de la Corte, decidirán en la misma sesión si el impedimento es o no fundado. En caso afirmativo, declararán separado del conocimiento al magistrado impedido y sortearán el correspondiente conjuez. Y, en caso negativo, el magistrado continuará participando en la tramitación y decisión del asunto.

**Artículo 28**. Cuando existiendo un motivo de impedimento en un magistrado o conjuez, no fuere manifestado por él, podrá ser recusado o por el Procurador General de la Nación o por el demandante. La recusación debe proponerse ante el resto de los magistrados con base en alguna de las causales señaladas en el presente Decreto.

Cuando la recusación fuere planteada respecto de todos los magistrados, el pleno de la Corte decidirá sobre su pertinencia.

**Artículo 29**. Si la recusación fuere pertinente, el magistrado o conjuez recusado deberá, rendir informe el día siguiente. En caso de aceptar los hechos aducidos por el recusante, se le declarará separado del conocimiento del negocio. De lo contrario, se abrirá a prueba el incidente por un término de ocho días, tres para que el recusante las pida y cinco para practicarlas, vencido el cual, la Corte decidirá dentro, de los dos días siguientes. En dicho incidente actuará como sustanciador el magistrado que siga en orden alfabético al recusado.

Si prospera la recusación, la Corte procederá al sorteo de conjuez.

**Artículo 30**. No están impedidos ni son recusables los magistrados y conjueces a quienes corresponda la decisión sobre impedimentos o recusaciones.

**Artículo 31**. La Corte Constitucional procederá a designar siete conjueces, dentro de los diez días siguientes a su instalación. Cada año, la Corte designará los correspondientes conjueces, según el número de magistrados que la integren.

## CAPÍTULO VI

**Artículo 32**. Para que la Corte resuelva sobre las objeciones de inconstitucionalidad a un proyecto de Ley el Presidente del Congreso registrará inmediatamente en la Secretaria de la Corte el proyecto de Ley, las objeciones y un escrito en el cual se expongan las razones por las cuales las Cámaras decidieron insistir en que fuera sancionado. Simultáneamente enviará copia al Procurador General de la Nación. Si fuere convocada audiencia, no podrán intervenir sino los representantes del Presidente de la República y del Congreso y el magistrado sustanciador dispondrán de seis días contados a partir del vencimiento del término del Procurador para rendir concepto. Al efectuarse el reparto; cada magistrado recibirá copia de las objeciones presidenciales, del proyecto de Ley y del escrito donde se justifique la insistencia del Congreso. El Procurador General de la Nación rendirá concepto dentro de los seis días siguientes al registro de las objeciones. Las impugnaciones y defensas deberán presentarse dentro de los tres días siguientes al registro. La Corte decidirá dentro de los seis días siguientes a la presentación de la ponencia del magistrado sustanciador.

**Artículo 33**. Si la Corte considera que el proyecto es parcialmente inconstitucional, así lo indicará a la Cámara en que tuvo origen para que, oído el Ministro del ramo, rehaga e integre las disposiciones afectadas en términos concordantes con el dictamen de la Corte. Una vez cumplido este trámite, remitirá a la Corte el proyecto para fallo definitivo.

**Artículo 34**. Recibido el proyecto, el Presidente de la Corte solicitará al magistrado sustanciador que informe a la Corte dentro de los seis días siguientes si las nuevas disposiciones legislativas concuerdan con el dictamen de la Corte. Este adjuntará al informe el proyecto de fallo definitivo. La Corte decidirá dentro de los seis días siguientes.

**Artículo 35**. La sentencia que declare constitucional un proyecto de Ley objetado, surtirá efectos de cosa juzgada respecto de las normas invocadas formalmente por el Gobierno y consideradas por la Corte, y obliga al Presidente de la República a sancionarlo.

## CAPÍTULO VII

**Artículo 36**. El Gobierno Nacional enviará a la Corte, al día siguiente de su expedición, copia auténtica del texto de los Decretos legislativos que dicte en ejercicio de las facultades que le conceden los artículos 212, 213 y 215 de la Constitución, para que aquélla decida definitivamente sobre la constitucionalidad de ellos.

Si el Gobierno faltare a dicho deber, el Presidente de la Corte Constitucional solicitará copia auténtica del mismo a la Secretaria General de la Presidencia de la República, con dos días de término, y en subsidio actuará sobre el texto que hubiere sido publicado.

**Artículo 37**. Para la efectividad de la intervención ciudadana, en la revisión de los Decretos legislativo, repartido el negocio, el magistrado sustanciador ordenará que se fije en lista en la Secretaria de la Corte por el término de cinco días, durante los cuales, cualquier ciudadano, podrá intervenir por escrito para defender o impugnar la constitucionalidad del Decreto.

**Artículo 38**. Expirado el término de fijación en lista, pasará el asunto al Procurador para que dentro de los diez días siguientes rinda concepto. Presentado el concepto del Procurador, comenzará a correr el lapso de siete días para la presentación del proyecto de fallo, vencido el cual, se iniciará el de veinte días para que la Corte adopte su decisión.

## CAPÍTULO VIII

**Artículo 39**. El Presidente del Congreso enviará a la Corte Constitucional copia auténtica de los proyectos de Leyes estatutarias inmediatamente después de haber sido aprobados en segundo debate. Si faltare a dicho deber, el Presidente de la Corte solicitará copia auténtica del mismo a la Secretaría de la Cámara donde se hubiere surtido el segundo debate.

**Artículo 40**. El proyecto de Ley estatutaria será revisado por la Corte de conformidad con el procedimiento ordinario.

**Artículo 41**. Si el proyecto fuere constitucional, el Presidente de la Corte lo enviará al Presidente de la República para su sanción. Si el proyecto fuere total o parcialmente inconstitucional, el Presidente de la Corte enviará el proyecto de Ley al Presidente de la Cámara de origen con el correspondiente fallo. Si la inconstitucionalidad fuere parcial se aplicará lo dispuesto en el artículo 33, siempre y cuando no haya terminado la legislatura correspondiente.

**Artículo 42**. Cuando la Corte deba decidir sobre la constitucionalidad por vicios de forma de una Ley en que se convoque a un referendo para reformar la Constitución o se disponga que el pueblo decida si convoca a una Asamblea Constituyente, se aplicará el procedimiento ordinario establecido en el presente Decreto. No obstante, la Corte podrá reducir los términos aquí previstos cuando lo considere necesario para decidir con anterioridad al pronunciamiento popular.

En los procesos a que se refiere el artículo 241 numeral 3 de la Constitución se aplicará el procedimiento ordinario.

**Artículo 43**. La acción pública contra los actos de que tratan los artículos 379 y 242 numeral 3 de la Constitución, sólo procederá dentro del año siguiente a su promulgación.

**Artículo 44**. En los procesos de constitucionalidad de los tratados y de las Leyes que los aprueban de que trata el artículo 241 numeral 10 de la Constitución, se aplicará en lo pertinente lo dispuesto para el control de los proyectos de Leyes estatutarias. Si la inexequibilidad fuere parcial, se aplicará lo dispuesto en dicho artículo.

## CAPÍTULO IX

**Artículo 45**. Cuando la Corte encuentre vicios de procedimiento subsanables en la formación del acto sujeto a su control, ordenará devolverlo a la autoridad que lo profirió para que dentro del término que fije la Corte, de ser posible, enmiende el defecto observado. Subsanado el vicio o vencido el término, la Corte procederá a decidir sobre la constitucionalidad del acto.

Dicho término no podrá ser superior a treinta días contados a partir del momento en que la autoridad esté en capacidad de subsanarlo.

**Artículo 46**. Ninguna autoridad podrá reproducir el contenido material del acto jurídico declarado inexequible por razones de fondo, mientras subsistan en la Carta las disposiciones que sirvieron para hacer la confrontación entre la norma ordinaria y la Constitución.

**Artículo 47**. El Presidente de la comisión permanente de cualquiera de las Cámaras que insista en llamar a quien se hubiere excusado de asistir a las sesiones especiales de que trata el artículo 137 de la Constitución, informará inmediatamente a la Corte sobre la renuencia e indicará el nombre del citado y el motivo de la citación.

La Corte Constitucional convocará audiencia privada para oír al citado y resolverá si la excusa fuere fundada, dentro de los seis días siguientes a la presentación del informe por el Presidente de la Comisión.

**Artículo 48**. Los términos señalados para la tramitación de los asuntos de constitucionalidad de competencia de la Corte Constitucional, se suspenderán en los días de vacancia, en los que por cualquier circunstancia no se abra el despacho al público, y durante grave calamidad doméstica o transitoria enfermedad del magistrado sustanciador o del Procurador General de la Nación, en su caso, debidamente comunicadas a la Corte.

Los términos establecidos para rendir concepto, presentar ponencia o dictar fallo, no correrán durante el tiempo indispensable para tramitar los incidentes de impedimento o recusación y para la posesión de los conjueces, cuando a ello hubiere, lugar.

**Artículo 49**. Contra las sentencias de la Corte Constitucional no procede recurso alguno. La nulidad de los procesos ante la Corte Constitucional sólo podrá ser alegada antes de proferido el fallo. Sólo las irregularidades que impliquen violación del debido proceso podrán servir de base para que el pleno de la Corte anule el proceso.

**Artículo 50**. Los jueces y los demás servidores públicos deberán de manera eficaz e inmediata prestar a la Corte la colaboración que ésta les requiera. El incumplimiento de este deber será causal de mala conducta.

**Artículo 51**. El incumplimiento de los términos para adelantar los trámites y proferir el fallo previstos en este Decreto será causal de mala conducta.

**Artículo 52**. Los juicios de constitucionalidad sobre los Decretos a que se refiere el artículo transitorio 10 de la Constitución Política se regirán por las disposiciones contenidas en los Capítulos I, II, III, IV, V y IX del presente Decreto.

**Artículo 53**. En los procesos de constitucionalidad ante la Corte Suprema de Justicia se aplicarán las disposiciones vigentes al momento de entrar en vigor este Decreto.

**Artículo Transitorio**. Las demandas presentadas ante la Corte Suprema de Justicia después del 1° de junio de 1991, serán enviadas por ésta a la Corte Constitucional al día siguiente de su instalación formal. La Corte Constitucional las distribuirá dentro de los sucesivos programas de trabajo y adoptará la decisión correspondiente sobre la última de ellas antes del 1o de junio de 1992.

**Artículo 54**. Este Decreto rige a partir de la fecha de su publicación.

*Diario Oficial* N° 40.012, del 4 de septiembre de 1991.

# ANEXO II

## DECRETO 2.591 DE 1991
## (NOVIEMBRE 19)

Por el cual se reglamenta la acción de tutela consagrada en el artículo 86 de la Constitución Política.

### CAPÍTULO I

### DISPOSICIONES GENERALES Y PROCEDIMIENTO

**Artículo 1°. Objeto**. Toda persona tendrá acción de tutela para reclamar ante los jueces, en todo momento y lugar, mediante un procedimiento preferente y sumario, por sí misma o por quien actúe a su nombre, la protección inmediata de sus derechos constitucionales fundamentales, cuando quiera que éstos resulten vulnerados o amenazados por la acción o la omisión de cualquier autoridad pública o de los particulares en las casos que señale este Decreto. Todos los días y horas son hábiles para interponer la acción de tutela.

La acción de tutela procederá aun bajo los estados de excepción.

Cuando la medida excepcional se refiera a derechos, la tutela se podrá ejercer por lo menos para defender su contenido esencial, sin perjuicio de las limitaciones que la Constitución autorice y de lo que establezca la correspondiente ley estatutaria de los estados de excepción.

**Artículo 2°. Derechos protegidos por la tutela**. La acción de tutela garantiza los derechos constitucionales fundamentales. Cuando una decisión de tutela se refiere a un derecho no señalado expresamente por la Constitución como fundamental, pero cuya naturaleza permita su tutela para casos concretos, la Corte Constitucional le dará prelación en la revisión a esta decisión.

**Artículo 3°. Principios**. El trámite de la acción de tutela se desarrollará con arreglo a los principios de publicidad, prevalencia del derecho sustancial, economía, celeridad y eficacia.

**Artículo 4°. Interpretación de los derechos tutelados.** Los derechos protegidos por la acción de tutela se interpretarán de conformidad con los tratados internacionales sobre derechos humanos ratificados por Colombia.

**Artículo 5°. Procedencia de la acción de tutela.** La acción de tutela procede contra toda acción u omisión de las autoridades públicas, que haya violado, viole o amenace violar cualquiera de los derechos de que trata el artículo 2 de esta ley. También procede contra acciones u omisiones de particulares, de conformidad con lo establecido en el Capítulo III de este Decreto. La procedencia de la tutela en ningún caso está sujeta a que la acción de la autoridad o del particular se haya manifestado en un acto jurídico escrito.

**Artículo 6°. Causales de improcedencia de la tutela.** La acción de tutela no procederá:

1. Cuando existan otros recursos o medios de defensa judiciales, salvo que aquélla se utilice como mecanismo transitorio para evitar un perjuicio irremediable. La existencia de dichos medios será apreciada en concreto, en cuanto a su eficacia, atendiendo las circunstancias en que se encuentra el solicitante.

**Inciso 2°. Inexequible. Corte Constitucional, sentencia 1-10-92.**

2. Cuando para proteger el derecho se pueda invocar el recurso de *habeas corpus*.

3. Cuando se pretenda proteger derechos colectivos, tales como la paz y los demás mencionados en el artículo 88 de la Constitución Política. Lo anterior no obsta, para que el titular solicite la tutela de sus derechos amenazados o violados en situaciones que comprometan intereses o derechos colectivos siempre que se trate de impedir un perjuicio irremediable.

4. Cuando sea evidente que la violación del derecho originó un daño consumado, salvo cuando continúe la acción u omisión violatoria del derecho.

5. Cuando se trate de actos de carácter general, impersonal y abstracto.

**Artículo 7°. Medidas provisionales para proteger un derecho.**

Desde la presentación de la solicitud, cuando el juez expresamente lo considere necesario y urgente para proteger el derecho, suspenderá la aplicación del acto concreto que lo amenace o vulnere.

Sin embargo, a petición de parte o de oficio, se podrá disponer la ejecución o la continuidad de la ejecución, para evitar perjuicios ciertos e inminentes al interés público. En todo caso el juez podrá ordenar lo que considere procedente para proteger los derechos y no hacer ilusorio el efecto de un eventual fallo a favor del solicitante.

La suspensión de la aplicación se notificará inmediatamente a aquél contra quien se hubiere hecho la solicitud por el medio más expedito posible.

El juez también podrá, de oficio o a petición de parte, dictar cualquier medida de conservación o seguridad encaminada a proteger el derecho o a evitar que se produzcan otros daños como consecuencia de los hechos realizados, todo de conformidad con las circunstancias del caso.

El juez podrá, de oficio o a petición de parte, por resolución debidamente fundada, hacer cesar en cualquier momento la autorización de ejecución o las otras medidas cautelares que hubiere dictado.

**Artículo 8°. La tutela como mecanismo transitorio**. Aun cuando el afectado disponga de otro medio de defensa judicial, la acción de tutela procederá cuando se utilice como mecanismo transitorio para evitar un perjuicio irremediable.

En el caso del inciso anterior, el juez señalará expresamente en la sentencia que su orden permanecerá vigente sólo durante el término que la autoridad judicial competente utilice para decidir de fondo sobre la acción instaurada por el afectado.

En todo caso el afectado deberá ejercer dicha acción en un término máximo de cuatro (4) meses a partir del fallo de tutela. Si no la instaura, cesarán los efectos de éste.

Cuando se utilice como mecanismo transitorio para evitar un daño irreparable, la acción de tutela también podrá ejercerse conjuntamente con la acción de nulidad y de las demás procedentes ante la jurisdicción de lo contencioso administrativo. En estos casos, el juez si lo estima procedente podrá ordenar que no se aplique el acto particular respecto de la situación jurídica concreta cuya protección se solicita, mientras dure el proceso.

**Artículo 9°. Agotamiento de la vía gubernativa**. No será necesario interponer previamente la reposición u otro recurso administrativo para presentar la solicitud de tutela. El interesado podrá interponer los recursos administrativos, sin perjuicio de que ejerza directamente en cualquier momento la acción de tutela.

El ejercicio de la acción de tutela no exime de la obligación de agotar la vía gubernativa para acudir a la jurisdicción de lo contencioso administrativo.

**Artículo 10. Legitimidad e interés**. La acción de tutela podrá ser ejercida, en todo momento y lugar, por cualquiera persona vulnerada o amenazada en uno de sus derechos fundamentales, quien actuará por sí misma o a través de representante. Los poderes se presumirán auténticos.

También se pueden agenciar derechos ajenos cuando el titular de los mismos no esté en condiciones de promover su propia defensa. Cuando tal circunstancia ocurra, deberá manifestarse en la solicitud.

También podrá ejercerla el Defensor del Pueblo y los personeros municipales.

**Artículo 11 y 12. Caducidad Inexequible**. Corte Constitucional, sentencia 1-10-92.

**Artículo 13. Personas contra quien se dirige la acción e intervinientes.** La acción se dirigirá contra la autoridad pública o el representante del órgano que presuntamente violó o amenazó el derecho fundamental. Si uno u otro hubiesen actuado en cumplimiento de órdenes o instrucciones impartidas por un superior, o con su autorización o aprobación, la acción se entenderá dirigida contra ambos, sin perjuicio de lo que se decida en el fallo. De ignorarse la identidad de la autoridad pública, la acción se tendrá por ejercida contra el superior.

Quien tuviere un interés legítimo en el resultado del proceso podrá intervenir en él como coadyuvante del actor o de la persona o autoridad pública contra quien se hubiere hecho la solicitud.

**Artículo 14. Contenido de la solicitud. Informalidad.** En la solicitud de tutela se expresará, con la mayor claridad posible, la acción o la omisión que la motiva, el derecho que se considera violado o amenazada o del agravio, y la descripción de las demás circunstancias relevantes para decidir la solicitud. También contendrá el nombre y el lugar de residencia del solicitante.

No será indispensable citar la norma constitucional infringida, siempre que se determine claramente el derecho violado o amenazado. La acción podrá ser ejercida, sin ninguna formalidad o autenticación, por memorial, telegrama u otro medio de comunicación que se manifieste por escrito, para lo cual se gozará de franquicia. No será necesario actuar por medio de apoderado.

En caso de urgencia o cuando el solicitante no sepa escribir o sea menor de edad, la acción podrá ser ejercida verbalmente. El juez deberá atender inmediatamente al solicitante, pero, sin poner en peligro el goce efectivo del derecho, podrá exigir su posterior presentación personal para recoger una declaración que facilite proceder con el trámite de la solicitud, u ordenar al secretario levantar el acta correspondiente sin formalismo alguno.

**Artículo 15. Trámite preferencial.** La tramitación de la tutela estará a cargo del juez, del presidente de la sala o magistrado a quien éste designe, en turno riguroso, y será sustanciada con prelación para lo cual se pospondrá cualquier asunto de naturaleza diferente, salvo el de habeas corpus. Los plazos son perentorios o improrrogables.

**Artículo 16. Notificaciones.** Las providencias que se dicten se notificarán a las partes o intervinientes, por el medio que el juez considere más expedito y eficaz.

**Artículo 17. Corrección de la solicitud.** Si no pudiere determinarse el hecho o la razón que motiva la solicitud de tutela se prevendrá al solicitante para que la corrija en el término de tres días, los cuales deberán señalarse concretamente en la correspondiente providencia, Si no las corrige, la solicitud podrá ser rechazada de plano.

Si la solicitud fuere verbal, el juez procederá a corregirla en el acto, con la información adicional que le proporcione el solicitante.

**Artículo 18. Restablecimiento inmediato.** El juez que conozca de la solicitud podrá tutelas el derecho, prescindiendo de cualquier consideración formal y sin ninguna averiguación previa, siempre y cuando el fallo se funde en un medio de prueba del cual se pueda deducir una grave e inminente violación o amenaza del derecho.

**Artículo 19. Informes.** El juez podrá requerir informes al órgano o a la autoridad contra quien se hubiere hecho la solicitud y pedir el expediente administrativo o la documentación donde consten los antecedentes del asunto. La omisión injustificada de enviar esas pruebas al juez acarreará responsabilidad.

El plazo para informar será de uno a tres días, y se fijará según sea la índole del asunto, la distancia y la rapidez de los medios de comunicación. Los informes se considerarán rendidos bajo juramento.

**Artículo 20. Presunción de veracidad.** Si el informe no fuere rendido dentro del plazo correspondiente, se tendrán por ciertos los hechos y se entrará a resolver de plano, salvo que el juez estime necesaria otra averiguación previa.

**Artículo 21. Información adicional.** Si del informe resultare que son ciertos los hechos, podrá ordenarse de inmediato información adicional que deberá rendirse dentro de tres días con las pruebas que sean indispensables. Si fuere necesario, se oirá en forma verbal al solicitante y a aquél contra quien se hubiere hecho la solicitud, de todo lo cual se levantará el acta correspondiente de manera sumaria.

En todo caso, el juez podrá fundar su decisión en cualquier medio probatorio para conceder o negar la tutela.

**Artículo 22. Pruebas.** El juez, tan pronto llegue al convencimiento respecto de la situación litigiosa, podrá proferir el fallo, sin necesidad de practicar las pruebas solicitadas.

**Artículo 23. Protección del derecho tutelado.** Cuando la solicitud se dirija contra una acción de la autoridad el fallo que conceda la tutela tendrá por objeto garantizar al agraviado el pleno goce de su derecho, y volver al estado anterior a la violación, cuando fuere posible.

Cuando lo impugnado hubiere sido la denegación de un acto o una omisión, el fallo ordenará realizarlo o desarrollar la acción adecuada, para lo cual se otorgará un plazo prudencial perentorio. Si la autoridad no expide el acto administrativo de alcance particular u lo remite al juez en el término de 48 horas, éste podrá disponer lo necesario para que el derecho sea libremente ejercido son más requisitos. Si se hubiere tratado de una mera conducta o actuación material, o de una amenaza, se ordenará su inmediata cesación, así como evitar toda nueva violación o amenaza, perturbación o restricción.

En todo caso, el juez establecerá los demás efectos del fallo para el caso concreto.

**Artículo 24. Prevención a la autoridad.** Si al concederse la tutela hubieren cesado los efectos del acto impugnado, o éste se hubiera consumado en forma que no sea posible restablecer al solicitante en el goce de su derecho conculcado, en el fallo se prevendrá a la autoridad pública para que en ningún caso vuelva a incurrir en las acciones u omisiones que dieron mérito para conceder la tutela, y que, si procediere de modo contrario, será sancionada de acuerdo con lo establecido en el artículo correspondiente de este Decreto, todo son perjuicio de las responsabilidades en que ya hubiere incurrido.

El juez también prevendrá a la autoridad en los demás casos en que lo considere adecuado para evitar la repetición de la misma acción u omisión.

**Artículo 25. Indemnizaciones y costas**. Cuando el afectado no disponga de otro medio judicial, y la violación del derecho sea manifiesta y consecuencia de una acción clara e indiscutiblemente arbitraria, además de lo dispuesto en los dos artículos anteriores, en el fallo que conceda la tutela el juez, de oficio, tiene la potestad de ordenar en abstracto la indemnización del daño emergente causado si ello fuere necesario para asegurar el goce efectivo del derecho así como el pago de las costas del proceso. La liquidación del mismo y de los demás perjuicios se hará ante la jurisdicción de lo contencioso administrativo o ante el juez competente, por el trámite incidental, dentro de los seis meses siguientes, para lo cual el juez que hubiere conocido de la tutela remitirá inmediatamente copia de toda la actuación.

La condena será contra la entidad de que dependa el demandado y solidariamente contra éste, si se considera que ha mediado dolo o culpa grave de su parte, todo ellos sin perjuicio de las demás responsabilidades administrativas, civiles o penales en que haya incurrido.

Si la tutela fuere rechazada o denegada por el juez, éste condenará al solicitante al pago de las costas cuando estimare fundadamente que incurrió en temeridad.

**Artículo 26. Cesación de la actuación impugnada**. Si, estando en curso la tutela, se dictare resolución, administrativa o judicial, que revoque, detenga o suspenda la actuación impugnada, se declarará fundada la solicitud únicamente para efectos de indemnización y de costas, si fueren procedentes.

El recurrente podrá desistir de la tutela, en cuyo caso se archivará el expediente.

Cuando el desistimiento hubiere tenido origen en una satisfacción extraprocesal de los derechos reclamados por el interesado, el expediente podrá reabrirse en cualquier tiempo, si se demuestra que la satisfacción acordada ha resultado incumplida o tardía.

**Artículo 27. Cumplimiento del fallo**. Proferido el fallo que conceda la tutela, la autoridad responsable del agravio deberá cumplirla sin demora.

Si no lo hiciere dentro de las cuarenta y ocho horas siguientes, el juez se dirigirá al superior del responsable y le requerirá para que lo haga cumplir y abra el correspondiente procedimiento disciplinario contra aquél. Pasadas otras cuarenta y ocho horas, ordenará abrir proceso contra el superior que no hubiere procedido conforme a lo ordenado y adoptará directamente todas las medidas para el cabal cumplimiento del mismo. El juez podrá sancionar por desacato al responsable y al superior hasta que cumplan su sentencia. Lo anterior sin perjuicio de la responsabilidad del funcionario en su caso.

En todo caso, el juez establecerá los demás efectos del fallo para el caso concreto y mantendrá la competencia hasta que esté completamente restablecido el derecho o eliminadas las causas de la amenaza.

**Artículo 28. Alcances del fallo**. El cumplimiento del fallo de tutela no impedirá que se proceda contra la autoridad pública, si las acciones u omisiones en que incurrió generaren responsabilidad.

La denegación de la tutela no puede invocarse para excusar las responsabilidades en que haya podido incurrir el autor del agravio.

**Artículo 29. Contenido del fallo**. Dentro de los diez días siguientes a la presentación de la solicitud el juez dictará fallo, el cual deberá contener:

1. La identificación del solicitante.

2. La identificación del sujeto o sujetos de quien provenga la amenaza o vulneración.

3. La determinación del derecho tutelado.

4. La orden y la definición precisa de la conducta a cumplir con el fin de hacer efectiva la tutela.

5. El plazo perentorio para el cumplimiento de lo resuelto, que en ningún caso podrá exceder de 48 horas.

6. Cuando la violación o amenaza de violación derive de la aplicación de una norme incompatible con los derechos fundamentales, la providencia judicial que resuelva la acción interpuesta deberá además ordenar la inaplicación de la norma impugnada en el caso concreto.

**PAR**. El contenido del fallo no podrá ser inhibitorio.

**Artículo 30. Notificación del fallo**. El fallo se notificará por telegrama o por otro medio expedito que asegure su cumplimiento, a más tardar al día siguiente de haber sido proferido.

**Artículo 31. Impugnación del fallo**. Dentro de los tres días siguientes a su notificación el fallo podrá ser impugnado por el Defensor del Pueblo, el solicitante, la autoridad pública o el representante del órgano correspondiente, sin perjuicio de su cumplimiento inmediato.

Los fallos que no sean impugnados serán enviados al día siguiente a la Corte Constitucional para su revisión.

**Artículo 32. Trámite de la impugnación**. Presentada debidamente la impugnación el juez remitirá el expediente dentro de los dos días siguientes al superior jerárquico correspondiente.

El juez que conozca de la impugnación, estudiará el contenido de la misma, cotejándola con el acervo probatorio y con el fallo. El juez, de oficio o a petición de parte, podrá solicitar informes y ordenar la práctica de pruebas y proferirá el fallo dentro de los 20 días siguientes a la recepción del expediente. Si a su juicio, el fallo carece de fundamento, procederá a revocarlo, lo cual comunicará de inmediato. Si encuentra el fallo ajustado a derecho, lo confirmará. En ambos casos, dentro de los diez días siguientes a la ejecutoria del fallo de segunda instancia, el juez remitirá el expediente a la Corte Constitucional, para su eventual revisión.

**Artículo 33. Revisión por la Corte Constitucional.** La Corte Constitucional designará dos de sus magistrados para que seleccionen, sin motivación expresa y según su criterio, las sentencias de tutela que habrán de ser revisadas. Cualquier magistrado de la Corte, o el Defensor del Pueblo, podrá solicitar que se revise algún fallo de tutela excluido por éstos cuando considere que la revisión puede aclarar el alcance de un derecho o evitar un perjuicio grave. Los casos de tutela que no sean excluidos de revisión dentro de los 30 días siguientes a su recepción, deberán ser decididos en el término de tres meses.

**Artículo 34. Decisión en sala.** La Corte Constitucional designará los tres magistrados de su seno que conformarán la Sala que habrá de revisar los fallos de tutela de conformidad con el procedimiento vigente para los tribunales del Distrito Judicial. Los cambios de jurisprudencia deberán ser decididos por la Sala Plena de la Corte, previo registro del proyecto de fallo correspondiente.

**Artículo 35. Decisiones de revisión.** Las decisiones de revisión que revoquen o modifiquen el fallo, unifiquen la jurisprudencia constitucional o aclaren el alcance general de las normas constitucionales deberán ser motivadas. Las demás podrán ser brevemente justificadas.

La revisión se concederá en el efecto devolutivo, pero la Corte podrá aplicar lo dispuesto en el artículo 7 de este Decreto.

**Artículo 36. Efectos de la revisión.** Las sentencias en que se revise una decisión de tutela sólo surtirán efectos en el caso concreto y deberán ser comunicadas inmediatamente al juez o tribunal competente de primera instancia, el cual notificará la sentencia de la Corte a las partes y adoptará las decisiones necesarias para adecuar su fallo a lo dispuesto por ésta.

## CAPÍTULO II

## COMPETENCIA

**Artículo 37. Primera Instancia.** Son competentes para conocer de la acción de tutela, a prevención, los jueces o tribunales con jurisdicción en el lugar donde ocurriere la violación o la amenaza que motivaren la presentación de la solicitud.

El que interponga la acción de tutela deberá manifestar, bajo la gravedad del juramento, que no ha presentado otra respecto de los mismos hechos y derechos. Al recibir la solicitud, se le advertirá sobre las consecuencias penales del falso testimonio.

De las acciones dirigidas contra la prensa y los demás medios de comunicación serán competentes los jueces de circuito del lugar.

**Artículo 38. Actuación Temeraria.** Cuando, sin motivo expresamente justificado, la misma acción de tutela sea presentada por la misma persona o su representante ante varios jueces o tribunales, se rechazarán o decidirán desfavorablemente todas las solicitudes.

El abogado que promoviere la presentación de varias acciones de tutela respecto de los mismos hechos y derechos, será sancionado con la suspensión de la tarjeta profesional al menos por dos años. En caso de reincidencia, se le cancelará su tarjeta profesional, sin perjuicio de las demás sanciones a que haya lugar.

**Artículo 39. Recusación**. En ningún caso será procedente la recusación. El juez deberá declararse impedido cuando concurran las causales de impedimento del Código de Procedimiento Penal so pena de incurrir en la sanción disciplinaria correspondiente. El juez que conozca de la impugnación del fallo de tutela deberá adoptar las medidas procedentes para que se inicie el procedimiento disciplinario, si fuere el caso.

**Artículo 40. Competencia especial. Inexequible**. Corte Constitucional. Sentencia 1-10-92.

**Artículo 41. Falta de desarrollo legal**. No se podrá alegar la falta de desarrollo legal de un derecho fundamental civil o político para impedir su tutela.

## CAPÍTULO III

## TUTELA CONTRA PARTICULARES

**Artículo 42. Procedencia**. La acción de tutela procederá contra acciones u omisiones de particulares en los siguientes casos:

1. Cuando aquél contra quien se hubiere hecho la solicitud esté encargado de la prestación del servicio público de educación (para proteger los derechos consagrados en los artículos 13, 15, 16, 19, 20, 23, 27, 29, 37 y 38 de la Constitución).

2. Cuando aquél contra quien se hubiere hecho la solicitud esté encargado de la prestación del servicio público de salud (para proteger los derechos a la vida, a la intimidad, a la igualdad y a la autonomía).

3. Cuando aquél contra quien se hubiere hecho la solicitud esté encargado de la prestación de servicios públicos domiciliarios.

4. Cuando la solicitud fuere dirigida contra una organización privada, contra quien la controla efectivamente o fuere el beneficiario real de la situación que motivó la acción, siempre y cuando el solicitante tenga una relación de subordinación o indefensión con tal organización.

5. Cuando aquél contra quien se hubiere hecho la solicitud viole o amenace violar el artículo 17 de la Constitución.

6. Cuando la entidad privada sea aquella contra quien se hubiere hecho la solicitud en ejercicio del habeas data, de conformidad con lo establecido en el artículo 15 de la Constitución.

7. Cuando se solicite rectificación de informaciones inexactas o erróneas. En este caso se deberá anexar la trascripción de la información o la copia de la

publicación y de la rectificación solicitada que no fue publicada en condiciones que aseguren la eficacia de la misma.

8. Cuando el particular actúe o deba actuar en ejercicio de funciones públicas, en cuyo caso se aplicará el mismo régimen que a las autoridades públicas.

9. Cuando la solicitud sea para tutelar (la vida o la integridad de) quien se encuentre en situación de subordinación o indefensión respecto del particular contra el cual se interpuso la acción. Se presume la indefensión del menor que solicite la tutela.

**Nota: Numeral 1, 2 y 9: texto en bastardilla y entre paréntesis, inexequible Corte Constitucional. Sentencia 17-3-94.**

**Artículo 43. Trámite**. La acción de tutela frente a particulares se tramitará de conformidad con lo establecido en este Decreto, salvo en los artículos 9, 23 y los demás que no fueren pertinentes.

**Artículo 44. Protección alternativa**. La providencia que inadmita o rechace la tutela deberá indicar el procedimiento idóneo para proteger el derecho amenazado o violado.

**Artículo 45. Conductas legítimas**. No se podrá conceder la tutela contra conductas legítimas de un particular.

## CAPÍTULO IV

## LA TUTELA Y EL DEFENSOR DEL PUEBLO

**Artículo 46. Legitimación**. El Defensor del Pueblo podrá, sin perjuicio del derecho que asiste a los interesados, interponer la acción de tutela en nombre de cualquier persona que se lo solicite o que esté en situación de desamparo e indefensión.

**Artículo 47. Parte**. Cuando el Defensor del Pueblo interponga la acción de tutela será junto con el agraviado, parte en el proceso.

**Artículo 48. Asesores y asistentes**. El Defensor del Pueblo podrá designar libremente los asesores y asistentes necesarios para el ejercicio de esta función.

**Artículo 49. Delegación en personeros**. En cada Municipio, el Personero en su calidad de Defensor en la respectiva entidad territorial podrá, por delegación expresa del Defensor del Pueblo, interponer acciones de tutela o representarlo en las que éste interponga directamente.

**Artículo 50. Asistencia a los personeros**. Los Personeros Municipales y Distritales podrán requerir del Defensor del Pueblo la asistencia y orientación necesarias en los asuntos relativos a la protección judicial de los derechos fundamentales.

**Artículo 51. Colombianos residentes en el exterior**. El colombiano que resida en el exterior, cuyos derechos fundamentales estén siendo amenazados o violados por una autoridad pública de la República de Colombia, podrá interponer acción de tutela por intermedio del Defensor del Pueblo, de conformidad con lo establecido en el presente Decreto.

## CAPÍTULO V

## SANCIONES

**Artículo 52. Desacato.** La persona que incumpliere una orden de un juez proferida con base en el presente Decreto incurrirá en desacato sancionable con arresto hasta de seis meses y multa hasta de 20 salarios mínimos mensuales salvo que en este Decreto ya se hubiere señalado una consecuencia jurídica distinta y sin perjuicio de las sanciones penales a que hubiere lugar.

La sanción será impuesta por el mismo juez mediante trámite incidental y será consultada al superior jerárquico quien decidirá dentro de los tres días siguientes si debe revocarse la sanción. (La consulta se hará en el efecto devolutivo).

**Nota: Texto en bastardilla y entre paréntesis, inexequible, Corte Constitucional. Sentencia 30-5-96.**

**Artículo 53. Sanciones penales.** El que incumpla el fallo de tutela o el juez que incumpla las funciones que le son propias de conformidad con este Decreto incurrirá, según el caso, en fraude a resolución judicial, prevaricato por omisión o en las sanciones penales a que hubiere lugar.

También incurrirá en la responsabilidad penal a que hubiere lugar quien repita la acción o la omisión que motivó la tutela concedida mediante fallo ejecutoriado en proceso en el cual haya sido parte.

**Artículo 54. Enseñanza de la tutela.** En las instituciones de educación se impartirá instrucción sobre la acción de tutela, de conformidad con lo establecido en el artículo 41 de la Constitución.

**Artículo 55. <Vigencia>.** El presente Decreto rige a partir de la fecha de su publicación.

*Diario Oficial* N° 40.165 (19-11-91).

# ÍNDICE

## PRÓLOGO A LA PRESENTE EDICIÓN 2013 (EDICIÓN VENEZOLANA) ALLAN R. BREWER-CARÍAS

CAPÍTULO I
CONSIDERACIONES PRELIMINARES

## CAPÍTULO II
## ESQUEMA PROCESAL EN LOS PROCESOS DE CONTROL DE CONSTITUCIONALIDAD

## CAPÍTULO III
## LA PRUEBA EN LOS PROCESOS DE CONTROL DE CONSTITUCIONALIDAD

## CAPÍTULO IV
## DECISIÓN DEL JUEZ CONSTITUCIONAL EN MATERIA PROBATORIO

www.ingramcontent.com/pod-product-compliance
Lightning Source LLC
Chambersburg PA
CBHW030717250326
R18027900001B/R180279PG41599CBX00016B/23
* 9 7 8 9 8 0 3 6 5 2 4 2 5 *